KB203814

기독교 사상가
키르케고르

KIERKEGAARD

REASONABLENESS
OF FAITH

믿음이란 한 알의 밀알이 땅에 떨어져 죽음으로 많은 열매를 맺음과 같이 진리의 열매를 위하여 스스로 죽는 것을 뜻합니다. 눈으로 볼 수는 없으나 영원히 살아 있는 진리와 목숨을 맞바꾸는 자들을 우리는 믿는 이라고 부릅니다. 「믿음의 글들」은 평생, 혹은 가장 귀한 순간에 진리를 위하여 죽거나 죽기를 결단하는 참 믿는 이들의, 참 믿는 이들을 위한, 참 믿음의 글들입니다.

기독교 사상가
키르케고르

KIERKEGAARD

REASONABLENESS
OF FAITH

키르케고르
신앙의 합리성

토니 킴 **지음** 윤덕영 **옮김**

홍성사

일러두기

○ 한국키에르케고어학회에서는 'kierkegaard'의 한국어 표기를 '키에르케고어'로
  확정하였으나 이 책에서는 외래어표기법에 맞추어 '키르케고르'로 표기하였다.

옮긴이 서문

1 _____

쇠렌 키르케고르(1813. 5. 5.~1855. 11. 11.)는 누구인가? 기독교의 변증가, 실존주의 사상가, 순교자, 문교가, 심리학자, 시인, 반어가(ironist)이자 유머가이다. 철학의 주제를 로고스에서 파토스로 바꾸었고 이성과 집단중심의 객관성의 철학에서 신앙과 개인의 인격을 강조하는 주체성의 철학으로 바꾼 사상가이다. 무엇보다도 진리의 교리는 있으나 진리의 정열과 경외감이 사라진 당대 기독교 세계에 기독교의 본질을 일깨워 주려 했던 진리를 사랑한 투사요 순교자이다. 피터 크리프트(Peter Kreeft) 교수는《소크라테스와 키르케고르의 만남(Socrates Meets Kierkegaard)》서문에서 2000년 철학사에서 지성과 상상력, 진리와 아름다움, 철학과 시, 객관과 주체를 결합했던 플라톤에 필적할 만한 사상가는 키르케고르 외에는 없다고 하였다. 키르케고르는 42세라는 짧은 생애를 살면서 양적으로 방대하며 질적으로 풍성하고 깊이 있는 저술을 남긴 탁월한 기독교 사상가이다.

그는 20권의 저술과 25권의 일기를 포함하여 45권의 저서를 남겼다. 그의 저술은 세 축으로 이루어져 있다. 철학적인 저술, 강화집(기독교 설교집) 그리고 일기이다. 폴 틸리히는《기독교 사상사》에서 키르케고르 저술들 가운데 필독서 두 권을 추천하였는데《죽음에 이르는 병》(1849)과《불안의 개념》(1844)이다. 전자는 절망의 문제를 다루었고 후자는 불안의 문제를 다룬 작품이다. 다분히 개인적인 경험을 바탕으로 한 심리학적인 요소가 강한 작품들이다.

그러나 종교철학자 황필호 박사는 키르케고르의 철학적 작업을 이해하는 데 중심이 되는 책은 《철학의 부스러기》(1844, 이하 《부스러기》)와 《철학의 부스러기의 결론적 비학문적 후서》(1846, 이하 《후서》)라고 말한다. 이 두 책은 신앙과 이성의 문제, 영원과 역사의 문제, 신과 인간의 문제, 진리의 주체성, 절대적 역설과 신앙의 비약의 문제를 다룬 가장 철학적이고 논리적인 키르케고르 저서이다. 그는 이 두 책을 읽지 않고는 키르케고르의 사상을 제대로 이해할 수 없다고 한다. 역설적이게도 《부스러기》는 덴마크 원서로 83쪽인 데 반하여 그 부록에 해당되는 《후서》는 600쪽이 넘는다. 이렇게 저술한 것은 이성의 절대성과 진리의 객관성을 주장하는 헤겔 사상을 비꼬려는 의도가 담겨 있는 것이다. 키르케고르는 칸트, 흄, 헤겔 등의 철학자가 이성을 기반으로 하여 진리를 체계화시킨 것에 저항하여 그러한 객관적 진리는 삶의 현실과 인간의 실존을 제대로 담을 수 없다고 주장했다. 키르케고르는 진리는 주체적이며 인격적이며 신앙적이라고 주장한다. 따라서 칸트의 도덕철학과 헤겔의 절대이성(Absolute Reason)에 반대하여 키르케고르는 진리의 내면성과 주체성 그리고 절대역설(Absolute Paradox)을 주장한다. 절대역설은 신앙의 대상인 신-인(神-人, the God-Man), 시간 가운데 계신 하나님(the God in time)을 가리킨다. 절대역설은 이성에게 부조리하게 보인다. 이성으로는 절대역설을 파악할 수 없으며 오직 주체적인 신앙의 비약을 통하여 신의 역사적 계시인 성육신의 진리를 전유(appropriate)할 수 있다.

키르케고르의 사상을 이해하기 위해서는 당시 풍미했던 헤겔 철학과 당대의 기독교를 알아야만 한다. 키르케고르의 실존 사상은 헤겔의 절대정신에 반박하여 일어난 사상이기 때문이다. 키르케고르는 두 가지 점에서 헤겔 사상에 반대한다. 첫째, 헤겔 철학은 진리를 철학적으로 체계화시킴으로써 인간은 마치 거대한 기계의 톱니바퀴에 불과하게 되었다. 헤겔은 개인의 자유나 결단이나 참여와는 무관하게 역사는 필연적으로 완성을 향해 나가고 있다고 보았다. 키르케고르는 이러한 집단정신에 반대하여 신 앞에 홀로 선 단독자 사상을 주장한다. 둘째, 헤겔 철학은 이성을 기반으로 한 객관적 진리를 주장한다. 반면 키르케고르는 진리의 주체성을 강조한다.

2

그렇다면 《부스러기》는 어떤 책인가? 이 책은 소크라테스와 예수의 진리관을 비교하고, "진리를 배울 수 있는가?", "참된 행복을 얻는 길은 무엇인가?"라고 질문하고 있다. 키르케고르가 소크라테스를 좋아하는 이유는 적어도 소크라테스는 인간의 무지를 안다는 면에서 가장 똑똑한 사람이기 때문이다. 키르케고르는 예수 그리스도 다음으로 소크라테스를 최고의 스승으로 삼았으나 소크라테스의 제자들인 철학자들의 철학 체계에 대하여는 심한 비판을 가했다. 대표적으로 당대의 최고의 철학자 헤겔의 사변철학을 비판한 것이다. 헤겔은 《역사철학강의》와 《정신 현상학》에서 절대이성 또는 절대정신을 말하면서 이성을 절대의 자리에 놓았다. 이러한 헤겔 철학의 영향을 받은 기독교 신학도 사변적이 되었다. 교리를 곧 기독교로 착각한 것이다. 키르케고르는 말한다. "교리는 기독교가 아니다." "실존이 본질에 앞선다." "삶은 철학보다 더 크다." 키르케고르가 보았을 때 인간의 실존이 철학이나 신학체계보다 더 크다. 철학의 진리보다도 철학자의 진실이 더 중요하다. 그는 기독교인이 믿는 교리보다도 기독교인에게 체화된 삶의 진리를 보여 주는 것이 더 중요하다는 것을 강조하고자 하였다. 헤겔의 사변철학은 역사를 절대정신이 실현되어 가는 과정으로 보았다. 헤겔철학은 집단이나 역사의 필연성을 강조하는데 여기에는 개인의 결단이나 참여가 결여되었다. 헤겔의 사변철학과 마찬가지로 당대의 기독교는 교회와 삶이 분리되어 있었다. 교리체계는 완벽하나 삶의 변화는 없었다. 왜냐하면 당시는 국가교회였으므로 사람들이 공무원이 되려고 세례를 받고 교인이 된 것이지 진리에 대한 사랑이나 열정이 있어서 그리스도인이 된 것이 아니기 때문이다. 키르케고르에게는 철학보다 철학자가 더 중요하다. '무엇'을 아느냐보다 '어떻게' 사느냐가 더 중요하다. 그런 점에서 키르케고르는 철학의 중심을 로고스(이성 중심)에서 파토스(정열과 의지)로 이동시킨 사상가이다. 키르케고르로 말미암아 철학의 주제가 로고스에서 파토스로 넘어가게 된 전환점이 되었다.

　　《부스러기》는 철학과 종교, 이성과 신앙, 역사와 영원의 문제를 다룬다. "진리를 배울 수 있는가", "진리를 배울 수 있다면 진리에 도달하는 방법은 철학(이성)인가 신앙인가" 하는 물음을 다루고 있다. 이성 중심의 입장에서 철학과 신학을 전개한 칸트, 헤겔, 슐라이마허 등의 사상에서는 초월의 영역이 닫혀 있거나 막연한 가설로 설정되어 있을 뿐이다. 그래서 그들을 자연주의자라고 부른다. 반면 《부스러기》에서는 초월, 즉 영원하고 절대적인 신을 오직 신앙을 통해서 알 수 있다고 답하고 있다. 신앙과 이성은 양립할 수 없다. 이런 점에서 키르케고르를 초자연주의자라고 할 수 있다. 인간은 죄로 인하여 이성이 온전하지 않기 때문에 초월을 알 수가 없다. 다만 초월을 알 수 있는 조건은 회개와 믿음을 통하여 시간 속에 오신 신(God-in-time)이라는 성육신의 역사적 계시를 믿는 것이다. 오직 신만이 진리를 아는 조건과 진리를 인간에게 줄 수 있다. 헤겔이 인간의 절대이성의 능력으로 진리를 소유할 수 있다고 생각했던 반면에 키르케고르는 인간은 비진리(un-truth)이며 오직 신의 은총으로 주어진 구원의 교사요 구원자인 성육신이라는 절대역설을 믿는 신앙의 비약을 통하여 영원한 행복인 진리에 도달할 수 있다고 강조한다.

3 ————

《부스러기》라는 제목이 암시하고 있듯이 인간은 진리의 전부를 소유할 수 없으며 진리의 부스러기 또는 조각들을 소유할 수 있을 뿐이다. 부스러기는 성경의 몇 가지 이야기를 떠올리게 한다. 한 이방 여인이 "개들도 주인의 상에서 떨어지는 부스러기를 먹나이다"라고 겸손히 말했듯이 이성의 교만함으로는 진리를 체득할 수 없고 단지 회개하는 겸손한 사람에게 주어지는 신의 선물이다. 누가복음 16장에는 부자와 거지 나사로의 이야기가 나온다. 부자는 수시로 잔치를 벌였지만 나사로는 부잣집에서 나오는 부스러기를 먹고 살다가 죽는다. 죽은 후에 부자는 지옥에 가고 거지 나사로는 천국에 갔다. 키르케고르에 따르면 부자는 헤겔을 상징하며 이성의 교만함을 상징한다. 머리로만 기독교의 교리를 아는 당대의 기독교 세계를 빗대고 있는 것이다. 반면 나사로는 기독교의 진리를 구체적인 삶속에 적용하여 신을 의지하는 삶을 살아가는 단독자(The single individual)를 가리킨다. 헤겔 사상과 기독교의 사변적 교리를 부자로, 삶의 현장 속에서 구체적으로 진리를 실천하는 단독자를 천국에 가게 된 나사로로 암시하고 있다. 교리나 지식으로 가득한 자는 결코 진리에 목말라하지 않는다. 종교생활에 익숙한 자도 결코 마음이 가난하지 않다. 그래서 키르케고르는 저술을 한 목적이 사람들에게 지식을 넣는 것이 아니라 삶을 변화시키지 못하는 사변적 지식이나 교리를 빼내는 것이라고 하였다. 마지막으로 부스러기는 예수 그리스도의 오병이어 기적에서 장정만 오천 명이 먹고 남은 빵조각, 즉 부스러기를 상징하기도 한다. 부스러기는 헤겔의 방대한 사변철학을 비꼬려는 의도가 담겨 있다. 진리는 체계가 아니라 한 조각으로 존재할 뿐이라는 것이다. 객관적 지식의 양이 사람을 변화시키는 것이 아니라 회개와 결단과 책임과 의무를 적극적으로 현실화시키는 주체적 진리가 사람을 변화시킨다고 주장한 것이다. 즉《부스러기》를 저술한 목적은 지식을 주기 위함이 아니라 삶을 변화시킬 수 없는 과잉 지식을 빼내기 위한 것이다.

입 안에 음식이 가득 차 더 이상 먹을 수가 없어서 종국에는 굶어 죽게 되는 판에 음식을 더 주어서 입을 더 꽉 차게 해야 하는가 아니면 입에서 일정량을 빼내어서 음식을 먹을 수 있게 해주어야 하는가? 마찬가지로 어떤 사람이 매우 지식이 많지만 그의 지식이 무의미하게 되거나 사실상 그에게 무의미하게 되었을 때 지각 있는 의사소통을 하려면 비록 그가 더 많이 아는 것이 자신에게 필요한 것이라고 주장한다고 할지라도 그를 더 많이 알도록 할 것이 아니라 대신에 그에게서 무엇인가를 빼내는 것(taking away)이 필요하다(《철학의 부스러기의 결론적 비학문적 후서》, vol.1., p. 275).

키르케고르의 책은 결코 지식의 만족을 주지 않고 마음의 울림을 주고 변화를 촉구한다. 과잉된 지식이 영원한 행복을 줄 것이라 착각하지 말아야 하며 그 진리를 알고 신뢰함으로써 삶 속에서 구체적으로 그 진리를 따라서 실천해야만 영원한 행복을 누릴 수가 있다. 《부스러기》와 《불안의 개념》은 쌍둥이 작품이다. 《부스러기》는 요하네스 클리마쿠스(Johannes Climacus)라는 가명 저자의 이름으로 1844년 6월 13일 출판되었고 불과 나흘 뒤인 6월 17일에 《불안의 개념》이 가명 저자 비길리우스 하우프니엔시스라는 이름으로 출판되었다. 이 둘을 쌍둥이 저술이라고 부르는 이유는 하나는 신약의 세계를 다른 하나는 구약의 세계를 보여 주기 때문이다. 《부스러기》는 신약성경에 기록된 성육신 사건에 나타난 인간의 구원의 문제를 다루며 《불안의 개념》은 구약의 아담과 하와가 에덴동산에서 타락한 것에 나타난 인간의 죄와 불안의 문제를 다루고 있다. 이 두 쌍둥이 작품에서 키르케고르가 변증법적으로 말하고자 하는 것은 신의 은총으로 구원을 받은 인간만이 비로소 자신의 죄를 깨닫게 된다는 것이다. 회개하여 믿음을 가지는 것이 아니라 신의 은총을 믿음으로 회개가 가능하게 된다는 순서이다.

4────

키르케고르의 두 가명 저자 요하네스 클리마쿠스와 안티 클리마쿠스 사이의 변증법을 염두에 두는 것이 키르케고르 사상을 이해하는 데 유익하다. 요하네스 클리마쿠스는 《부스러기》와 《후서》의 가명 저자이며, 안티 클리마쿠스는 《죽음에 이르는 병》과 《그리스도교 훈련》(1850)의 가명 저자이다. 안티 클리마쿠스의 두 책은 매우 종교적인 색채가 강하다. 요하네스 클리마쿠스라는 젊은 청년은 기독교 신앙의 진수를 제대로 알기는 하지만 아직 기독교인이 아니다. 한편 안티 클리마쿠스는 기독교의 진수인 신의 은총과 계시를 강조하는 계시적 종교성을 보다 분명하게 드러내 주고 있다. 《부스러기》와 《후서》의 가명 저자 요하네스 클리마쿠스의 이름에 담긴 암호를 푸는 것이 중요하다. 15세기에 토마스 아 켐피스의 《그리스도를 본받아》가 많은 기독교인이 애독했던 경건 서적이었듯이 요하네스 클리마쿠스도 많은 사람이 애독하던 6–7세기 저작인 《천국의 사닥다리》의 유명한 저자였다. 요하네스는 성경의 저자 사도 요한이며 진리의 말씀을 상징하고 클리마쿠스는 계단 또는 사닥다리를 뜻하며 인간의 수행과 실천을 의미한다. 따라서 요하네스 클리마쿠스라는 이름은 성경과 철학의 조화, 사유와 실존의 조화, 생각과 행동의 조화, 관념과 실재의 조화의 추구를 상징한다. 성경에 나오는 야곱의 사닥다리(창 28:12)와 하늘을 오르락내리락하는 것을 보리라 하는 말씀(요 1:15)이 나오는데, 클리마쿠스는 '진리에 도달할 수 있는 사닥다리는 철학(이성)인가 신앙인가?' 하는 궁극적 물음에 대하여 철학(이성)이 아니라 신앙의 비약을 통해서만 가능하다고 답한다. 절대역설인 성육신의 역사적 계시를 믿음으로써만 영원한 행복에 도달할 수 있다는 것이다.

　　　　마르틴 루터는 행함을 강조하고 있는 야고보서에서 복음의 은혜적 측면이 드러나지 않는다고 야고보서를 '지푸라기 서신'이라고 폄하하였다. 루터는 그만큼 오직 믿음, 오직 은혜, 오직 예수를 강조하고자 한 것이었다. 그런데 키르케고르는 루터교 신자임에도 불구하고 마르틴 루터가 '지푸라기 서신'이라고 했던 야고보서를 가장 사랑했다. 왜냐하면 오직 믿음이라는 진리가 당대 기독교 세계에서 삶을 변화시키지 못하고 하나의 교리에 불과하게 된 것에 크게 실망하고 분노하여 키르케고르는 개인의 회개와 결단, 자유의지와 책임적인 선택 등을 통한 행함과 실존의 변화를 강조하고자 했기 때문이다. 그는 당대 기독교는 국가교회로서 형식만 남았으며 진리에 대한 사랑과 놀라움, 신앙의 열정 등이 사라져 버리고 죽은 믿음만 남아 있다고 공격하였다.

　　　　키르케고르는 개인의 결단과 참여, 진리의 주체성과 신앙의 정열을 강조하였다. 키르케고르는 이성철학이 닫아 버린 초월의 세계를 다시 열어 놓았으며 자유주의 신학 때문에 야기된 성경에 대한 불신과 구원자 예수에 대한 불신이 생겼을 때 객관적 진리의 허구를 드러내고 진리는 주체적이며 개인의 믿음은 영원하고 절대적임을 주장했다. 그리고 1·2차 세계대전이 발생하여 진보

주의 역사관이 한계에 도달한 20세기와 21세기에 비로소 키르케고르가 주목을 받게 되었다.

5——————

《키르케고르: 신앙의 합리성》을 번역하는 내내 풀리지 않은 의문이 들었다. 키르케고르는 "불합리하기에 믿는다"는 테르툴리아누스의 전통을 따르는 사람이 아니던가? 저자는 어쩌자고 '신앙의 합리성'을 말하고 있는가? 억지 해석이 아닌가? 잘못된 해석이 아닌가? 하는 의문이었다. 사실상 천주교는 믿음과 이성이라는 두 축을 붙들고 있는 반면 개신교는 언뜻 보기에 이성을 포기하고 오직 신앙만을 강조하는 사상적인 구조를 가지고 있다. 그래서 개신교는 반(反)지성주의인가? 철학에 반대하는가? 합리성을 무시하는가? 하는 질문을 받는다. 이것은 당연한 반응이다. 왜냐하면 오직 믿음을 강조하는 개신교는 이성을 포기한 것처럼 보일 수 있기 때문이다.

책 제목을 '신앙의 합리성'이라고 내세운 것은 처음에는 이러한 개신교의 취약점을 안타까워하는 개혁교회 목사이자 학자인 저자가 개신교에 대한 애정 때문에 설득력 없는 주장을 펼치는 것으로 보였다. 토니 킴 박사와 수없이 이메일 교환과 통화를 했는데 그의 답변을 이해하고 받아들이는 데는 많은 시간이 걸렸다. 독자들도 저자의 핵심 의도를 파악하지 못할까 조바심이 생겨 번역자가 어떻게 저자의 의도를 파악했는지 그 과정을 소개하고자 한다. 저자에게 물어볼 때마다 그는 키르케고르가 신앙의 비약을 강조했으며 이성으로는 진리를 알 수 없다고 주장하는 신앙론자가 맞다고 하였다. 여기까지는 모든 키르케고르 독자들이 동의한다. 그런데 저자의 설명은 그래도 키르케고르는 이성을 포기한 사상가가 아니며 이성은 신앙을 부정하는 것이 아니라 완성하는 것이며, 이성이 진리와 관계를 맺을 수 있다는 것이다. 키르케고르 사상이 오직 신앙과 진리에 따르는 삶을 강조하는 것은 납득이 가는데 저자가 이성을 옹호하거나 변호하는 주장은 낯설고 쉽게 납득이 되지가 않았다. 저자는 6장으로 이루어진 각 장을 마무리할 때마다 '신앙에는 합리적 요소가 있다'고 계속 주장한다. 키르케고르 사상에서 신앙과 이성은 양립불가능하다. 그런데 신앙은 합리적이지는 않지만 합리성이 있다고 한다('reasonableness' of faith and not 'reasonable' faith). 여기서 진리를 전유한다(appropriate)는 말이 중요한데 진리를 전유한다는 것은 단순히 진리를 교리나 이론으로 아는 것이 아니라 구체적인 내 삶과 실존에 소화되고 내 것이 된 진리를 말한다. 진리를 아는 데 신앙과 이성의 역할은 무엇인가? "신앙은 절대역설인 성육신의 역사적 계시와 절대적·영원적·주체적 관계를 맺으며, 이성은 그 절대역설의 진리와 역사적·상대적·객관적 관계를 맺는다"는 것이 저자의 일관된 논지이다. 키르케고르 학자들은 흔히 진리의 주체성과 신앙을 강조하는 앞부분만을 강조하는데 저자는 이성도 진리와 역사적·상대적·객관적 관계를 갖는다고 일관되게 주장하고 있다. 다시 말해서 이성은 신앙을 부정하는 것이 아니라 신앙을 완성시키는 신의 선물이다. 키르케고르/클리마쿠스가 "이성은 해임되었다(the reason is discharged)"라고 선언한 것은 신앙 안에서 교만한 이성이 폐위된 것이며, 회개함으로 중생한 이성은 신앙을 완성시키는 충직한 신하로 제 역할을 감당하게 된다는 주장이다. 이것이 키르케고르의 이성관이며 곧 개혁교회의 입장이라고 저자는 주장한다.

　　이 책의 1장과 5장에서 키르케고르/클리마쿠스는 의지론자(volition-alist)인가 아닌가 하는 논쟁이 나온다. 이성을 강조하는 철학자를 주지주의자(intellectualist)라고 하고 신앙을 강조하는 철학자를 주의주의자(voluntarist) 또는 의지론자로 분류한다. 지금까지는 키르케고르가 신앙을 강조하기 때문에 그를 의지론자로 분류하는 흐름이었다. 그런데 저자는 이에 반대하여 키르케고르를 비(非)의지론자(non-volitionalist)라고 주장하였다. 물론 키르케고르의 사상에 인간의 자유의지나 선택과 결단을 강조하는 부분이 강한 것은 인정하지만 그보다도 인간의 자유로운 선택의 이면에는 신의 섭리와 주권이 있기 때문에 키르케고르를 비(非)의지론자라고 주장한다는 것이다. 이 부분 역시 역자의 기존 생각을 바꾸게 한 새로운 주장이었다.

　　기독교 신앙은 이성과 함께 역사성을 강조한다. 왜냐하면 "때가 차매"(갈 4:4) 영원자가 역사 속에 들어왔기 때문이다. 무의미하고 목적 없이 흐르던 크로노스의 시간은 이제 결정적 시간인 카이로스가 되었다. 강영안 교수는 그의 '예수와 소크라테스'라는 강연에서 기독교의 핵심은 역사성에 있으며 특히 키르케고르의 역사관은 '역사 최소주의'(historical minimalism)라고 설명한다. 역사 최소주의란 예수에 대한 모든 역사가 다 필요한 것이 아니라 예수의 탄생, 죽음, 부활이면 충분하다는 것이다. 역사성을 가질 때만 영원한 실존이 되는 것이다. 영원한 신과의 만남이 이루어질 때 비로소 역사성이 형성된다. 유한한 인간은 신앙을 통하여 영원한 실존이 되며 영원한 실존이 될 때 비로소 역사성이 형성되는 것이다. 종교와 철학이 말하는 역사는 동일한 것의 영원한 회귀이다. 여기서 새로움이란 전혀 없다. 사실상 일반 철학에서는 역사성의 근거나 순간의 의미를 찾을 수가 없다. 그러나 기독교에 있어서 역사는 중요하며 매순간이 새롭다. 왜냐하면 영원한 존재와 신앙의 관계 속에 있기 때문에 신자의 순간은 영원과 잇대어 살아가기 때문이다. 폴 틸리히는 이를 '영원한 지금'(Eternal Now)이라고 불렀고, 한국의 주체적 사상가 다석 유영모는 우리말 '오늘'에서 '오!'는 감탄사, '늘~'은 '영원히'(always)라는 뜻의 부사로 해석해서 주체적인 사람은 오늘을 영원같이 살아간다는 뜻이라고 주장하였다. 이처럼 영원하신 하나님과 믿음의 관계 속에서 시간은 의미 없이 흘러가는 크로노스의 시간이 아니라 영원한 의미를 가지는 카이로스가 된다. 예수 그리스도 안에서 순간은 영원한 의미를 갖는다. "순간은 영원하다"고 말한 키르케고르의 '순간의 변증법'은 기독교 진리의 역사성을 강조한 것이다. 순간의 변증법이란 "때가 차매" 신이 성육신한 그 순간이며 이 절대적 역설 앞에서 인간이 회개함으로 신앙의 비약을 통하여 절대적이며 영원하게(absolutely and eternally) 절대역설인 성육신의 진리와 관계를 맺음으로써 유한한 존재가 영원한 존재로 바뀌는 순간이다. "모든 시대는 예수에 대하여 똑같은 거리에 있다"는 것은 예수와 역사적으로 같은 시대를 살았던 사람이나 2,000년 후의 현대인들이나 모두 신앙을 통해서만 예수와 "동시대성"을 이룬다는 뜻이다.

6

키르케고르의 《부스러기》와 토니 킴의 《키르케고르: 신앙의 합리성》에는 예수라는 단어가 한 번도 등장하지 않는다. 마치 하나님이라는 단어가 한 번도 나오지 않고 신의 섭리를 강조하는 성경의 에스더서를 연상시킨다. 예수를 한 번도 언급하지 않은 배경은 이것이 철학 서적이기 때문이며 또한 예수가 너무나도 주술이나 마술처럼 값싸게 불리는 것을 거부했던 키르케고르의 경건성 때문이리라. 《신앙의 합리성》을 읽을 때 1장 서론과 6장 결론을 먼저 읽으면 도움이 될 것이다. 가장 핵심적인 내용은 '3장 절대적 역설'이며 그다음으로 주목할 장은 '5장 신앙과 이성의 관계'이다. 2장과 4장에서는 소크라테스, 데카르트, 스피노자, 후설, 칸트와 헤겔과 같은 철학자들이 등장하여 다소 어렵게 느낄 수 있기 때문에 간단한 안내를 하고자 한다.

기독교의 본질은 범신론이 아니며, 아리스토텔레스적 자연주의도 아니고, 초월이나 신을 하나의 가설이나 이론으로 여기는 종교가 아니라는 것이다. 기독교의 신은 하나의 가설이 아니라 인격이며 실재이다. 인류의 사상을 정리하자면 자연주의와 초자연주의, 동일철학과 차이철학, 이성주의와 신앙주의, 주지주의와 주의주의로 나눌 수 있다. 자연주의와 동일철학과 이성주의는 범신론으로 흐르며 여기서 언급하는 초월은 하나의 이론이며 가설로 설정한 것에 불과하다. 실제로 초월을 알 수는 없다고 하는 입장이다. 반면에 초자연주의와 차이철학과 신앙주의는 신과 인간, 자연과 초자연은 절대적 차이가 있으며 신은 실재이며 인격이며 인간의 역사를 주관하고 섭리하는 존재일 뿐만 아니라 인간은 초월하는 신을 알 수 있다고 주장한다. 초월하는 신을 알 수 있는 방법은 인간의 이성을 통해서가 아니라 신의 계시를 믿음으로 가능하다. 진리에 도달하는 주도권은 인간이 아니라 신에게 있다고 주장한다.

키르케고르는 데카르트, 스피노자, 헤겔, 슐라이마허는 자연주의에 불과하며 초월하고 영원한 존재인 신을 소개하는 데 실패했다고 평가한다. 왜냐하면 그들은 신앙보다 이성을 우선시하며 진리의 주체성보다는 객관성을 앞세우고 있기 때문이다. 키르케고르/클리마쿠스는 계몽주의의 창시자 칸트와 현상학의 창시자 후설은 비록 초월과 진리의 선험성을 언급하기는 하지만 그들도 초월을 하나의 가설로 설정할 뿐이지 실제 신을 가리키는 것은 아니라고 비판한다. 키르케고르가 말하고자 하는 것은 철학의 진실보다 철학자의 진실이며 기독교의 교리보다 예수 그리스도의 실존을 드러내는 성도의 삶이 중요하다는 것이다. 그는 말한다. "기독교는 교리가 아니다. 기독교는 예수 그리스도이다."

《부스러기》의 목차 앞면에 세 가지 질문이 나온다. "영원한 의식에 대한 역사적 출발점이 주어질 수 있는가? 이러한 출발점이 어떻게 단순히 역사적인 관심 이상을 일으킬 수 있는가? 사람은 역사적 지식 위에 영원한 행복을 세울 수 있는가?" 이 세 질문에 대한 답은 모두 "그렇다"이다. 필자가 겪었던 시행착오와 혼란을 줄이기 위해서 전문가들에게 확인한 그 답을 미리 공개하는 것이다. 이 책을 읽고 난 후에야 비로소 이 질문과 답이 키르케고르 사상을 이해하는 중요한 열쇠임을 알게 될 것이다.

7

근대 철학의 창시자 데카르트는 "나는 생각한다 고로 나는 존재한다"

라고 말하며 의심이 진리 탐구의 열쇠라고 말하지만 키르케고르는 "나는 믿는다 고로 나는 존재한다"고 말하며 신앙이 진리 탐구의 열쇠라고 반박한다. 키르케고르 사상에서 신앙과 이성은 어떤 관계인가? 인간의 이성은 절대역설인 신의 성육신을 부조리이며 모순이라고 생각한다. 그러나 기독교 신앙은 오히려 '이성이 부조리하다'(the reason is absurd)고 선언한다. 신의 계시가 인간의 이성에게 부조리하게 보이는 이유는 신이 부조리해서가 아니라 인간 이성이 비진리이며 진리와 싸우고 있는 관계에 있기 때문이다.

따라서 개혁주의 신학자이자 철학자인 저자는 키르케고르를 비합리주의자(irrationalist)로 보는 데 반대한다. 키르케고르 학자 이승구 박사는 키르케고르/클리마쿠스가 이성을 부인한다는 것에 대하여 반박하면서 그의 소논문 「《철학적 단편》의 신학적 읽기 시도」(《부스러기》와 《철학적 단편》은 같은 책의 번역임)에서 불신자의 이성과 신자의 이성을 구분하며 이렇게 주장한다. "사람의 이성은 하나님과 그의 계시에 따라서 기능할 때에 제대로 기능하는 것이다. 자충족성(self-sufficiency)을 주장하는 이성은 죄되고 교만한 이성이고, 바르지 않은 이성의 작용이며, 실족한 이성인 것이다." 키르케고르는 이성을 새롭게 자리매김하였으며 이성주의 철학자들이 닫아 놓은 초월의 세계를 열어 두었고 정열과 결단과 의지와 실천이 빠져 버린 물 섞인 기독교 세계에 신의 은총에 대한 신앙의 정열과 예수 그리스도를 따르는 제자도를 일깨워주고자 했다.

끝으로 사닥다리의 이미지를 정리하면서 글을 맺으려고 한다. 요하네스 클리마쿠스는 소크라테스의 상기설(recollection theory)이나 헤겔의 절대이성이 진리에 도달하는 길이 아니며 기독교의 진리관이 영원한 행복에 도달하게 하는 사닥다리라고 제시하고 있다. 신약성경에 "하늘이 열리고 하나님의 사자들이 인자 위에 오르락내리락하는 것을 보리라"(요 1:51)라고 기록되어 있는데, 사닥다리는 구원의 길이 되신 예수 그리스도의 성육신(하강)과 부활 승천(상승)을 상징하며 예수 그리스도가 영원한 행복에 이르는 길임을 암시하는 것이다. 사닥다리는 두 기둥으로 이루어졌다. 한 기둥은 신앙이다. 신의 성육신이라는 역사적 계시를 믿는 믿음을 말한다. 또 다른 기둥은 중생한 이성이다. 중생한 이성은 그 교만을 버리고 신앙을 부정하는 것이 아니라 완성하는 협력자가 된다. 사닥다리의 가로대는 구원받은 신자들의 행함과 실천을 통한 성화의 과정을 말한다. 하늘을 오르락내리락하는 이미지는 절대적 역설인 성육신의 계시를 믿음으로써 하나님과 교제하는 것을 의미한다. 신앙은 단순한 지식에서 그치지 않는다. 신앙이란 나를 향한 하나님의 사랑에 응답하는 주체적 정열이다. 바른 신앙은 바른 행위와 열매로 나타난다.

8————

2012년 2월 미국에서 전화 한 통이 걸려 왔다. 그는 토니 킴이라고 자기를 소개했고 고든-콘웰 신학교를 나온 개신교 목사이며 벨기에 루뱅 대학과 네덜란드 자유대학에서 학위를 받고 미국에 대학원 대학을 설립한 키르케고르 학자였다. 그가 어떻게 파주에 있는 나에게 연락을 했는지 궁금했는데 알고 보니 잠시 내가 연구원으로 있었던 미네소타 세인트올라프 대학교 키르케고르 연구소에 문의하여 자신의 키르케고르 연구서를 번역할 만한 한국 학자를 소개해 달라고 의뢰했는데 세 사람을 소개받았다고 한다. 그런데 두 분은 연로하시거나 학교일로 바빠서서 번역을 할 수 없는 상황이어서 나에게 번역 의뢰를 하게 된 것이었다. 마침 그때 나는 키르케고르와 다석 유영모의 실존사상을 주제로 박사논문을 쓴 후에 키르케고르 사상을 사람들에게 소개해야 한다는 막연한 부담이자 사명감을 가지고 있었기에 번역을 맡아서 몰입하게 되었다. 그런데 원서에 어렵고 난해한 부분이 있었고 저자의 의도를 미처 파악하지 못한 부분도 있었기에 난감한 점이 없지 않았다. 분명코 키르케고르는 "신앙은 부조리하며 역설"이라고 했는데 어찌하여 저자는 '신앙의 합리성'을 주장하는 것인가? 저자가 직접 설명을 하는데도 저자의 주장을 납득하는 데 적지 않은 시간이 걸렸다. 개혁신학의 관점에서 키르케고르를 어떻게 해석하는지를 배울 수 있는 귀중한 기회였다.

감사하게도 이 책의 가치를 알아봐 준 홍성사를 만나기까지 6년은 헛되지 않았다. 그동안 이 번역 초안을 품고서 제대로 파악하지 못했던 소크라테스, 칸트, 스피노자, 데카르트, 후설 그리고 헤겔 사상을 공부하는 시간을 가졌을 뿐만 아니라 이 책에서 인용된 책들을 직접 찾아서 전후 맥락을 읽고서 번역을 할 수 있는 유익한 시간이었다. 가장 행복했던 것은 이메일로 200번 이상의 질문과 답변을 주고받으면서 저자의 의도를 알아가는 배움의 즐거움을 누린 것이다. 저자와 충분히 소통하고 확인하는 과정이 없었더라면 이 책을 출판하기는 힘들었을 것이다. 토니 킴 박사와 한국키에르케고어학회 고(故) 표재명 박사님, 이승구 박사님, 이상훈 박사님을 비롯한 여러 선생님들에게 감사를 드린다. 이 책이 빛을 보도록 출판을 허락해 주신 홍성사와 직원 여러분 그리고

내 영혼의 동반자이자 사랑하는 아내 마은희 사모에게 감사하며 함께해 주시
고 기도해 주신 삼성교회 교우들에게 감사를 드린다.

2018년 4월

윤 덕 영

차례

1장

―

《철학의 부스러기》 읽기

《철학의 부스러기》에서 신앙과 이성의 문제

신앙(fide)과 이성(ratio)의 관계의 본질에 관한 가장 중요한 문제는 언제나 난제로 남아 있다. 신학자와 철학자 모두 신앙과 이성의 관계에 대한 복잡한 논쟁을 벌여왔으나, 아직도 미해결된 채 남아 있다. 필자가 보기에 신앙과 이성의 관계가 미해결 과제로 남은 이유는 서로 다르면서도 교차하는 사유의 두 범주인 신앙계와 이성계 사이에 존재하는 미세한 선 때문이다.

신앙과 이성은 신학과 철학이라는 서로 다른 영역 안에서 작동하기 때문에, 종교적 신앙을 이성적 지식으로 환원시키는 것이 불가능하지 않더라도 매우 문제가 많을 것이다. 그럼에도 불구하고 일부 철학자와 신학자는 이성과 신앙이라는, 분기하면서도(diverging) 어느 정도 수렴하는(converging) 두 범주 사이에 다리 놓기가 필요하다고 생각한다. 왜냐하면 모든 인간은 소위 신(神)이라고 불리는, 진리에 대한 지식을 가지고 있음을 보여 주기 위해서이다.

이 책에서는 가명 저자 요하네스 클리마쿠스가 출판한 키르케고르의 《철학의 부스러기(Philosophical Fragments)》(이하 《부스러기》로 표기)에 나타난 신앙과 이성 사이의 관계의 본질을 규명하고자 한다. 본래 신앙과 이성은 인간 사유의 상이한 영역을 차지하기 때문에 논쟁적이 될 수밖에 없다. 필자의 논지는 클리마쿠스가 《부스러기》에서 신과 인간 또는 신앙과 인간 지식 사이에 역사적 관계가 있다고 주장한다는 것이다.

논의 과정에서 우리는 클리마쿠스가 신앙의 통전성을 견지하며, 그 때문에 이성적 사유로는 신앙에 도달할 수 없다는 사실과, 동시에 초월적 신[1]에 대한 이성적 사변을 넘어서기가 불가능하다는 이성의 한계성을 표현하고 있음을 발견하게 될 것이다. 필자는 특별히《부스러기》에서 클리마쿠스가 어떻게 신앙과 이성의 관계의 논의를 진행하는지, 그리고 이성이 어떻게 초월과 역사적으로 관계를 맺는지 탐구할 것이다.

　　　《부스러기》에서 주된 논지는 이성과 종교적 신앙은 본질적으로 대립한다는 것이다. 왜냐하면 그 뿌리가 각각 인성과 신성이라서, 서로 뿌리가 다르기 때문이다. 그렇다면, 클리마쿠스에게서 인간 이성은 초월과 아무런 역사적 관계를 맺을 수 없다는 뜻인가? 절대적 의미에서 보면, 클리마쿠스는 "없다"고 답한다. 그는 철학적 이성은 내재적이고 종교적 신앙은 초월적이므로, 둘 사이에 의미 있는 관계가 없다고 거듭 주장한다. 그렇다면 클리마쿠스는 신앙주의자(fideist)란 말인가? 신앙과 이성 사이에 화해는 불가능하단 말인가? 이성의 한계 때문에 초월적인 것에 대한 경험을 이해할 수 없단 말인가? 그렇다면 키르케고르/클리마쿠스의 형이상학 또는 종교철학에서 초월과 이성 사이에 접촉점이 있다고 보는 쿨리지(Richard Coolidge), 에반스(Stephen Evans), 페레이라(Jamie Ferreira), 웨스트팔(Merold Westphal) 같은 학자들의 주장은 어떻게 해석해야 되는가?

　　　키르케고르의《부스러기》는 이 문제에 대하여 명백한 답변을 하지 않는다. 하지만 신앙-이성 관계에 관한 클리마쿠스의 정통적 입장을 분석해 보면, 신앙-이성 관계의 사실적 요소는 자명하게 나타난다는 것이 필자의 주장이다. 필자는 클리마쿠스에게서 이성은 초월적인 것의 존재를 긍정하는 과업을 어느 정도까지는 수행한다고 주장하는 바이다. 따라서 클리마쿠스가 영원한 것과 인간적인 것 사이의 절대적 차이를 인정하는 동시에, 또한 신에 대하여 역사적 지식을 가질 수 있다는 견해를 전적으로 부인하지는 않는다고도 주장할 것이다. 또한 클리마쿠스는 신앙론자(fideism)와 기초론자(foundationalism)의 중간 어디쯤엔가 있다고도 주장할 것이다. 신앙론은 신앙과 이성 사이의 절대적 차이를 주장하는 입장인 반면, 기초론은 인간은 신(진리)에 관한 기초적 지식을 가지고 있다고 주장하는 입장이다. 비록 클리마쿠스가 헤겔의 종합의

---

1 ──── 이 책의 5장에서 이 주제와 관련된 문제들을 다시 다루었다. 5장은 독자로 하여금 앞 장에서 이미 진술하고 논의한 문제들을 상기시켜 준다. 5장에서는 1장에서 진술한 것을 요약할 것이며, 나의 결론도 제시할 것이다.

형태 속에 보이는 신-인 일치와 같은 인본적 사상을 철저히 배격한다고 할지라도(4장에서 다룰 예정), 그는 초월과 이성 사이에 어떤 초월 변증법(transcendental dialectic)이 있다는 확신을 가지고 있다고 필자는 주장하는 바이다. 그렇기 때문에 클리마쿠스는 모든 인간사는 인간이 마음으로 초월적으로 사유할 수 있는 존재, 즉 영원한 신에 대한 의식적 반응들이라고 주장한다.

첫째, 영원한 것에 대한 역사적 지식은 세계에 대한 경험으로 입증된다고 믿는 전통적 기초론자와 달리, 클리마쿠스는 합리적 믿음은 인간 본성의 초월적 측면에 기초해야만 한다고 믿는다. 이것들을 이 책의 전반에 걸쳐서 보게 될 것이다. 따라서《부스러기》에서 이 주제를 견지하면서, 클리마쿠스가 인간의 이성의 본질을 무엇으로 이해했으며, 이성과 그 상대자인 종교적 신앙이 어떤 관계인지를 파악하고 규명하는 시도를 할 것이다. 그리고 신앙-이성의 문제의 맥락에서《부스러기》에서 클리마쿠스가 탐구한 구체적 쟁점들을 토의할 것이다.

둘째로, 신앙과 이성의 관계를 다루고 있는《부스러기》에서 클리마쿠스가 논의하는 세부 쟁점들은 다음과 같다.

① 소크라테스적 사유의 문제: 이성을 지나치게 과장한 철학적 상기(想起, recollection) 개념을 기독교 교리(창조와 죄의 교리)와 비교하여 다룰 것이다(2장).

② '절대적 역설'의 문제: 세계 내 신의 역사적 계시(God's historical revelation in the world)라는 '불합리성'에 대한 클리마쿠스의 해석을 다룰 것이다. 여기서 성육신이라는 절대적 역설이 인간의 논리에는 부합하지 않지만 역사적으로 그 사건을 진리로 전유하는 것이 가능하다는 것을 살필 것이다(3장).

③ 헤겔 철학에서 '절대 이성'의 문제: 기독교 관점에서 보면 헤겔 철학의 '절대 이성'은 논리적으로 불일치를 보인다. 왜냐하면 헤겔이 가리키고 있는 절대자는 인간의 이성보다 열등하다는 점에서 실제 절대자가 아니기 때문이다. 반면에 기독교는 종교적 신앙을 일관되게 주장하고 있으며, 기독교는 영원성에 대한 역사적 전유와 초월적 전유의 가능성을 제공해 주고 있다(4장).

④ 마지막으로, 클리마쿠스는 인간의 객관적 경험(이론 또는 이성)과 주체적·역사적 경험(신앙)에 기초하여 영원성에 대한 역사적 신앙이 합리적이라는 견해를 주장한다(5장).

신앙과 이성 연구에서 키르케고르의 중요성

《부스러기》에서 키르케고르의 가명 저자 요하네스 클리마쿠스는 신앙과 이성의 위대한 주제, 그 복잡하고 해결되지 않은 둘 사이의 관계를 초월 관념의 견지에서 성찰한다. 키르케고르는 초월(超越)과 그 주제로부터 파생되는 모든 쟁점을 철학적으로 성찰하는 데 전례 없이 심혈을 기울였기 때문에, 후기 계몽주의 시대에 어떤 사상가도 시도해 보지 않은 방식으로 초월적 성찰의 정신을 복권시킨 사상가라고 불릴 만하다. 영원성에 대한 객관적 경험과 주관적 경험에 기초하여, 초월을 사유하는 혁신적 접근으로 인하여 클리마쿠스는 영원성을 인간 사유의 대상이자 주제로 재확립시키는 데 큰 역할을 하였다.

칸트 이래로 우리는 초월을 어떻게 생각해야만 하는가 하는 물음에 봉착했다. 예를 들어, 제임스 폴코너(James Faulconer)는 《철학과 종교에서의 초월(Transcendence in Philosophy and Religion)》에서 "근대까지 철학과 종교는 초월을 사유하는 데 논쟁의 여지가 있음을 생각하지 않고서, 초월을 사유한다는 자체만으로도 만족해하곤 했다"[2]라고 진술한다. 다시 말해서, 칸트까지는 철학과 종교에 있어서 초월 문제에 대한 물음은 초월을 어떻게 생각하는가 하는 것이지, 초월을 생각할 능력이 있는가 하는 물음은 아니었다. 그러나 폴코너가 주장하듯이, 칸트(그리고 칸트 시대의 관념론자 이후의 관념론자들) 이래로 모든 것이 변했다. 폴코너에 따르면, 칸트 시대 이래로 초월을 사유하려는 시도들을 중단했다.[3] 결과적으로 철학에서는 이성을 가지고 초월을 합리적으로 신학화하고 철학화하지 못하게 제한하는 근대적 칸트의 전통을 유지하려는 의무만 남았다.

만일 폴코너의 관찰이 옳다면(필자는 그렇게 생각한다), 키르케고르는 근대 철학에서 중요한 위치를 차지한다고 주장할 수 있다. 이를 뒷받침하는 몇 가지 근거를 들자면, 첫째, 키르케고르는 18-19세기 유럽의 관념철학 시대 이래로 이성적 관점이 아닌 종교적 관점에서 신앙과 이성의 문제를 탐구하는 데 선구적인 사상가이기 때문이다. 둘째, 비록 그가 당시에 만연했던 사조인 초월과 초월적인 것을 이성의 테두리 안에서만 전유하려고 시도했던 역사적 또는 인

---

2 ——— James E. Faulconer, "Thinking Transcendence," in *Transcendence in Philosophy and Religion*, ed. James E. Faulconer (Bloomington, IN: Indiana University Press, 2003), 1.

3 ——— 위의 책, 같은 쪽.

간적 이성의 자율적 힘에 반대하여 신앙의 통전성을 유지하려고 추구했을지라도 철학과 종교에서 역사적 이성의 중요한 위치를 간과하지 않았기 때문이다. 예를 들어, 1850년 그가 쓴 일기에는 "이성은 신앙이 믿는 바를 이해하지 못한다"라는 기록된 후에 곧바로 "그럼에도 불구하고 이성은 신앙을 파악하는 데 완전히 성공하지 못했다고 해도, 이성에는 신앙을 영예롭게 하는 데 결정적이 되거나 신앙을 영예롭게 할 수 있는 조건이 될 만한 특별한 것이 있다"고 적혀 있다. 그는 일기에서 절대적 역설의 불합리성에 대하여 "이성의 활동은 역설을 부정적으로 부각시킨다…"라고 적고 있다. 또 다른 가명 작품《철학의 부스러기의 결론적 비학문적 후서(Concluding Unscientific Postscript to Philosophical Fragments)》(이하《후서》로 표기)에서 그는 이것을 더 발전시켰다고 인정했다.[4] 그는 신의 성육신의 불합리성이나 다른 형태들의 불합리성에 관하여, 불합리 개념은 설명할 수 없을 정도로 피상적이지는 않다고 진술한다. "불합리 개념은 불합리를 파악할 수도 없고 파악해서도 안 된다는 사실을 정확히 이해하는 것이다"라고 진술한다. 또 불합리를 "부정적으로 결정되는 개념"이라고 말한다. 그러나 그는 또한 불합리의 개념은 실증적일뿐 아니라 변증적이라고 주장하는데, 사람이 기독교 신앙을 가진다고 하는 것이 그 예이다.[5]

　　그래서 키르케고르 덕택에 다시 새롭게 초월을 사유하게 되었는데, 그것은 비틀어서 사유하는 방식이다. 키르케고르는 초월을 사유하기는 하지만 사유의 모든 한계를 가진 채로 사유하도록 재설정하였으며, 한때 우주적 현실에 대하여 차지했던 이성의 절대적 위치를 제거함으로써 이성의 역할을 수정하였다.《부스러기》에 대한 본 연구에서 영원성에 대한 인간의 역사적 지식은 사유의 대상이며, 설명되어야 할 필요성이 있음을 새롭게 주목하게 될 것이다. 비록 키르케고르가 이성의 사유가 유한하다는 문제에 대한 대안으로 종교적 신앙을 제시함에도 불구하고, 영원에 대한 우리의 개념이 피상적이거나 터무니없는 것은 아니라고 생각했다는 것이 필자의 논지이다. 그의 견해에 따르면, 영원성 개념이 피상적인 것과는 반대로, 비록 우리의 사고에 부정적으로 제시되기는 하지만 영원성 개념은 그 개념의 실재를 기표한다고 보았다. 그는 절대적 역설에 관하여 다음과 같이 쓰고 있다.

---

4 ──── Søren Kierkegaard, *Journals and Papers*, vol. 1, A–E, ed. and trans. Howard V. Hong and Edna H. Hong (Bloomington and London: Indiana University Press, 1967), 4.

5 ──── 위의 책, 4–5.

이성이 역설, 곧 불합리를 난센스라고 무시할 수 없으며, 그 역설과 불합리를 난센스라고 증명할 능력도 없다. 역설은 난센스가 아니다. 그것은 상징이며, 하나의 수수께끼, 복잡한 수수께끼여서, 이성은 이렇게밖에 말할 수 없다. "나는 그것을 풀 수가 없어, 그것을 이해할 수 없어, 그렇다고 그것을 난센스라고 결론지을 수 없어."[6]

이러한 이유로 근대 철학에서 키르케고르는 초월 사상가 또는 관념 사상가로서 중요한 위치를 차지한다. 그렇지만 많은 학자들이 그러했듯 그를 단순히 신앙론자로 한정시켜서는 안 된다고 필자는 주장할 것이다. 키르케고르가 신앙과 이성 사이의 진짜 관계를 부정했음에도 불구하고, 영원한 것의 실재를 묘사하기 위하여 인간 사유의 가능성을 인정했음을 밝힐 것이다.

《철학의 부스러기》의 진짜 의도

키르케고르의 《부스러기》는 1844년에 출판되었고, 그 후속작 《후서》는 1846년에 출판되었다.[7] 두 작품은 동일한 가명 저자와 동일한 제목을 가진 것으로 널리 알려졌다.

전통적으로 키르케고르의 《부스러기》는 헤겔 사상을 반박하려는 의도를 가졌다고 여겨졌다. 다시 말해서 제목을 '부스러기'라고 붙인 것은 헤겔의 체계적 철학에 반박하여 책의 비체계적 내용을 강조하려는 키르케고르의 저술 의도를 암시한다. 예를 들어, 저명한 키르케고르 학자인 스티븐 에반스에 따르면, '부스러기'라는 뼈 있는 제목은 헤겔의 '체계'에 반박하려는 논쟁을 암시한다.[8]

그렇지만 최근의 키르케고르 연구에 따르면, 헤겔에 대항하여 논박하려고 《부스러기》를 쓴 게 아니라 사실은 덴마크 신학자 한스 마르텐센(Hans Lassen Martensen)을 염두에 두고 썼다는 주장이 발표되었다. 예를 들어, 존 스

---

6 ——— 위의 책, 5.

7 ——— Søren Kierkegaard, *Philosophical Fragments*, ed. and trans. Howard V. Hong and Edna H. Hong (Princeton: Princeton University Press, 1985), 109.

8 ——— C. Stephen Evans, *Kierkegaard's Frangments and Postscript: The Religious Philosophy of Johannes Climacus* (Atlantic Hightlands: Humanities Press International INC., 1983), 14.

튜어트(Jon Stewart)는 그의 저서 《키르케고르와 헤겔의 관계 재고찰(Kierkeg-aard's Relations to Hegel Reconsidered)》에서 《부스러기》는 대체로 사변 사상의 몇 가지 측면들을 일반적으로 다루려는 목적이었지, 직접적으로 헤겔 사상, 특히 매개(mediation, 媒介) 이론을 겨냥한 것은 아니라고 주장한다.[9] 그러므로 가명 저자 클리마쿠스는 《부스러기》에서 매개를 주요한 주제로 다루고는 있지만, 헤겔에 대한 응답이 아니라 종교를 설명하기 위하여 헤겔적 개념을 신학 안으로 합류시켜서 사변 사상을 사용했던 신학자 마르텐센의 신학 사상을 논박하기 위해 쓴 것이다.

> 《부스러기》는 '구체적으로 말하자면 매개(초월과 내재 사이의 연관성)에 반박하기 위해서 쓰였다'는 주장을 이 장의 출발점으로 삼았다. (8장 제목. '마르텐슨의 내재 교리와 《부스러기》에 나타난 키르케고르의 초월'). 앞에서도 살펴보았듯이, 매개라는 개념은 《이것이냐 저것이냐(Either/Or)》 그리고 《반복(Repetition)》 두 책에서 비판을 받았으며, 두 책에서 가명의 저자는 모순과 배제된 중간(excluded middle)의 법칙이라는 헤겔 비판을 둘러싼 동시대의 논쟁에 대하여 같은 입장을 취한다. 따라서 《부스러기》는 이 논의의 연속선상에 있으며, 더 발전된 것으로 볼 수도 있다고 주장한다. 구체적으로, 《부스러기》는 사변 신학 안에서 매개를 사용하고 있는 마르텐센의 주장에 논박하는 것이 주된 목적이다.[10]

스튜어트는 비록 《부스러기》에는 헤겔과 헤겔주의자들에 대해 언급한 구절이 많고 그 논조도 얼핏 보면 헤겔을 비판의 대상으로 삼은 것 같아 보이지만, 본래 의도는 아니라고 주장한다. 오히려 주로 마르텐센이 주동하고 형성하고 주창한 사변 사상을 논박하는 맥락에서 《부스러기》를 이해해야 한다고 주장한다. 마르텐센은 헤겔의 매개 개념을 자신의 이성적 신학에 끌어들여서, 인간적인 것과 신적인 것 사이에 전이가 있었다고 주장하였다.[11]

독자가 이 논쟁에서 어떤 입장을 취하든, 클리마쿠스가 사변 사상을 반박하는 것만은 자명하다. 사변 사상은 인간 지식의 역사적 차원이 인간으로

---

9 ──── Jon Stewart, *Kierkegaard's Relations to Hegel Reconsidered* (Cambridge: Cambridge University Press, 2044), 337-338.

10 ──── 위의 책, 338.

하여금 "(절대적으로) 알려질 수 없는 어떤 것"을 알 수 있도록 허용한다고 주장한다. 사변 사상은 "알 수 있는 것의 범위를 넘어선 어떤 것", 소위 영원한 것을 추론적이고 연역적으로 포착해 보려고 시도하였다.[12]

클리마쿠스가 볼 때 사변 사상은 세계의 현실을 정확하게 파악할 수 없다. 제이컵 하울랜드(Jacob Howland)가 설명하듯이, 헤겔주의에서 발견되는 철학적 관념성(ideality)은 클리마쿠스가 볼 때는 세계의 실재성(actuality)과 일치하지 않는다. 그 이유는 철학적 관념은 인간의 삶의 특수함을 간과하기 때문이다.

키르케고르는 (헤겔) 체계를 돌로 된 구조물에 견주었다. 그 자체로, 그것은 죽은 문자다. 실제로 살아가는 삶과는 동떨어진 별개의 말에 불과하다. 헤겔주의자들이 말하는 것과 그들의 행동은 일치하지 않는다. 키르케고르는 바로 이 상황을 '혐오스런 비진리'로 간주한다. 그것이 함축하는 바, 철학의 진리는 그것을 주창하는 철학자의 행위와 동떨어져서 평가될 수 없다는 것이다.[13]

그래서 《부스러기》에 대한 본 연구에서 우리는 사변적 이성이 무엇이며, 사변 이성과 신앙은 무슨 관계가 있는지를 가명 저자 요하네스 클리마쿠스가 본문에서 논의하는 다양한 세부 쟁점들을 포함하여 토의할 것이다.

《철학의 부스러기》의 세부 주제들

이 책에서 첫 번째 다루고 싶은 문제는 《부스러기》에 나타난 소크라테스 철학의 문제이다. 《부스러기》에서 요하네스 클리마쿠스는 소크라테스의 철학 범주를 사변철학의 전체 범주를 대변하는 것으로 소개한다. 소크라테스

---

11 ──── 키르케고르와 헤겔의 관계에 대한 스튜어트의 입장에 관한 포괄적이며 광범위한 비평을 위해서는 *Kierkegaardiana* Vol. 23, ed. Dario Gonzáles, Tonny Aagaard Olesen, and Richard Purkathofer (Copenhagen: C.A. Reitzels Forlag Copenhagen, 2004), 179-196에 수록된 아르네 그뢴(Arne Grøn)의 소논문 "애매모호하면서도 깊이 차별화된: 키르케고르와 헤겔의 관계"를 보라.

12 ──── Stewart, 위의 책, 339-340.

13 ──── Jacob Howland, *Kierkegaard and Socrates: A Study in Philosophy and Faith* (Cambridge: Cmbridge University Press, 2006), 15.

는 진리가 인간에게 내재되어 있으며, 상기라는 인간적 과정을 거쳐서 의식적으로 진리를 깨달을 수 있다고 주장한다.[14] 이와는 대조적으로, 클리마쿠스는 신앙을 앞세우고 있는 종교(기독교)는 그런 주장을 용납할 수 없다고 주장한다. 왜냐하면 기독교는 궁극적 실재, 즉 영원한 것에 대한 인본적 사유 방식에는 한계가 있다고 보는 신앙의 입장을 표방하기 때문이다. 소크라테스와 기독교는 각기 개념을 설명하는 데 서로 다른 성찰 범주를 사용하며, 각기 독특한 정체성을 가졌다는 점에서 구분된다.

    클리마쿠스에 따르면, 소크라테스가 종교적 관점에서 말하는 궁극적 실재를 설명하는 데 사용한 소크라테스적 방법의 문제는 그 방법이 추구하는 '비경험적 종교적 내용', 즉 진리가 빠졌다는 것이다. 다시 말해서, 소크라테스적 방법에는 종교성의 내용인 진리, 즉 기독교 신앙이 빠져 있다. 소크라테스 사상에서 비역사적·초월적 신앙이라는 종교의 필수적 내용이 빠져 있다는 것이 바로 클리마쿠스가 문제 삼고 있는 부분이다. 바로 이 때문에《부스러기》에서 소크라테스의 사변적 방법인 상기를 반대하고 신앙이라는 종교적 개념을 지지하는 입장을 분명히 밝히고 있다.

    그렇다고 해서 클리마쿠스가 이성을 무의미한 것으로 거부한 것은 아니다. 그는 이성이 영원한 진리를 충분히 이해할 수는 없을지라도 그 진리를 관념적으로 전유할 수 있다고 주장한다. 클리마쿠스의 견해에 따르면, 진리란 인간이 시간 속에서 사유를 통하여 역사적으로 알 수 있는 것이다. 왜냐하면 기독교 신앙에 따르면, 인간은 '진리의 바깥에 있지 않고' 진리 안에 있기 때문이다. 이런 점에서는 소크라테스와 기독교는 진리가 인간에게 내재해 있다는 동일한 입장을 취한다. 다만 기독교가 소크라테스와 다른 점은 소크라테스는 진리가 인간에게 선재되어 있다고 보는 반면, 기독교는 인간이 진리인 신의 형상을 닮도록 창조되었다고 믿기 때문에 진리가 인간에게 내재되어 있다고 본다는 것이다. 소크라테스적 방법론에 관한 전반 문제는 '2장 진리와 관념'에서 다루겠다.

---

14 ──── Kierkegaard, *Fragments*, 13. 클리마쿠스는 다음과 같이 기록하고 있다. "진리를 배울 수 있는가? 우리는 이 질문부터 시작해 보자. 사람은 그가 아는 것을 추구할 필요가 없으며, 그가 모르는 것을 추구할 수도 없다. 그가 아는 것은 그가 이미 알고 있기 때문에 추구할 수 없으며, 그가 모르는 것은 그가 도대체 무엇을 추구해야 하는지조차 모르기 때문에 추구할 수 없다. 소크라테스식의 사고는 사실상 논리의 이접성을 무효화시켰다. 왜냐하면 기본적으로 모든 인간은 진리를 소유하고 있다고 보기 때문이다."

이 책에서 다룰 두 번째 문제는 소위 '절대적 역설'이라고 불리는 신의 세계 내의 성육신(Incarnation)의 문제이다. 《부스러기》에서 클리마쿠스가 주장하는 절대적 역설의 문제는, 그것이 이성적이지 않은 특징을 지녔기 때문에 인간 오성과 충돌한다는 점이다. 세계 내에 나타난 절대적 역설—영원한 것—은 인간 논리의 도전을 거부한다. 즉 절대적 역설은 이성적 불합리성을 지녔기 때문에 이해될 수 없다. 영원한 존재인 '신'이 역사의 특정한 순간에 세계의 공간과 시간 속에서 나타나서 "태어나서 자라고, 다른 어떤 이와 차별이 없는 온전히 다른 개별 인간과 같이 되었다"는 것은 이성적으로 볼 때 불합리한 역설이다.[15] 역설이란 인간의 이해에 한계가 있어서 당장 이해가 되지 않지만 곱씹어 보면 진리인 것을 가리킨다. 그리고 클리마쿠스가 신의 성육신이라는 역설, 불가능한 특별 사건을 언급할 때, '신'(the god)을 소문자로 쓴 이유는 성육신이라는 역설을 기독교의 가설로 전제하고 분석하기 위해서이다. 역사적인 관점에서 볼 때, 이것은 논리적으로 소화될 성질의 것이 아니다.

첫째로, 신이 인간의 모습으로 세계 안에 현현한 성육신이라는 특별한 역사적 사건은 이성적으로 이해할 수 있는 사건이 아니며, 형이상학의 관점에서 보아도 직접 지각할 수 있는 사건이 아니다. 절대적 역설은 영원한 존재가 시간 속으로 들어와 역사의 한 지점에 도달했다는 사상을 담고 있다. 도무지 그럴 수 없는 것이 시간 속으로 '들어왔다'는 사상은 이성을 뛰어넘는 것이다. 이 역사적 사건, 역사 속으로의 신의 출현이라는 절대적 역설은 잠재적 영역에 대한 물음을 요청한다. 절대적 역설이 잠재적 영역에서 현실 세계로 들어온 것이다. 다시 말해서, 절대적 역설의 기원이 궁금하지만, 인간 오성은 그 기원을 직접적으로 이해할 수 없다. 합리적 판단에 기초해 이 출현에 대하여 내릴 확실한 근거가 없기 때문이다.

둘째로, 그 역설의 실체를 평가하기 위한 그 어떠한 정확한 지식의 기록도 얻을 수 없다. 그러므로 종국에 그 역설은 개인의 자유로운 해석의 대상이 되고 만다. 그 절대적 역설은 이성적 인간의 경험에는 닫혀 있는 것, 즉 성육신 역설의 역사적 발생을 다루는 문제를 야기한다.

따라서 인간 오성은 절대적 역설의 능력을 포함할 수 없다. 그렇기 때

---

15 ——— Herman Diem, *Kierkegaard's Dialectic of Existence*, trans. Harold Knight (Edinburg: Oliver and Boyd, 1959), 60.

문에 절대적 역설의 정체는 오성으로 전유할 수 없는 특이한 것임에도 불구하고, 그것이 실제로 출현했음을 확증하기 위해서 클리마쿠스는 다른 대안적 반성(reflection)을 사용한다. 절대적 역설을 이해하기 위해 인간은 세계 너머의 영원한 변증법적(eternal dialectic) 상태로 들어가야 한다는 것이다. 이 영원한 변증법은 개인의 역사적 실존에서 초자연적인 것으로의 초월을 통해 가능하다.

그럼에도 불구하고 이 초자연적 출현은 부정적인 개념으로의 역사적 전유를 거치게 된다. 다시 말해서, 절대적 역설에 관하여 어떤 형이상학적 판단이 형성될 수 있다는 뜻이다. '3장 절대적 역설'에서 이 문제를 자세히 다룰 것이다.

셋째로, 《부스러기》에서 논의되었던 헤겔의 절대 이성이란 개념의 문제를 연구할 것이다. 이 복잡한 개념의 본질을 규명하기 위하여 헤겔의 절대 이성의 논리적 구조를 면밀히 검토하겠다. 그렇게 하는 의도는 헤겔적 개념에 대한 클리마쿠스의 비판을 자세히 검토함으로써 헤겔의 절대 이성 개념을 이해할 뿐 아니라 클리마쿠스가 왜 헤겔 사상을 비판했는지 그 이면의 의도를 더 잘 이해하기 위해서이다. 또한 소위 말하는 클리마쿠스의 신앙주의가 헤겔의 절대 이성 개념에 어떻게 도전하고 있는지를 살펴보겠다.

명백하게도 《부스러기》에서 비판하는 철학은 헤겔 사상이다. 클리마쿠스는 '절대 관념론'의 방법론이 진정한 종교적 신앙의 형태를 크게 왜곡했다고 보는데, 절대 관념론의 소크라테스적 방법론 또는 '절대적 방법'을 열렬히 지지하는 것이 바로 헤겔 사상이라고 보았기 때문이다. 클리마쿠스는 기독교 신앙이 절대적 방법이고, 소크라테스의 절대적 방법은 신앙의 왜곡된 형태일 뿐이라고 본 것이다.

클리마쿠스는 헤겔 철학이 종교적 신앙을 '논리 속의 난제'(a difficulty in logic)로 바꾸어 버렸다고 진술한다. 헤겔이나 헤겔 철학은 절대자와 세계를 통일시켜 '단일하게' 일치시켜 버렸다. 절대와 세계를 일치시킨 헤겔 사상은 인간의 지성을 사용하여 종교(기독교)를 완전히 포괄시켰으며, 종교를 시간적 실존으로 변질시켜 버렸다. 따라서 헤겔 철학은 종교를 변질시켜서, 인간의 합리성을 당황케 하는 '어처구니없는 미신'까지는 아닐지라도, 종교를 논리적 '동어반복'에 불과한 것으로 만들고 말았다.[16] 헤겔 철학과 종교의 양립은 불가능하다

---

16 —— Kierkegaard, *Fragments*, 78, n24.

는 것을 증명하는 만만찮은 과제를 클리마쿠스가 어떻게 수행하는지를 밝히기 위해서 몇 가지 2차 자료를 살펴볼 계획이다.

　　헤겔의 절대 개념이 무엇이며, 클리마쿠스가 그것을 어떻게 비판하는가 하는 이 논의에서 필자가 주장하는 바는, 비록 클리마쿠스가 헤겔의 절대 개념을 싫어함에도 불구하고 인간이 절대적 실재를 생각할 수 있다는 사상 자체를 버리지는 않는다는 점이다. 물론, 절대적 실재를 생각하는 것만으로 종교적이 되는 것은 아니다. 클리마쿠스가 헤겔적 개념과 헤겔 철학 일반을 반대하는 것은 이성 자체에 대한 철저한 적개심을 드러내기 위한 것이 아니라, 단지 헤겔같은 추상적 사상가가 되어서 불합리한 개념들을 생산해 내고 마치 그 개념들을 실재라고 여겼던 당시에 만연했던 풍토를 공격하기 위한 것임을 논증하려는 것이다. 필자의 핵심 주장은 영원성에 대한 신앙은 합리성을 가지고 있다는 것이다. '합리적 신앙'이라고 하는 것과 '신앙의 합리성'은 다르다. 필자가 주장하는 신앙의 합리성은 신앙과 이성이 만나는 교차로가 있으며, 신앙에도 이성이 역사적으로 이해할 수 있는 합리적 요소와 객관성이 있다는 것이다. 이 책에서는 클리마쿠스가 세계와 종교를 단일체로 이해한 헤겔 사상에 적대적이었음에도 불구하고 (영원한) 진리를 사유할 수 있다는 데는 동조적이었으며, 영원성에 대한 신앙에는 합리성이 있다고 주장할 것이다.

　　클리마쿠스에 따르면, 인간의 지식을 참되게 하는 것은 인간의 합리성에 기반을 두는 것이 아니라 종교적 측면에 기반을 둘 때 가능하다. 인간의 합리성은 지식과 이해를 제공한다는 점에서 인생에서 필수불가결한 위치를 차지한다. 그러나 인간의 합리성은 제한된 능력을 가지고 있기에 참된 지식을 제공할 수 없는 영역이 있다. 그러므로 4장에서 클리마쿠스의 비판 철학을 다루면서 두 가지 주장으로 결론을 내릴 것이다. 첫째, 헤겔의 절대 개념의 문제는 신과 인간의 절대적 차이를 무시했기에, 클리마쿠스는 헤겔 철학에 반대하여 신과 인간의 절대적 차이를 강조하는 종교적 원칙을 주장한다. 둘째, 클리마쿠스가 헤겔 사상을 비판한다고 해서 절대자를 합리적으로 사유하는 것 자체를 완전히 배격한 것은 아니다.

　　실제로 클리마쿠스는 헤겔식의 절대 개념은 수용할 수 없는 방법이라고 보았다. 그런데 주체와 객체의 관계 원리 자체를 거부한 것이 아니라, 그것을 구성하는 '방식'을 배격한 것이다. 비록 클리마쿠스는 헤겔처럼 극단적으로 인간의 이성을 강조하는 것은 반대했지만, 인간은 여전히 절대적인 것을 사유할 수는 있다고 보았다. 4장에서 이 문제를 다룰 것이다.

　　클리마쿠스는 인간 실존의 관점에 입각하여 헤겔 철학의 일반 문제들을 다루고 있다. 스티븐 에반스에 따르면, 클리마쿠스는 인간은 실존하도록 부름받았다고 말했다. 에반스는 이 세상을 사는 인간 실존의 본질은 도덕적 완전성을 향한 '윤리적 노력하기'라고 말한다. 이러한 윤리적 노력하기는 인간 실존의 다양한 구성요소를 가진 시간 구조 속에서 수행된다. 윤리적 노력하기를 실제로 수행하는 도덕성이 이에 해당된다.[17] 따라서 헤겔의 절대 변증법이 실존을 흡수해 버린 결과, 인류의 핵심 본질인 '자유'가 위협되고 말았다.

　　그러나 클리마쿠스가 말하는 자유는 신의 거룩한 도덕성이라는 진리 안에서 발견되는 것 같다. 절대 관념론이라는 헤겔 철학은 지금까지는 가장 특출한 방법이었음에도 불구하고, 클리마쿠스적 관점에서 볼 때는 절대자와 세계의 관계를 모호하게 만들었기 때문에 커다란 위험에 봉착했다. 헤겔은 인간의 이성을 신보다 더 앞세우는 극단적인 방식으로 형이상학적 가능성을 비판적으로 성찰했던 당시의 철학의 조류에 부합하여 절대적인 것과 세계를 종합하였는데, 클리마쿠스는 이는 신의 절대적 타자성을 파괴하는 것이었다고 주장한다.

　　하지만 논리의 법칙이라는 주도면밀한 눈으로 볼 때, 헤겔의 논리는 창의적인 방식으로 "그 자신과 여러 사람을 오도했으며, 모순이 마치 무언가를 발생시킬 능력을 가지고 있는 것처럼 잘못된 역할을 맡겼다."[18] 헤겔의 체계는 영리하고도 전략적으로 절대적인 것과 세계 사이를 고작 인간의 주체적 매개를 통해서 초월적으로 다리를 놓으려고 시도했다. 그러나 종국에는 신과 인간을 제거하는 결과를 낳고 말았다. 메럴드 웨스트팔과 같은 학자는 이것을 '성과 속의 긴장의 인식론'에 대한 이상한 해석학이라고 불렀다.[19] 그것을 이상한 해석학이라고 부르는 이유는 헤겔적 체계는 신-세계의 차이점을 주목하지 않은

---

17 ──── C. Stephen Evans, *Kierkegaard's Fragments and Postscript*, 7.

18 ──── Kierkeggard, *Fragments*, 315: "세계사는 자유 의식을 목적으로 하는 그런 원리의 발전이다. 이 단계의 자세한 정의는 일반적으로 논리학에서, 더 구체적으로는 정신 철학에서 이루어진다. … 여기서 다만 주의해 두고 싶은 것은 정신은 무한한 가능성에서 출발하지만, 가능성은 어디까지나 가능성에 지나지 않고 절대적 내용은 여전히 잠재적인 목적 내지 목표에 머문다는 것이다. 목적 내지 목표가 달성되려면 결말을 기다려야만 하고, 그때 비로소 목적 내지 목표는 현실로 등장한다. 실제 실존에서는 그것이 불완전한 것으로부터 완전한 것을 향해 전진하는 것으로 보인다. 그러나 그 불완전한 것은 단순히 추상적인 불완전한 것으로 파악되어선 안 되고, 동시에 그 반대물인 완전한 것을 기원 내지 충동으로 지니고 있는 것으로 보아야 한다."

채 인간 사고의 영역 안에서 신-세계의 관계를 종합의 형태로 표현했기 때문이다. 5장에서 이 주제를 다룰 것이다.

    5장에서는 클리마쿠스가 《부스러기》에서 신앙과 이성의 관계성에 대하여 제시한 다양한 개념을 다룬다. 생성, 종교적 신앙, 합리적 믿음, 객관성, 주체성 그리고 순간 등의 개념을 다룰 것이다. 예를 들면, 생성(生成)은 영원성에 대한 신앙의 합리성을 지지해 주는 개념이다. 왜냐하면 시간 속에 오신 신의 등장이라는 절대적 역설의 사건에서 영원성과 역사성 사이의 관계에 합리성이 있다는 근거를 제시하기 때문이다.

    절대적 역설의 사건에서 우리는 다음과 같은 것을 발견할 수 있다. 첫째, 영원성과 역사성 사이에 관계가 있다. 둘째, 이 관계가 실제 역사 속에서 발생했다. 성육신이라는 절대적 역설의 사건 때문에 인간이 역사적 실존 안에서 영원성에 대한 합리적 이해를 할 수 있다는 의미이다. 인간이 영원성을 역사적으로 또는 관념적으로 접근할 수 있다는 진리를 입증함으로써 영원성과 역사성의 관련성을 증명하고자 생성, 종교적 신앙, 합리적 믿음, 객관성, 주체성, 순간(moment) 등의 개념에 대해 논의할 것이다.

    클리마쿠스는 세계와 인간을 신격화시킨 헤겔의 '절대정신' 개념의 문제를 논박하면서, 생성되고 존재하는 것은 일시적인 것이라고 주장한다. 그러나 신이 시간 속으로 들어옴으로써 시간과 영원 사이의 화해불가능성은 해소되었다고 주장한다. 5장에서 신의 역사적 계시라는 특별한 사건이 어떻게 가능할 수 있는지에 대한 물음에 답할 것이다. 다시 말해서, 역사 속에서 신을 계시한 어리둥절한 성육신 사건의 본질을 규명하고자 한다. 어떻게 본질상 영원한 존재가 일시적 시간 속으로 들어왔단 말인가? 이를 위하여 5장에서 요즘 활발히 활약하는 제이미 페레이라와 리처드 쿨리지뿐만 아니라, 저명한 학자인 앨러스테어 하네이(Alastair Hannay), 제임스 콜린스(James Collins), 그리고 고인이 되신 루이스 포즈먼(Louis Pojman)과 같은 학자들의 다양한 해석을 제시함으로써 클리마쿠스의 개념들을 더 잘 이해하도록 도울 것이다.

    신앙과 이성의 절대적 화해 불가능성 그리고 신앙과 이성의 상대적 또는 합리적 화해 가능성이라는 좀 더 폭넓은 질문을 검토하는 맥락에서 클리

---

19 —— Merold Westphal, "Hegel, Pannenberg, and Hermeneutics," *Man and World* 4, no. 3, (August 1971): 276.

마쿠스의 개념들을 살펴볼 예정이다. 궁극적으로 이 개념들은 '영원성에 대한 인간의 신앙은 합리적이다'라는 이 책의 논지를 뒷받침해 줄 것으로 기대한다.

클리마쿠스가 말하는 의지의 문제도 이 논의에서 다룰 것이다. 종교적 믿음이란 인간의 의지를 사용한 선택의 요소를 필요로 한다고 보는 것이 종교적 의지론(volitionalism) 또는 주의론(voluntarism)이다. 비평가 루이스 포즈먼은 클리마쿠스를 의지론자로 분류했는데, 필자는 이것에 반대하여 클리마쿠스는 의지론자가 아니라고 주장한다. 왜냐하면 인간의 실존 안에 의지의 위치는 그렇게 자율적이지 않다는 것이 클리마쿠스의 입장이기 때문이다. 비록 인간의 자유를 강하게 옹호할지라도, 인간의 자유는 더 높은 신의 섭리와 의지 안에 뿌리내리고 있다고 본다는 점에서 클리마쿠스는 의지론자가 아니다. 필자는 인간의 자유는 언제나 신의 섭리와 의지에 의존하여 발휘된다는 것이 클리마쿠스의 입장이라고 주장한다.

포즈먼은 클리마쿠스를 의지론자로 봐야 한다고 주장한다. 왜냐하면 종교적 신앙은 본질적으로 능동적이며, 스스로의 선택의 결과로 경험하는 것이고, 이것을 클리마쿠스의 견해라고 해석하기 때문이다. 이것은 클리마쿠스의 의지 개념에 대한 포즈먼의 해석에서 나온 것인데, 그는 인간 의지는 종교적 신앙을 성취하려는 능동적인 능력을 지니고 있다고 해석한다.

포즈먼과 달리 제이미 페레이라는 인간 자유의 본성에 대한 클리마쿠스의 관점을 다른 식으로 해석한다. 페레이라는 클리마쿠스를 비의지론자로 본다. 왜냐하면 클리마쿠스는 신앙을 인간의 누적된 업적의 성취 결과라고 보는 견해에 반대하기 때문이다. 페레이라에 따르면, 불신에서 믿음으로의 질적인 이행은 물리적으로나 이성적으로 강요된 것과는 무관하며 아주 자유로운 것이다. 나아가 그는 인간의 자유는 더 큰 자유, 인간의 자유와는 불연속성이 있으며 인간사에 무관심하지 않은 독자성을 지닌 신적 자유를 전제로 하고 있다고 해석한다. 따라서 인간의 선택은 "언제나 의미와 목적을 가진, 맥락 아래에 있는 자유"이며, 그것은 엄밀히 말하자면 전혀 "선택이 아닌" 것으로 여겨질 수 있다고 주장한다. 또한 그는 분명하게 클리마쿠스는 인간 의지와 신의 전능이 양립할 수 있다는 양립론자의 입장을 가졌다고 주장하고, 인간의 의지가 신의 의지와 관계되었다는 클리마쿠스의 사상은 언제나 인간보다 차원이 높은 신의 의지를 필요로 한다고 주장한다. 인간 의지는 절대적으로 신에게 의존한다는 것이다.

클리마쿠스는 인간의 선택의 자유에는 동등하게 신에게도 책임이 있는데, 그러나 상대적인 책임이 있다고 보았다. 또한 클리마쿠스는 인간의 주체성을 강조하는데, 신의 주권과 섭리를 배격하지 않는 인간의 주체성을 말하고 있는 것이다. 다시 말해서, 인간의 진정한 자유(libertas)는 신에게 전적으로 의지할 때에만 가능하다. 따라서 영원한 존재인 신과의 관계에서 인간의 역할은 신을 향하여 적극적으로 추구한다는 점에서는 자발적이며, 영원성을 향하여 추구하는 데 필수 선결조건인 신앙을 온전히 수용한다는 점에서는 수동적 또는 무의식적이다.

이처럼 포즈먼과 페레이라의 상반되는 두 견해를 살펴볼 것이다. 신의 전능과 인간 자유라는 복잡하고 난해한 주제에 대하여, 필자는 포즈먼보다는 페레이라가 클리마쿠스의 견해에 더 가깝다고 주장할 것이다. 그리고 선택이라는 인간 자유의 문제에 관하여, 인간의 의지는 차원이 더 높은 신의 의지에 대하여 (역사적으로나 상대적으로는) 독립적이면서, 동시에 (절대적으로나 신앙적으로는) 의존적이라고 본 것이 클리마쿠스의 입장이라고 결론 맺을 것이다.

6장에서는 신앙과 이성 관계에 관한 이 책의 모든 논의를 요약할 것이다. 클리마쿠스는 인간의 지성은 관념적 판단을 내릴 수 있다고 보기 때문에, 필자는 그를 비이성론자로 깎아내리지 않으면서도, 그가 이성에 대한 거리낌이 있음을 밝힐 것이다. 이에 덧붙여서 추가적으로 간략하게 본 연구와 관련한 신학적·윤리적 함축에 대하여 고찰할 것이다.

키르케고르의 가명 저자들

저명한 키르케고르 학자 아널드 콤(Arnold B. Come)은 《후서》의 부록으로 달려 있는 '처음이자 마지막 선언'을 읽어 보는 것이 키르케고르가 가명 작품들을 쓴 목적을 이해하는 데 가장 좋은 출발점이라고 하였다. 그는 이 부록을 보면 키르케고르가 단순히 괴짜여서 가명 저자들을 고안해 낸 것이 아니라 가명 저자는 매우 중요한 고난이나 딜레마 같은 모든 것을 포함한 역동적 상황 안에 있는 기독교적 체험에 대한 가설적 표현 장치라고 설명한다.[20]

---

20 ──── 키르케고르는 사망 몇 주 전에 고난의 의미를 "이 세상을 제거하기"로 정의했다. Cf. Arnold B. Come, *Kierkegaard as Theologican*) (Montreal: McGill–Queen's University Press, 1997), 11.

에반스에 따르면, 키르케고르/클리마쿠스에게 있어서 고난은 영원을 얻기 위해 세상을 포기하는 것이라면, 딜레마는 갈등과의 끊임없는 직면, 즉 에반스가 '부주의한 도덕성'이라고 부른 도덕적 한계와의 직면, 현실 속에서 선을 행하기와 악을 행하기 사이의 끊임없는 갈등과의 직면을 가리킨다. 에반스는 이 '부주의한 도덕성'을 다음과 같이 설명한다.

악과 선, 상한 마음과 유쾌함, 절망과 오만, 고난과 환희 등 심리적 일관성에 의해 단지 관념적으로만 제약을 받는 부주의함, 현실의 도덕적 제약 안에 있는 실제 인간이라면 누구라도 감히 스스로를 그렇게 허용하거나 그렇게 원할 수 없는 부주의함.[21]

① 에반스에 따르면, 《부스러기》에서 키르케고르는 다양한 종교적 체험을 표현하는 가상 인물들을 창안하는 가명 저자 기법이라는 간접 전달 방법을 고안하였다.[22] 왜냐하면 《부스러기》는 클리마쿠스가 말했듯이 사변적 이성과 신앙에 대한 논변적 탐구 프로젝트, 곧 사유 실험이기 때문에 가명 저자들을 통하여 어떤 도덕적 제약도 받지 않고 가설적으로 표현하고자 한 것이다. 키르케고르는 자신의 저서 여러 곳에서 기록하기를, 자신의 저작들을 인용할 때 실제 저자인 자신의 이름을 인용하지 말고 가명 저자들을 인용해야만 한다고 독자들에게 밝히고 있다.[23] 그럼에도 불구하고 에반스는 키르케고르가 만들어 낸 가명 저자들이 키르케고르의 사상을 표현하는 것으로 생각하는 것이 논리적으로 맞다고 보았다.

② 키르케고르는 명백하게도 독자들이 가명 저자들과 본인을 별개의 독립적인 인물로 보기를 원한다. 철학적 저술들이 각각의 가명 저자들의 사상이지, 키르케고르의 사상으로 보지 말아 달라는 부탁이다. 자신의 작품에 익명을 사용하는 것은 당시 예술가나 문학가들에게 유행했던, 저자와 독자와의 일종의 게임이다. 가명 저자 기법은 독자들이 텍스트 앞에 머물러 생각해 보게 하는 기법이다. 이것을 간접 전달 기법이라고 한다. 저자의 권위가 전문성으로 독자를 강제로 압도하거나 따라오게 하지 않고, 독자 스스로 생각하고 성찰하

21 —— Evans, *Kierkegaard's Fragments and Postscript*, 7.
22 —— 위의 책.
23 —— 위의 책.

게 하는 전달 방식이다. 마치 세익스피어가 저술한 작품들의 등장인물들이 세익스피어 자신이 아니며 각자의 독특한 개성과 사상이 있듯이, 키르케고르와 그의 가명 작품들은 별개의 사상인 것이다. 또한 이것은 그의 책과 독자 사이에, 그리고 가명 저자들의 저술들 간에 역동이 일어나도록 고안한 장치이다. 그래서 그의 사상을 질적 변증법 또는 실존 변증법이라고 부른다.

③ 키르케고르는 '처음이자 마지막 선언'에서 다음과 같이 진술한다. "그러므로 가명의 저서들에는 내 자신의 말은 단 한마디도 없다. 왜냐하면 나는 그 책들에 대하여 단지 제삼자일 뿐, 어떠한 견해도 없으며, 그 책의 의미에 대하여 단지 독자로서의 지식만 가질 뿐, 그 책들과 추호의 연관성도 없다."[24] 다들 아는 바와 같이, 가명 저자들은 키르케고르 자신의 사상을 표현하는 수단이었다. 사실 저명한 키르케고르 학자 그레고르 말란츄크(Gregor Malantschuk)에 따르면, 가명 저자 요하네스 클리마쿠스는 키르케고르의 변증법 측면을 구체적으로 표현하기 위해 창안되었으며,《부스러기》와 후속작《후서》까지 저술한 '유력한 변증가'로 자리매김하게 된 인물이다.[25]

말란츄크에 따르면, 키르케고르가 직접 고백했듯이 가명 저자들은 자신이 수행하고 싶었던 과업을 수행했다고 한다. 말란츄크는《후서》가 한 예라면서 다음을 인용한다. "…왜냐하면, 단계적으로 저술을 함으로써 결심한 바를 수행하는 숙제를 시작하려고 하자마자, 내가 수행하려던 과제를 다룬 가명의 저술이 한 권 출판되었기 때문이다."

말란츄크는 가명의 작품들을 키르케고르 실명의 작품들과 비교해 볼 때, 이러한 주장이 사실임이 입증되는 것은 놀랄 일이 아니라고 말한다. 여러 가명의 저술들이 키르케고르 자신의 견해를 공유하고 있는데, 예를 들면, 가명의 저술들은 '간접 전달'의 이론, '인생의 세 단계'에 대한 견해, '실존'에 대한 개념, 종교성과 고난 사이의 연관성, 그리고 성육신의 절대적 역설을 구심점으로 보는 기독교 이해 등이다.[26]

매우 흥미롭게도, 키르케고르와 클리마쿠스 사이에는 놀라운 연관성이 있다. 키르케고르 자신이 논의했던 많은 개념을 클리마쿠스가 《부스러기》

---

24 ──── 위의 책.

25 ──── Gregor Malantschuk, *Kierkegaard's Concept of Existence*, ed. and trans. Howard V. Hong and Edna H. Hong (Milwaukee: Marquette University Press, 2003), 44.

26 ──── 위의 책, 8.

에서 꽤 긴 분량을 할애해서 논의하고 있는 것이다. 에반스는 이 때문에 키르케고르가 이 특별한 작품을 애초에 가명이 아닌 본명으로 출판하려 했었다고 주장한다.[27] 그럼에도 불구하고 키르케고르는 자신과 클리마쿠스를 동일하다고 주장한 적은 없기 때문에 클리마쿠스의 말들이 정확히 키르케고르의 말이라고는 할 수 없다. 우리는 단지 그럴 것이라고 추측만 할 뿐이다.

그러므로 이 책은 키르케고르의 요구를 존중하여 《부스러기》는 그 누구도 아닌 가명 저자 요하네스 클리마쿠스의 사상과 견해를 담고 있다고 간주할 것이다. 설령 《부스러기》에서 발견되는 어떤 견해들이 키르케고르의 본명으로 출판된 저술에서도 발견됨으로써 키르케고르 본인의 사상과 중첩된다고 하더라도 갈등할 필요는 없다. 그렇더라도 필자는 키르케고르가 애초에 제안한 대로 클리마쿠스를 《부스러기》의 저자로 언급할 것이다. 필요한 경우에만 키르케고르의 이름을 언급하여 사용할 것이다.

---

27 ——— Evans, *Kierkegaard's Fragments and Postscript*, 6. 키르케고르가 '클리마쿠스'를 가명의 작가로 내세운 것은 다분히 의도적이다. 그 이름은 삶은 질적인 비약을 통하여 계단을 올라가는 것 같다는 뜻을 암시하기 때문이다. 클리마쿠스는 본래 570-649년에 살았던 시내 산의 알렉산드리아 성 캐더린 수도원의 수도사로, 《천국의 사다리(Scala Paradise)》라는 책으로 유명한 사람이다. 키르케고르는 진리의 실천의 삶에 필요한 의지와 실천을 강조하고, 인간의 정열과 끊임없는 노력을 강조하기 위하여 '클리마쿠스'를 가명으로 사용한 것이다. Malantschuk, *Kierkegaard's Concept of Existence*, 12를 보라.

2장

—

진리와 관념

《철학의 부스러기》에서 신앙과 이성의 일반적 문제

이번 장에서는 신앙과 이성의 관계에 관한 물음, 즉 신앙과 이성이 양립 불가능한지 여부를 논의하려 한다. 어떠한 철학적 주장도 신존재를 절대적으로 증명할 수는 없었다. 신존재 증명은 오로지 신앙을 통해서만 가능하기 때문이다. 그럼에도 불구하고, 인간 사고의 시간적 영역 내에서도 이성이 진리(영원성 또는 신)를 관념적으로 전유(appropriate)할 수 있다는 클리마쿠스의 견해를 살펴보자. 클리마쿠스가 실제적 존재로서의 신과 관념적 존재로서의 신을 말할 때 어떤 의미로 사용했는지, 이것이 신앙과 이성의 주제에 어떤 영향을 미치는지 설명하고자 한다.

《부스러기》의 중심주제는 사변적 교리와 기독교 신앙을 고찰하는 것, 즉 소크라테스와 예수의 진리관을 비교하여 고찰하는 것이다. 사변철학은 이성적으로 영원성을 성취할 수 있다는 가능성을 강조한다. 진리에 대한 기독교적 이해를 위해서 클리마쿠스는 '순간'과 '비약'이라는 개념을 쓰고 있다. 순간이란 예수 그리스도의 인격 안에서 세계 내에 오신 신의 역사적 현현, 그 절대적 역설을 직면하는 바로 그 시간 속의 찰나이다.[1] 그 순간, 절대적 역설의 진리를 믿음으로써 인간은 신에게 영원토록 헌신한다.

---

1 ——— 클리마쿠스는 《부스러기》에서 이렇게 말한다. "한 순간은 … 하나의 특별한 이름을 가진다. 그것을 '때가 차매'라고 부르자." *Fragments*, 18.

따라서 클리마쿠스의 순간 개념은 시간 속에 있는 인간의 역사적 실존이 초월 안에 있는 영적인 실존으로 이행된 시간을 가리킨다. 클리마쿠스는 역사적 실존에서 영적인 실존으로의 이행을 '비약'이라고 부른다. 이 비약을 통하여 개인은 영원성을 경험하는 세계로 진입한다. "신적 체험을 함으로써, 인간은 신존재를 증명한다. 누구든지 신존재를 증명하고자 하는 자는 그 존재 자체가 증명으로부터의 비약에 의하여 나타난다."[2]

《부스러기》의 첫머리에서부터 클리마쿠스는 세계와 인간의 역사적 속성에 대한 확고한 입장을 견지한다. 《부스러기》는 다음의 세 가지 질문으로 시작한다. "① 영원한 의식에 대한 역사적 출발점이 주어질 수 있는가? ② 이러한 '출발점'이 어떻게 역사적 관심 이상을 일으킬 수 있는가? ③ 사람은 역사적 지식 위에 영원한 행복을 세울 수 있는가?"[3] 이 질문에서 느낄 수 있듯이, 클리마쿠스는 합리적 이성과 종교적 신앙은 서로 양립 불가능한 관계라고 일관되게 주장한다.

그러나 놀랍게도, 클리마쿠스의 사상에는 신앙의 '합리성'(reasonable-ness)이 있음을 알게 될 것이다. 흔히 우리는 클리마쿠스를 인간 이성에 반대하는 '급진적 주체 사상가'로 알고 있다.[4] 그러나 필자는 이것은 클리마쿠스를 잘못 해석한 것이라고 주장한다.

《부스러기》에서 클리마쿠스는 진리 문제에 관한 신앙과 이성의 복잡한 속성을 고찰하기 위하여, 두 가지 방법으로 출발할 것이다. 첫째는 이성을 사용한 철학의 방법인데, 진리에 대한 내재적 관점, 다시 말해서 진리가 세계와 개인에게 내재해 있다는 관점에서 출발하는 것이다. 둘째는 신앙의 방법인데, 진리가 개인의 실존 세계의 바깥에 존재한다는 믿음의 관점에서 출발하는

---

2 ——— 위의 책, 43.

3 ——— 이 인용문은 《부스러기》의 제목 표지에 기록되어 있는 것이다. 루이스 포즈먼은 클리마쿠스의 첫 번째 물음을 바꾸어서 "역사(역사적 사실들)가 영원한 것에 대한 신앙의 ('기초')가 될 수 있는가?"라고 질문한다. Louis Pojman, *Kierkegaard's Philosophy of Religion* (San Francisco: International Scholars Publications, 1999), 165를 보라.

4 ——— 예를 들어, 엠마누엘 레비나스는 이런 말을 했다. "키르케고르는 주체성이라는 독특한 것을 전례 없이 강력하게 복원시켰다. 그러나 그는 주체성이 사라지는 것에 반대하여 저항하다가 철학사에서 자기 과시적이며 뻔뻔스러운 주체성이라는 유산을 남겼다. 그 순수한 주체성은 자신이 우주에서 사라지고 싶지 않아서 모든 형태를 거부한다." Emmanuel Levinas: "A Propose of Kierkegaard Vivant," in *Authority and Authenticity: Kierkegaard and His Pseudonym*, vol. 1 of *Søren Kierkegaard Critical Assessments of Leading Philosophers*, ed Daniel W. Conway with K. E. Gover (London: Routledge, 2002), 113-114.

것이다.[5]

철학은 진리에 도달하기 위한 수단으로 사유(思惟)의 방식을 취한다. 철학은 진리가 세계 안에 존재하며, 진리를 이성적으로 개인의 마음으로 끌어올 수 있다고 가정한다. 여기에서 어떤 이성적 접근의 특수한 역사적 순간도 비-역사적 중요성, 즉 영원한 중요성을 획득하지는 못한다. 다시 말해서, 그것은 인간이 진리를 알게 되는 하나의 기연(機緣, occassion), 시간의 한 순간에 진리를 관념화하는 기연에 불과할 뿐 다른 중요성은 없다.

그러나 진리가 인간의 외부에 존재한다고 보는 신앙의 방법은 이러한 합리적 모델을 거부한다. 진리가 모든 인간에게 내재한다는 철학의 관점과는 반대로, 신앙의 방법은 인간 경험 바깥에 영원한 실재가 있다고 본다. 이 영원한 실재, 즉 영원성은 인간 세계 바깥에, 인간 사유의 역사적 영역 밖에 있기 때문에 신존재를 증명하는 어떠한 이성적 시도도 불가능하다. 그래서 영원한 진리를 이성적으로 입증할 수 없다고 본다.

이 문제를 밝히기 위해서 클리마쿠스는《부스러기》에서 시간 안에 오신 신의 등장이라는 절대적 역설에 관하여, 그 객관적 역사성의 철학적 의미를 논하고 있다. 성육신 역설에 대한 객관적 측면과 주체적 측면에 대한 클리마쿠스의 이해는 상보적인 동시에 상반적이다.《부스러기》3장의 중심주제인 성육신 역설의 객관적 측면은 그 절대적 역설의 형식적·물리적 특성을 구성하는 주체성에 찬사를 보낸다는 점에서 이 주장은 옳다.

또한 역설의 객관적 차원과 주체적 차원은 상반된다. 왜냐하면 역설의 객관적 차원과는 달리 역설의 주체적인 측면은 어떤 대상의 비형식적·내면적 실체를 구성하고 있기 때문이다. 이러한 인간의 독특한 사유 방식인 객체와 주체의 독특한 변증법적 성격을 이해하는 데 임마누엘 칸트의 질료와 형상의 개념이 도움이 된다.

칸트에 따르면, 초월적인 것은 규범적 이념으로서 역사성 너머의 영역에 속한다. 지식은 질료(matter)와 형상(form)이라는 두 가지 기본 구성요소로 이루어졌다는 신념을 바탕으로 칸트는《순수이성비판(Critique of Pure Reason)》에서 마음의 인식론적 구성을 발표했다. 칸트는 질료란 '감각에 대응하는 어떤 것'이며, 질료란 어떤 사물의 실체라고 말한다. 그것은 칸트가 '그러한 결정 가능한 것을 기표하는 것'이라고 말하는 마음의 감각이나 감각 경험에서 파생한다.[6] 칸트는 형상을 대상의 '모양새'라고 정의한다. 그는 인간이 어떤 대상의 모양새를 아는 지식은 지성에서 파생되며, 사물의 '결정된 것'이나 지각된 특성 안에서 그 사물을 '실제로' 아는 마음과 연관된다고 보았다.[7] 이처럼 질료(주체적)와 형상(객관적)이라는 두 요소가 인간 지식을 구성한다.

　　클리마쿠스의 인식론은 경험적 의미와 비경험적이며 관념적 의미, 양쪽 다 포함하는 앎의 방식을 제시한다. 그러나 여기서 한 대상의 관념적 의미는 경험적 의미의 한계를 초월한다. 따라서 대상의 지고한 의미를 분별하는 초월론적 분석을 통하여 영원성에 대한 관념적 의미를 전유한다. 인간이 영원한 것을 관념적으로 전유할 수 있다는 것을 의미한다.

　　그러나 클리마쿠스에 따르면, 철학적 접근만으로는 영원한 것의 존재를 진짜로 믿을 수는 없다. 왜냐하면 영원한 것은 '궁극적으로' '알려지지 않은 것, 객관적인 인간 이해와 충돌하는 것'이기 때문이다.[8] 이런 의미에서 모든 신 존재 증명에 대한 역사적 또는 이성적 시도는 필연적으로 실패로 끝난다. 영원성의 존재에 대한 어떤 이성적 주장도 영원성의 진리를 인간에게 설득시키지는 못한다. 영원성의 진리는 이성적 수단을 넘어서 인간의 종교적 믿음을 통하여 영원한 존재의 증명에 의해서 결정되는 어떤 것이다.

　　이것은 신존재에 관한 물음은 비경험적인 물음이며, 철학은 이 물음에 부분적 답변만을 줄 뿐임을 뜻한다. 필자는 클리마쿠스의 영원성에 대한 초월론적 관념적 사상을 칸트의 초월론적 관념론과 비교하는 것이 유익하다는 것을 발견했다.

　　칸트에 따르면, 관념적 지식과 경험적 지식은 서로 다른 설명을 요구한다. 왜냐하면 관념론은 관찰할 수 없는 대상들에 관한 지식을 부여하기 때문이다. 관념론은 가시적으로 지각할 수 없는 대상들에 대한 지식을 얻고자 시도하기 때문에, 경험적 범주와 구별되는 마음의 이성적 범주, 즉 초월론적 범주를 필요로 한다.

　　칸트에 따르면, 마음의 경험적 범주는 '현상계'에 있는 대상들에만 적

---

6 ──── Immanuel Kant, *Critique of Pure Reason*, trans. Werne S. Pluhar (Indianapolis: Hackett Publishing Inc., 1996), 327.
7 ──── 위의 책.
8 ──── Kierkegaard, *Fragments*, 39.

용할 수 있다. 현상계는 관찰할 수 있는 형상으로 구성된 세계이다. 한편, 우리의 관념적 지식은 '예지계'(noumenal), 즉 바깥 세계의 대상들과 관계있다. 그러므로 예지계에 대한 지식을 습득하기 위해서는 경험적 범주의 한계를 초월하는 더 높은 범주인 초월론적 범주를 필요로 한다.

그러나 인간의 마음은 예지계의 대상들을 알 수 있는 초월론적 범주를 가지고 있지 않다. 이런 연유로 칸트는 예지계는 인간의 앎 너머에 있는 것이라고 결론 내린다. 여기서 칸트는 예지계가 실제로 존재하지 않는다고 말하는 것이 아니다. 칸트는 분명히 진술하기를, 예지계가 진짜 존재하며, 인간이 마음에 예지계의 존재에 대한 관념적 지식을 가지고 있는 것이 그 근거라고 했다. 그러나 칸트는 예지계의 대상들을 분별하는 데 필요한 이성적 범주는 존재하지 않는다고 말한다.

클리마쿠스는 비슷한 방식으로 영원한 세계의 대상에 대한 지식에 접근하는 것은 완전히 차단되었다고 주장한다. 클리마쿠스가 칸트 사상을 채택한 것이 분명하다. 어떤 대상에 대한 지식을 얻기 위해서는 그 대상에 대하여 역사적 경험을 체험해야 한다. 다시 말해서, 어떤 대상에 관한 지식을 얻기 위해서 '지식과 존재의 일치'[9]가 있어야만 한다.

그러나 클리마쿠스는 초감각적 예지계의 대상은 인간의 역사적 경험을 결코 허용하지 않는다고 주장한다. 결과적으로, 그것들을 영원히 인간의 의식으로는 도달할 수 없다. 클리마쿠스의 초월론적 비판은 중요한 역할을 한다. 초월론적 비판은 역사성과 영원성 두 세계를 이분화하며, 역사 세계의 대상들만 알도록 인간 지식을 제한시켰다. 그는 비록 영원한 세계가 존재한다는 것을 마음으로는 알지라도, 영원한 세계의 대상을 알려는 접근이 차단되었다고 말한다.[10]

로널드 그린(Ronald Green)에 따르면, 칸트처럼 클리마쿠스도 영원성에 대하여 알 수 있는 것이 완전히 차단되었으며 역사성을 초월할 능력이 없다고 주장했다. 그린은 클리마쿠스에게 있어서 인간은 앎이 허용하는 한계를 넘어가려는 내재적 경향성을 가졌다는 점을 주목했다.[11] 필자는 인간은 초월론적 반성(reflection)의 능력을 가졌다는 클리마쿠스의 사상에 찬성하면서 인간

9 ──── Ronald M. Green, *Kierkegaard and Kant: The Hidden Debt* (Albany: State University of New York Press, 1992), 80, "Point of Contact" 항목을 보라.

이 한계를 넘어서 영원성을 추구하는 내재적 경향성이 있다는 주장을 강력하게 지지한다. 클리마쿠스는 인간이 비록 초월을 구체적으로 아는 것은 차단되어 있음에도 불구하고, 초월에 대하여 역사성을 뛰어넘어서 생각하려는 자연적 성향을 가졌다고 주장한다. 따라서 신앙주의 쪽으로 기울어져 있음에도 그는 인간은 지고한 영원한 세계에 대하여 초월적 성찰을 할 수 있음을 인정했다. 다시 말해서, 변증 사상가로서 클리마쿠스는 영원성과 역사성이라는 이분법적 구조를 가지고, 신의 계시의 입장인 영원적 방법을 더 강조하는 사람이지만, 인간이 초월을 알고자 시도하는 역사적 방법을 무시하지는 않고 있다. 이 주제를 5장에서 자세히 다룰 것이다.

다음으로 우리가 살펴볼 것은, 첫째로 신존재 증명 불가능성의 예로서 스피노자의 사례를 다룰 것이고, 둘째로 종교적 신앙을 통하여 신존재 증명이 가능하다는 클리마쿠스의 사례를 다룰 것이다. 먼저 스피노자의 전통적 신존재 증명이 잘못되었다고 비판함으로써, 클리마쿠스가 어떻게 신앙과 이성, 영원과 역사의 이분법 원리를 옹호했는지 살펴본다. 다음으로 클리마쿠스가 신앙이라는 영원한 관점에서 스피노자를 비판하는 것은 합리주의를 통째 버리겠다는 의도가 아니라 단순히 사유만으로는 진리에 도달할 수 없음을 주장하려 한 것임을 밝힐 것이다.

---

10 ——— 흥미로운 점은《부스러기》에서 드러난 클리마쿠스의 반헤겔적 경향과 초월론적 주체성에 대한 증거들이 있음에도 불구하고, 계시의 종교적 근거 위에서 절대적인(영원한) 것과 역사적인 것 사이의 모순에 근거하여서, 종종 몇몇 학자들은 클리마쿠스/키르케고르는 자신을 초월론주의자로 보이기를 원하지 않았다고 해석한다. 예를 들어, 마크 둘리(Mark Dooley)는 클리마쿠스(둘리는 키르케고르라고 말함)를 데리다와 같은 해체주의자의 범주로 분류하면서, 클리마쿠스가 강한 신칸트적 경향성을 보이고 있다고 주장하는 학자들인 로널드 그린, 크리스토퍼 노리스(Christopher Norris) 등에게 동의하지 않는다. 둘리는 주장하기를 "그린과 노리스 모두 철학에서나 윤리학에서 자신을 강한 초월주의 입장에 두지 않는다." "둘 다 진정한 헤겔주의자이다. 왜냐하면 그들은 맥락 안에 있는 대타적 존재(being-with-other)라는 정체성을 제기하면서, 변증적·대화적·맥락적 상황을 준거틀로 하여 여기에서 윤리적 의무가 생겨나는 것으로 보기 때문이다." 이런 해석은《부스러기》에 대한 오독일 가능성이 높다.《부스러기》에서 클리마쿠스는 영원한 것의 절대성에 대비되는 역사적인 것의 상대성을 주장했다는 것에 비추어볼 때 그렇다. 클리마쿠스는 비교적 분명하게 말한다. 역사적인 것은 단지 영원한 것을 획득하기 위한 출발점일 뿐이지, 순수하게 역사적인 것에 대한 관심이 아니라고. 클리마쿠스의 이러한 특별한 주장을 보려면 *Fragments*, 109쪽을 보라. 그리고 이 문제에 대한 클리마쿠스의 일반적 논의는 99-110쪽에서 살펴보라.

11 ——— Green, *Kierkegaard and Kant*, 77.

신존재 증명의 불가능성: 스피노자의 사례

클리마쿠스에 따르면, 신이란 항상 관념적이고 초월론적인 개념이다.[12] 그러나 종교인에게 신은 진짜 실존하는 실재적 존재다. 이 구분은 인식 기반을 형성하는 핵심이며, 이로부터 모든 역사성-영원성의 구분이 생긴다.[13]

클리마쿠스는 소크라테스의 예를 들어 이 점을 강조했다. 소크라테스는 심오한 자기 이해의 사람으로 정평이 나 있음에도 불구하고 진리를 발견하는 데 성공하지 못했다. 진리에 도달하는 데 실패한 이유는 소크라테스 사상에서 발견되는 그 위대한 불합리 때문이다. 소크라테스는 탁월한 지식을 가진 사람이다. 클리마쿠스가 소크라테스를 찬미하는 이유는 영원한 것에 대한 깊은 내면성을 가지고 있기 때문이다. 소크라테스는 영원성과 역사성의 절대적 차이에서 발생되는 불합리 또는 차이를 이해한 철학자였기에 위대하다. 키르케고르는 소크라테스의 불합리를 그의 실존 변증 철학의 기초로 삼았다.

클리마쿠스는 영원성에 관한 인간의 사유에는 한계가 있을지라도 소크라테스의 세계는 순전히 경험적 내용의 세계보다 고차원적 세계라는 점에 주목하였다. 소크라테스의 관념 세계는 고차원적·초월론적 반성의 세계이다. 증명하기 힘들다는 이유로 초월 세계를 쉽게 제거해서는 안 된다.[14] 소크라테스의 문제는 초월 세계가 진짜 존재하는지를 확인할 수 없다는 데 있었다. 칸트보다 훨씬 이전에 철학자들은 초월에 대한 관념적 사변에 몰두하였다. 특히 우주론적·존재론적·목적론적 신존재 증명 등 다양한 이론적 성과에도 불구하고, 소크라테스에게 신존재 관념은 고작해야 사변이거나 비존재로 남는다. 소크라테스의 '상기 이론'은 인간은 세계 안에서 사변적 방법으로 진리를 알 수 있지만 그 진리를 구체적 방법으로 표현할 수는 없다는 사상이다. 클리마쿠스에 따르면, 소크라테스는 세계와 인생을 설명하는 진리의 직관을 가졌는데, 이

---

12 —— Kierkegaard, *Fragments*, 41.

13 —— 위의 책.

14 —— 예를 들어서, 플라톤의 《파이돈》에서 소크라테스는 심미아스에게 말한다. "우리가 언제나 반복하고 있듯이, 절대적 아름다움, 선함 그리고 모든 존재하는 것의 본질은 존재한다. 영원히 반복하고 있는 것처럼, 미와 선과 다른 모든 개념이 실제로 존재한다면, 우리보다 선재했으며, 지금도 우리의 것으로 발견된 이러한 개념들과 같은 모든 감각적으로 지각하는 대상들을 우리가 언급한다는 것은 … 그 개념들이 존재하는 것과 마찬가지로 우리 영혼도 우리가 태어나기 이전에 선재했어야만 한다는 증거이다." Plato, *Phaedo*, trans. F.J. Church (Indianapolis: Bobbs-Merrill Educational Publishing, 1983), 25.

것은 그 진리관이 정당한지 여부와는 별개의 문제다. 인간은 초월적 대상에 대하여 이론적으로 사전-결정된 개념에 의존할 수 없다는 것이 클리마쿠스의 견해다. 초월 대상의 실재를 진짜 증명할 수 없다면, 비록 가정이 이론적으로 타당할지라도 초월 대상은 불확실할 뿐이기 때문이다.

《부스러기》에서 신존재에 대한 결함이 있는 논증의 본보기로 스피노자의 사례를 들었다. 클리마쿠스는 스피노자의 오류는 그의 신 개념이 실제가 될 수 없다는 것이라고 주장했다. 스피노자의 신존재 증명의 사례는 '지식의 정도 이론'의[15] 기준으로 측정할 뿐이다. 다시 말해서, 스피노자의 신 개념에는 초월과 내재 사이의 구분이 결여되어 있다. 《부스러기》 3장에 있는 한 각주의 첫머리이다. "스피노자는 신의 개념에 깊이 잠김으로써, 사유에 의하여 존재를 개념으로부터 이끌어 내려고 하였다. 그러나 주의해야 할 것은 그것이 우연적 속성(屬性)으로서가 아니라 본질 규정으로서의 존재라고 하는 점이다.[16] 이것이 스피노자의 심오함이다."[17] 클리마쿠스는 스피노자가 어떻게 했는지를 보여 주고자 《데카르트의 철학의 원리(Principia Philosophiae Cartesianae)》(이하 《철학의 원리》로 표기)의 〈제I부, 정리 VII, 표제 I(Pars I, Propositio VII, Lemma I)〉에 나오는 구절을 인용한다.

사물이 그 본성에서 더 완전하면 완전할수록, 그것은 더 많고 더 필연적인 존재를 포함한다. 그리고 반대로 사물이 그 본성에서 더 많은 필연적 존재를 포함하고 있으면 있을수록 그것은 더 완전하다.[18]

스피노자의 인용문에서 클리마쿠스가 설명하고자 하는 관념은 좀 더 완전하거나 필연적인 어떤 존재를 지시해야만 하는 관념이다. 관념이란 합리적 가정으로서 함축적으로 완전하거나 필연적인 무엇의 개념이다. 다시 말해서, 스피노자에게 있어서 좀 더 완전하거나 필연적인 존재는 모든 완전하거나 필연적인 존재 뒤에 존재한다고 함축적으로 생각해야만 한다. 좀 더 완전한 존재일

---

15 ——— 클리마쿠스가 스피노자에 대한 논의를 하는 이유는 어떤 면에서 보면 클리마쿠스는 스피노자를 소크라테스의 이상적 상상을 성취한 존재라고 생각했기 때문인 것 같다. 스피노자는 진리는 인간성 안에 거한다고 주장하면서 인간의 마음은 '신의 무한한 지성의 일부'이며, 신에 대한 적절한 지식은 '무한한 지성의 영원한 일부'라고 보았다. Robert Audi, *The Cambridge Dictionary of Philosophy* (New York: Cambridge University Press, 1995), 762.

수록 좀 더 나은 본질을 가진 존재이다.[19]

그러나 클리마쿠스는 아무리 논리적인 것처럼 보여도, 이것은 신존재에 대한 합당한 주장이 아니라고 비판한다. 왜냐하면 이 주장에는 '사실적 존재와 관념적 존재의 구분'이 여전히 결여되어 있기 때문이다. 위의 인용구에서 보듯이, 이것은 내재적 원리를 통하여 "사유로부터 존재의 '필연성과 완전성'을 생기게 하려고 한다"고 주장한다. 다시 스피노자의 《철학의 원리》의 인용문을 보면, "사물이 그 본성에서 더 완전하면 완전할수록, 그것은 더 많고 더 필연적인 존재를 포함"하며 그 반대도 성립한다. 클리마쿠스는 이 주장에는 신존재에 대한 진정한 뒷받침이 결여되었음을 발견했다. 그것은 '질적으로' 명백한 실체로 평가되는 존재가 아니라 '양적인' 정도의 내재적 원리로 서술된, 예를 들어, 완전의 정도, 존재의 정도 등으로 표현되는 하나의 존재(Vaeren)일 뿐이다. 결과적으로 클리마쿠스는 그런 신존재 개념은 《철학의 원리》에서 말한 것과 동일하게 영원성의 실제 내용을 결여한 철학적 개념일 뿐이라고 분명하게 결론을 내렸다.

16 ──── 클리마쿠스는 여러 예를 들면서 신이 실재이든 관념이든 신존재 증명의 불가능성을 주장한다. 그는 한 가지 예로 돌이라는 존재의 증명을 시도하는데, 그것은 불가능하다고 주장한다. 왜냐하면 돌의 존재 증명을 시도할 때 돌의 존재 증명에서 출발하여 돌의 존재에 대한 결론을 내려야 하는데, 우리는 돌의 존재로 추론해 가는 것이 아니라 돌의 존재로부터 추론해 가기 때문이다. 또 다른 예는 범죄자에 대한 증명과 유명한 장군의 행위에 대한 증명이다. 법정은 범죄자가 존재한다는 것을 증명하는 것이 아니라, 바로 거기 있는 피고가 범죄자라는 것을 증명하는 것이다. '나폴레옹의 행위'에서 나폴레옹을 증명할 수는 없다. 그런 행위는 다른 인간도 할 수 있기에 그것을 반드시 '나폴레옹의 행위'라고 증명할 수 없는 것이다. 만일 내가 어떤 행위를 '나폴레옹의 행위'라고 한다면 '나폴레옹'이라는 이름을 이미 불렀기 때문에 '나폴레옹'의 존재 증명은 쓸데없는 것이 된다. 그의 행위로부터 그것이 '나폴레옹'의 행위라는 것을 결코 증명할 수 없다. 신의 존재 증명도 마찬가지이다. 클리마쿠스는 신존재 증명도 신존재의 증명으로부터 신의 존재를 결론 내려야 한다고 말한다. 그러나 클리마쿠스에 따르면, 신존재 증명의 경우에서 다른 점은 신과 신의 행위(창조)의 관계는 절대적 차이가 있다. 신의 존재를 확신한다 할지라도, 신은 어떤 '존재'나 '실재'가 아니라 단지 본질일 뿐이기 때문에 신존재의 증명은 증명하는 사람에게 직접적으로 나타나지 않는다. 신이 하나의 본질일 뿐 어떤 존재나 실재가 아니라고 말할 때, 신이 존재하지 않는다는 의미가 아니다. 신의 본질은 존재를 포함한다는 뜻이다. 신의 본성과 특질이 동시에 하나의 본질을 이룬다. 그러므로 신은 하나의 이름이 아니라 개념이다. 이름은 시간적 속성을 가진 존재이거나 실재에 해당하며, 개념은 시간적 이름을 붙일 수 없고 실제 존재의 본질을 지닐 수 없다. 클리마쿠스는 이런 의미로 "신의 본질은 존재를 포함한다(essentia involvit existentiam)"고 외친다. 신이 시간적 존재이거나 시간적 실재가 아니라는 의미에서 신은 관념적 개념이지, 실재적 존재가 아니다. 그러므로 신존재를 증명하기 위한 유일한 수단은 신의 창조의 실재를 통한 것이 되어야만 한다. 그러나 신의 창조물이 신의 표시를 직접적으로 담지하는가? 클리마쿠스는 결코 아니라고 답한다. '나폴레옹의 행위'가 나폴레옹의 것임을 증명할 수 없듯이, 신의 창조 행위가 신의 행위라는 것을 증명할 수는 없을 것이다. 비록 온 땅에 신의 지혜와 선함으로 충만하다고 할지라도, 이 땅 가운데 모든 지혜와 선함을 지각한다고 할지라도, 여전히 그것들이 신의 행위가 된다는 것을 증명하지는 못할 것이다.

17 ──── Kierkegaard, *Fragments*, 41.

18 ──── 위의 책.

클리마쿠스는 스피노자의 존재 개념과는 대조적으로 초월의 결정적 성격을 유지하는 것이 반드시 필요하며, 존재(신)와 세계 사이의 차이를 확보해야 하고, 따라서 이성은 자기 결정적이지 않다고 보았다. 클리마쿠스는 존재(신)와 세계의 차이를 구분하기 위해 세계의 실존을 물리적인 내재적 지평 안에 정위시켰고, 세계의 실존을 역사적 영역으로 이항시켰다. 애초부터 모든 이론적인 노력을 기울일 때 존재와 세계의 구분을 확고하게 유지하도록 주의하는 것이 필요하다. 만일 존재와 세계의 차이를 제거할 경우 신존재에 대한 거짓 개념을 제시할 뿐이며, 스피노자의 신존재 증명과 마찬가지로 절대타자란 존재하지 않게 된다는 것이 클리마쿠스의 입장이다.

클리마쿠스에 따르면, 스피노자의 신존재 개념과 달리 실제적인 것과 관념적인 것은 각각 영원성과 역사성이라는 서로 다른 인간 사유의 범주에 속한다. 따라서 둘은 서로 다른 사유의 방식을 필요로 하므로, 실제적 존재는 영원한 개념을 묘사하고, 관념적 존재는 철학적 개념을 묘사한다. 실제적인 것과 관념적인 것 사이에 근본적인 차이가 있다는 의식을 분명히 하게 되면, 스피노자와는 명백히 다른 결론에 도달하게 된다. 즉, 실제적 존재와 관념적 존재는 상보적이 아니다.[20]

영원적으로 사유한다는 개념은 이성과 존재의 화해의 관점에서와 같이 진리를 질적인 의미로 사유하는 것이다. 이와 달리 존재 또는 신에 대하여 관념적으로 사유한다는 개념은 스피노자의 사례에서와 같이 이성과 존재 사이의 화해는 없다는 관점으로부터 사유하는 것으로 이해될 수 있다. 클리마쿠스에게 존재, 즉 영원한 존재를 실제적으로(actually) 사유하는 것은 그 영원한 본질을 생각하는 것이다. 한편, 존재를 관념적으로(ideally) 사유하는 것은 그것을 단지 이념으로 만들어 낸 것이다. 《부스러기》에서 다음과 같이 예시한다.

사실적 존재는 모든 본질 규정의 차이점에 대해서 무관심하다. 존재하는 모든 것은 조금도 시샘하지 않고 존재에 관여하고 있으며, 아주 똑같이 관

---

19 ─── 위의 책. 클리마쿠스는 그것을 다음과 같이 요약한다. "어느 실체가 완전할수록 더욱 위대하다."

20 ─── 위의 책. "사실적 존재에 관해서는 존재의 많고 적음을 말하는 것은 무의미하다. 한 마리의 파리도 그것이 존재하고 있는 한 신과 똑같은 존재를 가지고 있는 것이다. 내가 지금 쓰고 있는 이 어리석은 글도 사실적 존재라는 점에서는 스피노자의 심원한 논술과 똑같은 존재를 가지고 있다. 왜냐하면 사실적 존재에 관해서는 '존재냐 비존재냐?' 하는 저 햄릿의 변증법이 타당하기 때문이다. 사실적 존재는 모든 본질 규정의 차이성에 대해서 무관심하다."

여하고 있는 것이다. 관념적 존재에 관해서는 사정이 전혀 다르다. 그리고 이것은 극히 정당하다. 그러나 내가 존재에 대해서 관념적으로 말하자마자, 나는 이미 존재에 대해서 말하고 있는 것이 아니라 본질에 대해서 말하고 있는 것이다.[21]

존재 또는 신이해는 어떤 접근법을 취하느냐에 따라 달라진다. 스피노자처럼 역사적 접근을 취한다면, 역사적 사유의 대상으로 존재를 지각해야만 한다. 그러나 만일 영원한 것에 대하여 기독교처럼 신앙의 접근법을 취한다면, 존재는 여기서 영원한 초자연적 사유의 대상이 된다. 클리마쿠스는 그와 같은 존재의 영원한 정체성은 역사적 이해 너머에 있는 것임을 명백하게 밝혔다.

신존재는 영원한 본질을 가졌으며, 따라서 결코 확정적으로 표현될 수 없다. 신은 본질상 영원하기 때문에 신의 존재 또는 실존은 그와 상응하게 영원적인 용어로 표현되어야만 한다. 신이 진짜 존재한다는 사실은 경험적 사유의 대상도 아니고 인간의 순수 노력으로 도달할 수 있는 결론도 아니다. 신의 실존을 결정하는 유일한 길은 신앙으로 말미암아 역사적 실존의 삶에서 신앙의 삶으로 비약하는 길뿐이다. 따라서 모든 과거와 미래의 신존재 증명은 무의미한 작업이며, 그 방법들로는 결코 진리에 도달할 수 없다.

역사적 실존에서 신앙의 생명으로 비약할 때만이 진리에 도달할 수 있다고 하는 클리마쿠스 사상에 있는 이 개념이 말하려는 바는 역사성에서 영원성으로의 이행은 개인의 역사적 실존에서 궁극적·보편적 사실로 무조건적으로 제시될 수 있는 성질의 것이 아니라는 것이다. 다시 말해서, 직관적 분석이나 초월론적 분석에 기초하여 하나의 형태나 모양으로 환원될 수 있는 대안이 아니다. 신존재에 대한 이러한 합리적 증명은 합리주의 철학의 전통에서 행해진 가장 문제 있는 방법론이었다. 합리 철학은 신의 존재를 사변에 근거하여 기술하는 실수를 반복하여 저질러 왔다. 신존재 증명은 초월론적 또는 종교적 믿음이라는 비-사변적 바탕에서 증명되어야만 한다는 것을 깨닫지 못한 것이다.

그러나 클리마쿠스의 진리 접근법은 이성적 사유를 완전히 배격하지는 않는다는 사실에 주목해야만 한다. 클리마쿠스는 단순히 사유를 통하여 인간이 진리에 도달할 수 있다는 입장을 반대하는 것이지, 진리와 사유 사이

---

21 —— 위의 책, 41-42.

의 변증법 형태가 있음을 부인하는 것이 아니다. 영원성과 인간은 어떤 불가해한 방식으로 이미 고정된 어떤 조건의 작동으로 인하여 상호작용한다. 그는 인간 사유 안에 신존재의 합리성을 위한 여지를 남겨두었다. 그것은 인간이 세상이라는 역사적 실존 안에서 영원성을 변증법적으로 경험하는 것에 기초한다.

　　이 주장을 가장 잘 증명하는 것이 《부스러기》의 첫 시작에 등장하는 세 가지 물음에 나타나 있다. "영원한 의식에 대한 역사적 출발점이 주어질 수 있는가? 이러한 출발점이 어떻게 단순히 '역사적 관심' 이상을 일으킬 수 있는가? 사람은 '역사적 지식' 위에 영원한 행복을 세울 수 있는가?" 클리마쿠스가 이 세 가지 물음을 던지는 주된 이유는 세계와 인간 실존에 관한 역사적 본질에 대한 확고한 입장을 보여 주고자 한 것이지, 영원성에 관한 역사적 주장을 폐기하기 위함이 아니다. 영원한 행복과 역사적 지식의 비교, 그리고 영원한 의식과 역사적 관심의 비교, 이 두 가지는 클리마쿠스의 변증법을 이해하는 핵심 실마리가 된다. 본문 어디를 찾아봐도 '역사적 지식'과 '역사적 관심'이라는 말을 비교하여 사용할 때 영원성에 대한 역사적 주장이 틀렸다거나, 영원성에 대한 지식을 역사적으로 획득할 가능성이 없다는 주장을 하려 한 적이 없다. 이런 용어들을 사용한 구체적인 맥락을 살펴보면, 신앙인은 영원성에 대한 '질적인' 앎과 사유를 하는 것에 비하여 역사적으로 영원성을 알고 사유하는 것은 '양적인' 속상을 가졌음을 말하려 했던 것이지, 역사적인 접근법을 불신하고자 했던 것은 아니었다. 다시 말해서, 초월에 대한 역사적 지식과 영원한 지식의 차이점을 비교했던 것이지, 영원한 지식만 인정하고 역사적인 지식을 완전히 불신하자는 것은 아니었다.

　　《부스러기》 1장 '사고 계획'에서 신존재 증명에 관한 논쟁을 다루고 있는데, "진리는 배울 수 있는가?"라는 물음으로 1장을 시작한다. 이어서 소크라테스의 상기(recollection) 원리를 소개한다. 상기 원리에 따르면, 진리란 상기될 수 있는 어떤 것이다. 인간은 이미 진리를 소유하고 있으나 의식하지 못한다는 말이다. 그래서 인간은 상기함으로써 진리를 의식하거나 기억할 수 있다. "모르는 사람은 그가 이미 알고 있는 것을 스스로 생각해 내기 위해서, 오직 생각나게 해주는 사람을 필요로 할 뿐이다. 그러므로 진리는 밖으로부터 그의 안에 주어지는 것이 아니라 처음부터 그의 안에 있었다."[22]

---

22 —— 위의 책, 9.

그러나 클리마쿠스는 상기 원리는 앞뒤가 맞지 않는다면서 상기 개념에 반대했다. 이유는 간단하다. 어떻게 그가 결코 알지 못했던 무엇을 상기할수 있는가? 그리고 어떻게 그가 알고자 하는 것이 무엇인지도 모르는 그 무엇을 알려고 시도조차 할 수 있겠는가? 여기서 요지는 진리가 이미 그 사람에게 내재함을 전제한다는 것이다. 그리하여 클리마쿠스는 플라톤의 《메논(Menon)》에 나오는 소크라테스의 유명한 명제를 소개하는데, 소크라테스가 논리적으로보여 줄 수 있는 유일한 결론은 모든 인간 영혼은 선재한다는 것이다. 그 명제와 예시는 각각 다음과 같다.

> **사람이 이미 자기가 알고 있는 것을 구하지 않을 것이고(그리하여 그 진리를 추구할 때 그는 상기를 하려고 노력할 뿐이라는 것이다), 그리고 마찬가지로 자기가 아직 모르는 것도 구하지 않을 것이다. 왜냐하면 자기가 알고 있는 것은 이미 알고 있으므로 그것을 구하는 일이 없을 것이고, 또 자기가 아직 모르고 있는 것은 무엇을 구해야 할지 모르기 때문에 그가 무엇을 구해야 하는지조차 모르기 때문이다.[23]**

> **소크라테스는 (진리는 도입되는 것이 아니라 이미 사람에게 내재한다는) 이 생각을 다시 부연하고 있지만, 바로 이 생각에 헬라적 정열이 집중하고 있는 것이다. 이 생각은 영혼 불멸의 증명이 되기 때문이며, 그러나 주목해야 할 것은 역으로 추론해 보면 영혼 선재의 증명이 될 수 있기 때문이다.[24]**

이 인용문에 이어서 나오는 대목에서 클리마쿠스는 결론적으로 이렇게 주장한다. "소크라테스에 대한 나의 관계는 나의 영원한 행복과는 아무 상관이 없다. 왜냐하면 영원한 행복은 내가 모르고 처음부터 가지고 있던 진리를 내 것으로 함으로써 역방향으로 주어지기 때문이다." 계속해서 다음과 같이 기록한다.

> **만일 내가 저 세상에서 소크라테스나 프로디코스를, 또는 그 계집종을 만**

23 —— 위의 책.
24 —— 위의 책, 9-10.

난다 해도, 그때에도 역시 그들은 하나의 기연에 지나지 않을 것이다. 그리고 소크라테스는 대담하게 이렇게 말할 것이다. 곧, 자기는 저 세상에서도 오직 묻기만 할 것이라고. 왜냐하면 모든 물음의 궁극의 뜻은 물음을 받는 사람 자신이 어쨌든 진리를 가지고 있어야 하며, 그것을 자기 자신의 힘으로 얻지 않으면 안 된다고 하는 것이기 때문이다. (진리를 인식하는) 시간적 출발점이란 아무런 뜻도 없다. 왜냐하면 내가 그것인지 모르면서 이미 영원 전부터 진리를 알고 있었다고 하는 사실을 발견한 그 순간, 바로 그 찰나에 그 순간은 영원 안에 숨겨지고 흡수되어 버리고 말기 때문이다. 그리하여 말하자면, 나는 그 순간을 아무리 찾아도 다시는 찾아낼 수 없는 것이다. 왜냐하면 거기에는 여기, 저기란 없으며 오직 '어디에나 있으며, 또 어디에도 없음'(ubique et nusquam)만이 있기 때문이다.[25]

여기서 그는 간결하게 요점을 정리한다. 클리마쿠스의 주장은 어느 정도 소크라테스에게 동의하는 듯하다. 위의 《부스러기》 인용문에서 보듯이 진리란 우리가 이미 처음부터 우리에게 내재하는 것을 상기한 것이다. 클리마쿠스가 소크라테스의 가르침과 다른 점은 인간에 내재한 진리의 기원을 헬라 개념인 영혼 불멸에서 유래했다고 보지 않고, 기독교의 창조와 죄의 교리에서 유래했다고 보는 점이다. 그는 다음과 같이 말한다.

그런데 배우는 자가 지금 존재하고 있는 한 그는 확실히 지음을 받은 것이다. 그리고 그러한 한 신은 그에게 진리를 이해할 수 있는 조건을 주었음에 틀림없을 것이다. (왜냐하면 만일 그렇지 않다면, 그는 이전에는 한갓 동물에 지나지 않았을 것이고, 그에게 진리와 함께 진리를 이해할 수 있는 조건을 준 그 교사가 그때 비로소 그를 사람이 되게 해주었을 것이기 때문이다.) 그러나 순간이 결정적인 뜻을 가지고 있다면(그리고 만일 이것이 승인되지 않는다면, 우리는 참으로 소크라테스의 입장에 서 있는 것이 된다), 배우는 자는 조건이 결여되어야만 하며, 결과적으로 그는 그것을 빼앗겼다고 해야 할 것이다. 이 일이 신에 의해서 되었을 리는 없다(더 낮은 것이 더 높은 것을 지배할 수 있다는 것은 모순이기 때문이다); 따라서 조건을 빼앗긴 것은 그 자신에 의하여 일어난 일이지 않면 안 된다. … 그러므로 비진리(진리를 알려고 하는 조건이 결여된 사람)는 단순히 (순수히 또는 절대적으로) 진리 바깥에 있을 뿐만 아니라 진리에 대해서 논쟁적이다. 그것은 그 자신이 스스로 진리를 이해할 수 있는 이해의 조건을 잃어버렸으며, 또 지금도 잃고 있는 것이라고 표현되는 것이다. 그러므로 기연이 되어서, 배우는 자가 비진리이며 또한 그것이 자기 자신의 허물로 말미암은 것이라는 사실을 상기시켜 주는 교사는 신 자신이다. 그 자신의 허물로 말미암아 비진리라고 하는 이 상태를 우리는 무엇이라고 부르면 좋을까? 죄(罪)라고 하자.[26]

여기서 두 가지 중요한 요점이 있다. 첫째, 사람이 창조되었을 때 그는 진리와 그 진리를 알기 위한 조건 둘 다를 부여받았다. 둘째, 죄는 두 가지 모두를 빼앗아갔다. 그러나 여기서 중요한 것은 신에 대한 역사적 또는 일반적 지식의 기저에 깔려 있는 클리마쿠스의 신학적인 주장이다. 그의 주장은 인간은 "진리의 바깥에 있는 것이 아니라" 진리와 "단지 논쟁적으로" 대항하고 있다는 것이다. 클리마쿠스의 이성관에 따르면, 이성이 신앙과의 관계에서 독립적인 자리를 차지한다고 해석해서는 안 된다. 이성이 신앙에 반대하기를 멈추고 진정으로 진리를 알고자 할 때도, 이성만으로 진리를 소유할 수 있다고 해석해서도 안 된다. 우리는 소크라테스의 진리관인 상기 이론과 유비적인 비교를 하는 맥락에서 이해해야만 한다. 따라서 역사적 실존 안에 있는 인간은 진리를 아는 조건을 가지고 살지 못함에도 불구하고 인간은 여전히 신존재에 관한 종교적 진리에 대한 어떤 지식을 가지고 살고 있다는 것이다.

신존재 증거로서의 종교적 신앙

어찌되었든 신의 존재도 구체적 증거의 지지를 받아야만 되는 것이다. 적어도 객관적이지 않은 것에 대한 이론적인 주장을 할 때 언제나 증거를 요구하는 자연적 사유의 관점에서 보면 그렇다는 말이다. 그러나 신의 존재를 증명하는 것은 불가능하다. 왜냐하면 신존재 증명은 유한성의 모든 관념과 개념을 초월하기 때문이다.

---

26 ────── 위의 책, 15.

신이 창조했다는 신앙의 영원한 관점에서 세계를 바라보자는 가설의 경우를 예로 들어보자. 신이 세계를 창조했을 가능성의 표시를 가능한 한 다 보여준다 할지라도, 신이 세계를 창조했다는 주장을 믿는 것이 합리적이라 할지라도, 심지어 신의 창조의 진리가 사실일지라도 신이 세계를 창조했다는 가설은 절대적 확실성이 아닌 채로 남는다. 왜냐하면 '신이 존재한다'는 명제를 비롯하여 모든 각각의 명제가 절대적으로 확실한 것이 되려면, 구체적인 분석을 제시해야만 하고 지각적으로 증명해야 하는 요구를 충족시켜야만 하기 때문이다.

그러나 클리마쿠스에 따르면, 증거가 될 정도로 어떤 것에 대한 객관적 증명을 제시할 가능성은 단지 자연계 안에 있는 지각할 수 있는 대상들에게만 적용될 뿐이다. 신의 창조나 신의 존재처럼 형이상학적이거나 종교적인 명제와 같은 지각할 수 없는 속성을 가진 것에 대한 증거를 제시하기 위해서는 순전히 구체적인 것과는 다른 좀 더 차원 높은 증거, 즉 신앙이 필요하다. 이에 대하여 클리마쿠스는 《부스러기》에서 이렇게 말한다.

> **신의 행위란 오직 신만이 할 수 있는 것이다. 사실 그렇다. 그러면 신의 행위란 무엇인가? 그것으로 말미암아 내가 신의 존재를 증명하려고 하는 행위는 즉시 직접적으로 전혀 존재하지 않는다. 아니면, 자연에서의 신의 선하심과 지혜는 자명한 것이 아닌가? 여기서야말로 가장 무서운 영적 시련인 의심에 부딪치는 것이 아닐까? 또 이 모든 의심의 시련을 끝까지 통과한다는 것은 불가능한 일이 아닐까? 그러나 나는 이러한 사물의 질서로부터 신의 존재를 증명하지는 않을 것이다. 그리고 비록 내가 그것을 시작한다 해도 결코 끝내지 못할 것이며, 더욱이 나는 갑자기 무슨 뜻밖의 사건이라도 일어나, 나의 약간의 증명을 무너뜨릴지도 모른다는 생각에서 언제나 미결정의 부동상태(浮動狀態)로 살아가지 않으면 안 될 것이다.[27]**

그러나 신의 창조나 신의 존재에 대한 구체적인 증거가 결여되어 있더라도 신존재를 증명할 모든 가능성이 종결된 것은 아니다. 클리마쿠스는 인간이 영원한 존재에 대한 참된 지식에 이르는 확실한 방법이 하나 있다고 분명하게 주장한다. 여기서 클리마쿠스는 종교적 실존 안에서 인간이 영원한 것과 친밀한 경험을 하게 되는 그것, 바로 신앙을 염두에 둔 것이다.[28]

따라서 클리마쿠스에 따르면, 신존재의 물음은 단순히 역사적 태도만 가지고서 절대적으로 확실한 답변을 얻기 위해서 물을 수 있는 질문이 아니다. 비록 신존재의 물음을 던질 수는 있겠지만, 그러한 식으로 답을 찾을 수는 없기 때문이다. 신존재나 실존이라는 절대 진리는 인간의 역사적 경험에 영향을 받지 않기 때문에 우발적 증거나 다른 역사적 증명 방법의 대상이 될 수 없다. 신존재를 증명할 수 있는 유일한 방법은 증명하려는 시도를 내려놓음을 통해서, 그리고 우발적 방법이 아닌 영원한 방법, 즉 초월적·종교적 신앙을 믿음으로써 증명될 수 있다. 그는 다음과 같이 설명한다.

> 그러면 어떻게 신의 실존이 증명으로부터 솟아나는 것일까? 그것은 곧장 나타나는 것일까? 아니, 그것은 마치 저 유명한 데카르트의 인형과 같은 것이 아닐까? 내가 그 인형을 놓자마자 그것은 곤두선다. 내가 그것을 놓기가 무섭게 말이다. 결과적으로 나는 그것을 놓지 않을 수 없는 것이다. 증명의 경우도 이와 같다. 내가 증명을 고집하고 있는 동안에는(곧, 내가 증명자로 머물러 있는 동안에는) 그 실존은 솟아나지 않는다. 무슨 다른 이유에서가 아니라 내가 그것을 증명하려 하고 있다는 바로 그 이유 때문이다. 그러나 내가 증명에서 손을 뗌으로써, 그 실존은 거기에 있는 것이다.[29]

지금까지 클리마쿠스의 사상을 논하면서, 이성과 신앙은 진리에 도달하는 서로 다른 두 방법임을 알아보았다. 이성은 신에 대한 역사적·일반적 지식을 제공하지만 절대적 확실성을 제공할 수 없다. 반면 신앙은 신의 존재를 아는 가장 확실하고 유일한 방법이다. 이제는 클리마쿠스에게 있어서 주체적인 것이 무슨 뜻인지를 탐색해 보고자 한다.

클리마쿠스 사상에서 사용하는 주체성이라는 용어는 인간이 진리를 내면적으로 갈망하고 추구함으로써 역사적 실존 안에서 영원성에 대한 역사적·일반적 경험을 하게 되는 것을 뜻한다. 주체성의 의미는 《부스러기》의 여러

---

28 ——— 필자는 이 문제를 이어지는 본문인 '클리마쿠스의 주체성 개념'에서 좀 더 상세히 다룰 예정이다.
29 ——— Kierkegaard, *Fragments*, 42–43.

곳에서 인간 정서의 다양한 형태를 표현할 때 등장하는데 '정열', '사랑', '불행' 등이 그 예들이다. 그러나 주체성의 온전한 의미는 《부스러기》의 후속 작품인 《후서》에서 제대로 소개되고 있다. 《후서》에서 몇 가지를 인용함으로써 《부스러기》에서 말하는 주체성의 개념을 명료하게 이해하고자 한다.

클리마쿠스의 주체성 개념

클리마쿠스에 따르면, 인간이 세계를 경험하는 뿌리는 바로 내면성이나 주체성이다. 주체적 존재는 인간의 모든 객관적 경험에 대한 타당성의 기반이다. 클리마쿠스는 《후서》에서 주체적인 것에 대하여 다음과 같이 진술한다. "이것이 진리에 대한 정의이다. 객관적 불확실성이 진리이다. 최고의 정열적 내면성으로의 전유 과정에서 꽉 붙잡은 객관적 불확실성은 실존하는 개인이 도달할 수 있는 최고의 진리이다."[30]

클리마쿠스에게서 결국 진리에 관한 물음은 객관적으로 지각되는 진리에 관한 것이 결코 아니다. 진리에 관한 물음은 그 진리에 개인이 어떻게 관계하느냐 하는 문제이다. 기독교처럼, 실존하는 개인이 어떻게 내면적으로 그 진리와 관계하는가 하는 문제다. "그렇다면 객관적 문제는 기독교 진리에 '대한'[31] 것이다. 주체적 문제는 기독교 진리와 개인이 어떤 관계인가 하는 것이다. 간단히 표현하자면, 나 요하네스 클리마쿠스가 어떻게 기독교가 약속하고 있는 그 행복을 공유하는가? 그 문제는 나 자신 홀로에 관한 것이다."[32]

《후서》에 있는 클리마쿠스의 이 인용글과 관련하여, 아서 머피(Arthur Murphy)는 그의 저서 《'진리는 주체성이다'는 키르케고르의 주장에 관하여(On Kierkegaard's Claim That 'Truth Is Subjectivity')》에서 다음과 같이 서술한다.

필자가 이해하기로는 '진리'에 대한 키르케고르의 논의의 요지는 신앙의 정당성을 제공하기 위한 것이다. 키르케고르의 특별 의미로서의 '신앙'에

---

30 ——— Søren Kierkegaard, *Concluding Unscientific Postscript to Philosophical Fragments*, ed. and trans. Howard V. Hong and Hong and Edna H. Hong (Princeton: Princeton University Press, 1992), 182.

31 ——— 강조는 필자의 것이다.

32 ——— Kierkegaard, *Postscript*, 178.

의해서 신자는 이성적으로 불합리한 것에 대한 근거 없는 확언 속에서 주체적으로 '진리 안에' 있게 된다. 왜냐하면 이 확언을 통하여 신자는 그의 영원한 행복이 달려 있는 '그 진리'와 바른 관계를 가지기 때문이며, 또한 실존하는 그의 내면성을 최대의 강도로 '강화하기 때문이다.'[33]

신자가 진리 안에 있다는 것은 그가 믿는 확실한 근거에 의한 것은 아닌데, 확실한 근거를 통해 믿었던 경우라면 신앙의 문제는 객관적인 문제가 된다. 그러나 사람이 진리 안에 있다는 것은 그의 내면성이 진리 안에 있기 때문이라고 보는 것이 더 옳다. 사람이 진리 안에 있다는 것은 그가 그 진리와 '내면적 관계성'을 형성하고 있다는 것이다.[34]

이 관계성은 전적으로 내면적 실존이 진리와 관계하는 것이지, 단지 그의 인식적 실존으로만 관계하는 것은 아니다. 클리마쿠스에 따르면, "객관적으로 우리는 단지 쟁점만을 고찰하고, 주체적으로는 주체와 주체성, 곧 내면성(內面性)에 대하여 고찰한다." 그 최대의 정도로, 이 내면성의 '어떻게'는 영원성에 대한 정열이며, 그 영원성의 정열이 바로 진리이다. 그는 철학에서 추상적인 존재나 타자로 표현해 왔던 진리를 신을 향한 정열로 표현한다. 따라서 이전의 철학은 로고스를 철학의 중심으로 보았다면 클리마쿠스는 파토스, 곧 정열(passion)을 철학의 중심으로 등장시켰다.

따라서 클리마쿠스의 주체나 주체성은 영원성에 대한 정열이다. 주체성이 진리가 되었다는 의미는 신앙 안에서 개인의 전존재적 · 실존적 · 종교적 상태를 가리키는 영원성에 대한 내면적 정열을 말한다. 클리마쿠스가 말하는 진리는 기독교적 신앙을 가리킨다.[35] 클리마쿠스에 따르면, 진리는 인격성에 위탁된다. 진리는 개념적으로 결정될 수 있는 객관적 문제가 아니다. 오히려 그것은 삶의 '방법', 즉 '어떻게' 사느냐의 문제이다.[36]

33 ——— Arthur E. Murphy, "On Kierkegaard's Claim That 'Truth Is Subjectivity,'" in *Essays on Kierkegaard*, ed. Jerry H. Gill (Minneapolis: Burgess Publishing Company, 1969), 94.

34 ——— Murphy, "On Kierkegaard's Claim," 96.

35 ——— Kierkegaard, *Postscript*, 21.

36 ——— 필자는 여기서 "내가 길이다"라고 하신 요한복음 14장 6절의 예수님의 말씀이 떠오른다.

그렇다고 해서 인간의 지성이나 인식이 영원성과 관여하는 인생에서 아무런 위치도 차지하지 못한다는 뜻은 아니다. 사실 클리마쿠스는 인간이 세계 속에서 유한한 존재로 살아가면서 신에 대한 어떤 특정 지식을 가지고 살아간다고 주장했는데, 이 지식은 신존재의 진리를 온전하게 파악하지 못하는 제한된 지식일 뿐이라는 것이다. 진리를 이성적으로 또는 인식적으로 접근하는 객관적인 방법과 달리 신존재에 대한 참 지식은 내면적으로 성취될 수 있는 무엇이라고 믿기 때문에, 클리마쿠스는 진리를 주체적으로 성취하거나 내면의 신앙으로 성취할 수 있다고 주장한다.

사상사를 보면 진리는 사변적 성찰의 대상이었다. 합리적인 진리 추구에서는 진리가 무엇인지를 물을 뿐이지 그 진리와 개인적 관계에는 아무런 관심을 가지지 않는다. 클리마쿠스는 다음과 같이 설명한다.

> **따라서 연구하고, 사색하며, 알고자 하는 주체는 그 진리에 대해 묻지만, 주체적 진리·실존 변화를 위한 진리(the truth of appropriation)에 대하여 묻지는 않는다. 따라서 연구 주체는 그의 영원한 행복에 관심을 갖지만 자신의 행복에 관한 이 진리와 어떻게 관계할 것인가에 대한 무한한, 인격적인, 열정적인 관심을 갖지는 않는다.[37]**

그그러나 주체성 안에서 그 사람의 주된 관심은 그가 추구하고 있는 그 진리와 실질적인 관계를 성취하는 것이다. 진리를 지성적 또는 합리적으로 추구한다는 것은 인간이 역사적 실존 안에서 세계를 하나의 보편적 구조로 볼 수 있으며, 영원성의 가능성을 초월론적으로 의식한 결과로 진리의 영원한 범주를 추구하고 상상할 수 있음을 암시하는 것이다. 클리마쿠스에 따르면, 영원성에 대하여 합리적으로 사유하는 일반적 방식은 사변적 사유의 비-주체적 영역에서 영원성을 객관화한 결과로 생겨났다. 여기서 사변적 사유의 비-주체적 영역일지라도 관념적으로나 초월론적으로 사유하는 주체적 본성을 의식하지 않을 수 없다. 다시 말해서, 어떤 대상에 대하여 생각할 때마다—그 대상이 세계든 신이든, 그 무엇이든—그 대상이 '어떻게 그런 것인지'(the how)에 대하여 묻지 않을 수 없다. 이 사물의 어떠함에 대한 '어떻게의 물음'(how question)은 내

---

37 —— Kierkegaard, *Postscript*, 21.

면의 호기심에서 유래한다. 내면의 호기심은 어떤 사물의 주체적 의미, 즉 어떻게 한 사물이 그렇게 되었는지를 묻는다. 객관적인 질문은 관찰하는 주체에 의해서 그것이 가시적으로 감지될 때 그 대상이 무엇이냐고 묻는다. 그리고 객관적인 질문은 그 의미를 궁금해하지 않는다. 한 대상의 의미를 묻는 것은 주체적인 문제라는 뜻이다. 다시 말해서 어떤 대상의 가시적 형태를 넘어서는 그 대상의 의미에 관한 물음은 실존적·주체적 문제이며, 그 물음에 대한 답변은 그 사람이 어떻게 사느냐에 영향을 주게 된다는 것이다.

클리마쿠스에 따르면, 어떤 대상은 본질상 관념적으로 구성되므로, 그 대상에 관한 '어떻게의 물음'을 물을 수 있다. 달리 말해서, 일반적으로 어떤 대상을 생각할 때 그 대상의 '선험적' 의미를 의식하거나 궁금해한다. 다음으로 사유의 선험성의 개념을 다룰 것인데, 이 개념은 《부스러기》에 나타난 클리마쿠스의 사상을 볼 때, 클리마쿠스를 신앙주의자와 기초론자 사이에 위치한 사상가로 보는 견해에 적절한 해석을 제공하는 데 결정적으로 중요하다. 다시 말해서, 클리마쿠스는 신앙과 이성에는 뗄 수 없는 이분법이 있다고 믿으나, 동시에 신앙과 이성 사이에 모종의 역사적 관계성이 있다고 믿는 변증적 사상가이다. 그러므로 클리마쿠스는 죄를 저지른 신의 피조물인 인간, 곧 비진리인 인간이 "진리 바깥에 있지 않다"고 주장한다. 이것이 이 책의 주제이다.

다음 항에서 이 주제를 발전시킬 것이다. 클리마쿠스의 주장에 따르면, 인간은 이 세상의 유한한 실존 안에서 영원성에 대한 일종의 역사적이거나 변증적인 지식을 가지고 살아간다. 그래서 클리마쿠스는 인간 사유는 관념적으로 구조화되었다고 인정했다. 관념적 또는 '선험적' 구조를 가지고 있는 인간 지식은 영원성과 관계하는데, 그 방식들을 규명하고자 한다.

클리마쿠스의 사상에 따르면, 물리적·형이상학적 모든 대상에 대한 인간 지식의 관념성이나 '선험성'은 이 세상에 속한 사물들을 생각할 때 사용되는 필수적인 인식 조건이다. 또한 그에 따르면, 인간 지식의 선험적 구조는 세계 내 존재나 세계 너머에 존재하는 영원성과 가능한 모든 것에 대한 초월론적 분석을 위한 틀이며, 선험적 능력으로 구성된 인간의 앎의 인식론적 구조는 영원성 관념과 영원성에 대한 지식을 계시해 준다. 그는 인간의 이런 선험적 인식 능력은 자신보다 더 높은 존재인 영원자가 인간의 앎과 지식을 알게 해주었음을 가리키고 있는 증거라고 본다.

클리마쿠스는 인간의 앎은 영원성에 의해 수여된 어떤 것이라고 믿기 때문에, 인간의 앎은 항상 영원성을 추구하거나 인식하게 된다고 주장한다. 따라서 인간의 앎이 영원성에 의해서 속박되었다는 견해가 클리마쿠스의 기독교이해의 중심축이라는 사실은 놀랄 만한 일이 아니다. 클리마쿠스가 영원성을 사유할 수 있는 인간 사유의 가치를 높이 평가하고 인정하는 것은 인간 사유가 기독교 신앙의 핵심인 계시의 원리와 관계되며, 인간 사유가 신의 계시로부터 유래했다고 믿는 범위 안에서 그렇게 인정하는 것이다.

요약하면, 클리마쿠스는 영원성과 인간 사유는 역사적 관계가 있다고 주장했다. 《부스러기》와 《후서》에서 신앙의 합리성을 주장한 클리마쿠스의 발언들을 증거로 제시하면서, 영원성과 인간 사유 사이의 주체적·역사적 관계 형태를 확인하였다. 신앙의 합리성을 주장한 예로써, 인간이 세상에 살아가는 역사적 실존 속에서 신의 실존을 알 수 있는 것은 죄로 인하여 비진리가 된 인간이 진리 바깥에 있지 않기 때문이라고 주장했다. 이번 장에서 우리는 영원성과 인간 사유 사이에는 역사적 관계가 있다고 주장했다. 클리마쿠스는 이 주장을 뒷받침하기 위해서 인간의 앎이 영원의 실재성을 가리키는 관념적·'선험적' 속성을 가지고 있고, 반성과 의식의 기능을 한다고 주장했다.

곧 이어서 클리마쿠스의 초월론적 비판을 살펴볼 것이다. 클리마쿠스에 따르면, 인간의 앎은 관념적·'선험적'·초월론적 구조 속에서 절대타자의 존재를 의식하는 방식으로 구성되었다.

클리마쿠스의 초월론적 비판에 대하여 좀 더 잘 이해할 수 있도록 에드문트 후설(Edmund Husserl)의 현상학을 사례로 다룰 것이다. 후설이 클리마쿠스가 《부스러기》에서 보여준 것과 유사한 방식으로, 절대타자의 실재성 또는 가능성을 다루었기 때문이다. 후설의 현상학을 소개하는 이유는 그가 키르케고르/클리마쿠스보다 후대에 살았지만, 《부스러기》가 했던 것처럼 후설도 역시 사유와 영원성의 관계를 분석했고, 영원성과 이성과의 복잡한 관계를 분석하는 데 중요한 통찰을 제공함으로써 영원성에 대한 클리마쿠스의 초월론적 비평 이해를 보다 더 잘 이해하도록 공헌하고 있기 때문이다. 후설은 클리마쿠스와 동일하게 인간 주체는 절대타자에 대한 인식이나 의이 없이 결코 존재하지 않는다고 주장하였다.

클리마쿠스 사상에서는 영원성과 역사성의 관계를 주제로 다루는데, 절대타자에 대한 후설의 초월론적 비판을 살펴봄으로써 영원성과 역사성이 관계가 있다는 클리마쿠스의 사상을 조명해 보고, 또한 영원성과 역사성의 복잡한 관계성을 명백히 밝히고자 한다. 절대타자에 대한 후설의 초월론적 비판을 충분히 다룬 후에 초월론적 사유에서 중요한 요소들을 설명하면서 어떻게 클리마쿠스가 후설보다 한 걸음 더 나아갔으며, 인간 의식이나 사유가 실재하는 타자, 즉 영원성과 연결되는지를 제시하고자 한다. 후설의 초월 분석을 소개하는 것이 클리마쿠스의 초월에 대한 해석을 명료하게 이해하는 데 도움이 되기를 희망한다.

《철학의 부스러기》에서 클리마쿠스의 초월론적 비평 분석

《부스러기》에서 클리마쿠스는 인간 세계에 대한 고차원적 이해를 성취하고자 한다면 본질상 역사적인 모든 것을 중지해야만 한다고 주장한다. 다시 말해서, '자아를 그것을 둘러싼 세계와 분리시킴'으로써 우리는 주체적으로 경험의 외부계와 관계할 수 있다.

클리마쿠스에 따르면, 외부 세계와 관계하는 주체적 방법은 영원성에 대한 내면의 지식과 정열의 타당성과 관계된다. 그러므로 세상에서 우리의 모든 역사적 경험의 객관적 의미는 영원한 세계를 가리킬 때만 진실이다.

그러나 역사적 관점에서 보면 영원성 '개념'에 대한 클리마쿠스의 설명에는 한계가 있음을 알 수 있다. 영원성의 진정한 의미를 충분히 표현하지 못했기 때문이다. 다시 말해서, 역사적으로 또는 이성적으로 추론하는 노력을 할지라도 영원성은 이해의 대상이 되지 않는다. 영원성은 어떤 역사적 방법으로 인간이 알 수 있는 것이 아니다. 왜냐하면 영원성에 관한 어떠한 지식을 가졌을지라도, 그러한 지식은 영원성에 대한 자료를 제공하는 이해 방식이 아니며, 또한 영원성은 인간의 이해 범주의 한계를 넘어서기 때문이다. 인간의 사유는 역사적인 것에 제한받기 때문에 결코 그 자체로 영원성을 아는 지식에 도달하지 못한다. 인간은 그 진리에 대한 접근권을 가지고 있지 않다. 엄밀하게 역사적 관점에서 보면, 초월에 대한 우리의 주장은 기껏 초월에 대한 '선험적' 인식에 기초한 것에 불과하다. 이런 면에서 클리마쿠스를 진정한 칸트 학파라고 부를 수 있다.[38]

---

38 ────── 이런 이유 때문에, 초월에 대한 자신의 선험적 개념 덕택에 초월 경험은 어떤 면에서 또는 부분적으로 한 개인 안에 경험적으로 경험되는 무엇이라고 말할 수 있다. 이 개념에 대한 흥미로운 주장은 칸트의 《순수이성비판》에서, 특별히 23-25쪽의 머리말(2판) 항목을 보라.

그럼에도 불구하고 클리마쿠스는 영원성에 대한 비-객관적인 방안을 제시하는데, 비-객관적 방안이란 영원성에 대한 인간의 비-객관적인 지식이 절대적으로 확실하다는 사실을 보여준다. 그러나 영원성에 대한 비-객관적 방안을 살펴보기 전에 클리마쿠스의 초월론적 비판을 명확하게 할 필요가 있다.

따라서 후설의 철학을 살펴보려고 한다. 클리마쿠스과 후설을 비교할 때 염두에 둘 것은 첫째로 후설은 주체성(관념적)과 객관성(경험적 또는 과학적) 사이의 관계를 강조했으며, 둘째로 인간은 언제나 초월을 의식하고 있다는 중요한 발견을 했다는 점이다. 이런 면에서 후설 철학은 적절성을 가지고 있다. 클리마쿠스의 철학도 이 두 가지 사실에 닻을 내렸다. 그러나 클리마쿠스가 후설과 다른 점은 이 두 가지 사실을 사용하여 철학의 부적절함을 증명하였고, 초월론적 존재나 영원한 존재의 실재를 탐구하는 새로운 대안을 제시했다는 것이다.

현대 현상학의 창시자 에드문트 후설은 역사적 관점에서 세계를 이해하는 철학의 문제점을 지적하면서, 소위 현상학이라는 새로운 과학적 방식, 즉 세상의 자연적·역동적 경험을 객관화하는 방법으로 접근하였다.[39] 다시 말해서, 후설은 과학(Wissenschaft)의 방법으로 철학함으로써, 그 철학의 성과를 과학적 기준으로 보장하는 방식을 개발했다. 그는 이러한 객관적인 경험들과 관련하여 '판단중지'(epoche)라는 용어를 도입했다. 판단중지란 의식의 사전 전제가 되는 '자연적 태도'를 중단하고, 순수 의식이 사물 자체에 접근해 가도록 하는 것이다. 후설에 따르면, 판단중지 이후에 남는 것은 순수 의식이다. 순수 의식으로 자신이 경험한 것에 대한 자각을 포함하여 자신의 정신 활동을 인식한다.

후설의 판단중지란 철저히 중립적이고 편견 없는 태도로 세계를 제대로 보기 위해서는 근본적으로 자연적 태도에 내재한 뿌리 깊은 객관주의적 편견이나 태도로부터 벗어나야 한다는 것을 말한다. 자연적 태도, 즉 객관성이라는 편견은 시선이 외부 대상으로 향해 있어서 나 자신에게 관심이 돌려지지 않기 때문에 반성적 태도가 결여되어 있다. 따라서 판단중지를 통해 시선을 인간 의식 또는 내부로 향해야 한다. 후설은 판단중지를 통해 드러난 의

---

39 ——— 필자는 주체적인 것에 대한 클리마쿠스의 견해를 평가하려는 관점을 설정하려는 이유에서만 후설을 언급한다.

식은 경험적·세계적 대상과는 질적으로 성격이 다르다고 강조한다. 이러한 세계-내-존재로서의 경험적·심리적 의식과는 차별화된 순수 의식을 가리켜 후설은 '초월론적 의식' 혹은 '초월론적 주체성'이라고 불렀다. 후설의 의도는 객관주의적 방식이 아닌, 이른바 초월론적·주체적 시각에서 세계를 바라보자는 것이다. 자연적 태도에 대한 판단중지를 하지 않고서는 세계 자체와 세계 의식 간의 초월적 상관관계가 제대로 드러나지 않기 때문이다. 후설은 '생활-세계'(Lebenswelt)[40]를 '자연과학의 망각된 의미 기반'이라고 표현한다. 생활-세계는 말 그대로 우리가 살고 있는 일상적 삶의 세계이며 직접적 경험 속에서 주어지는 세계이다.[41] 그런데 근세 자연과학은 이 생활-세계가 주관적 세계라는 이유로 이 생활-세계를 참 세계로 여기지 않았고, 그 대신 자연과학적으로 규정되는 엄밀한 객관적 세계만 참 세계로 여겼다. 그 결과 근세 자연과학으로 인하여 생활-세계는 망각되었고, 인간과 세계의 참 의미에 도달하기보다는 이념과 기호의 세계에서 지극히 방법적이고 기술적인 절차에만 매몰되어 점차로 '단순한 기술' 속에 매몰되고 말았다. 다시 말해서, 근세 자연과학은 생활-세계를 이념화시켰다. 후설은 서구 객관주의가 은폐시킨 생활-세계의 참된 의미를 드러내야 한다고 주장한다. 말하자면, 이념화가 이루어지기 이전의 순수하게 우리에게 주어져 있는 그대로의 원초적 세계, 후설의 표현에 의하면 '선과학적인 세계'로 귀환해야 한다고 주장한다.[42]

　　후설의 의도는 세계와 인간 경험에 대한 단 하나의 보편적 원리 또는 진리를 찾아내고 발견하려는 것이다. 물론 후설에 따르면, 모든 지식은 인간의 의식이 현실을 파악하는 방법의 구조를 따라야만 한다. 인간 의식은 의미와 선판단(先判斷, pre-judgements)으로 충만한 세계 안에서 끊임없이 기능하는데, 후설은 그 의식을 이론적으로 분석함으로써 의식 안에 있는 세계와 우리의 실존에 대한 유일한 진리를 발견할 수 있다고 믿었다.

　　후설은 인간 경험의 보편적 기반이 무엇인가를 질문하면서 생활-세계를 객관적으로 경험하는 기반이 되는 이론적 필요성을 주장했다. 그러려면

---

40 ────── Rudolf Bernet, Iso Kern, Eduard Marbach, *An Introduction to Husserlian Phenomenology* (Evanston: Northwestern University Press, 1993), 217.

41 ────── Maurice Natanson, *Edmund Husserl: Philosopher of Infinite Task* (Evanston: Northwestern University Press, 1973), 127.

42 ────── 위의 책, 128.

먼저 생활-세계와 인간의 주체성의 관계를 해석해야만 한다. 왜냐하면 인간의 주체성이 생활-세계의 가능성을 위한 조건을 형성하기 때문이다. 어떻게 이 작업을 수행해야 하나? 후설은 인간의 의식, 즉 인간의 자아에 대한 초월론적 근원을 분석함으로써 가능하다고 주장했다.

> **이 세계 안에서 인간은 객체이다. 생활-세계의 객체들이 여기저기에 있고, 분명하게 경험하는 것들, 과학적으로 확립된 것들, 생리학·심리학·사회학, 인간은 이런 객체들 가운데 있는 객체이다. 다른 한편, 인간은 주체이다. 이 세계를 위한 주체이다. 그래서 세상을 경험하고, 묵상하고, 가치를 부여하는 자아-주체는 의도적으로 세상과 관계한다.[43]**

후설은 인간은 객체인 동시에 주체라고 주장한다. 인간은 물리적 세계 안의 구체적 실체이며 부분이라는 점에서 객체이다. 그러나 또한 세계 내 자신의 존재와 경험을 반성하는 주체이기도 하다. 생활-세계의 주체로서 인간은 자신을 의식하고, 사물과의 경험에서 특정 진리를 묵상하고 습득한다. 인간은 정치, 테크놀로지, 교육, 인간 등과 같은 세상의 것들을 서로 관여시킨다. 후설은 이렇게 예를 든다. 인간은 사회와 정치의 부패에 항거하고, 난치성 질병 환자를 치료하기 위한 첨단 의료 장비를 발명하는 곳에 기부하기도 하며, 타인을 위한 재능기부와 무료강연을 하며, 사랑하는 사람의 죽음을 애도하기도 한다. 인간은 타인에 대한 호의적 섬김을 제공하기 위하여 새로운 기술들을 습득한다.

그러나 기본적으로 세계에 대한 인간의 지식은 그를 둘러싼 현실에 대한 객관적 경험이나 주관적 경험 속에서 생겨나는 것이 아니다. 세상에 대한 지식은 개인 경험이 객관성이나 주관성에 한정되는 일상생활 세계 너머에서 올라와야 한다. 그러나 아이러니하게도 후설은 둘러싼 세계의 실재와 관련하여 지식을 심화하기 위한 선결요건으로 객관성보다는 주체성을 선호한다. 인간 존재의 주체적 측면은 우리의 객관적 관심사를 넘어선다는 점에서 우리의 객관성을 초월한다. 예를 들어, 객관적으로 말하자면 우리의 처자식과 직장에 바칠 시간을 희생하면서까지 타인을 돌보기 위하여 시간과 에너지를 주관

43 —— Edmund Husserl, *The Crisis of European Sciences and Transcendental Phenomenology: An Introduction to Phenomenological Philosophy*, trans. David Carr (Evanston: Northwestern University Press, 1970), 104–105.

적으로 투자하지 않는가. 후설에 따르면 이게 바로 정확한 핵심이다. 인간은 세계 내에서 일어나는 일들을 관계시키는 주체이며, 이 주체성은 단순한 객관성을 넘어선다.

　　인간은 세계 내의 우발적인 일들을 연관시킬 뿐만 아니라 자신의 생활의 일부를 희생하면서까지 의미 있는 일을 하고자 한다. 이런 면에서 인간은 객관성과 함께 주체성이라는 양면성을 가지고 있다. 후설에게 주체와 객관은 동전의 양면이다. 왜냐하면 세계에 대한 인간 경험은 기본적으로 물리적 대상들과 그것과 연결된 의식에 내재한 '선험적' 측면이 두 가지를 체험하는 데서 발생하기 때문이다. 인간들, 생활에서 체험하는 일들, 물리적 대상들의 이론적 '선험적' 차원들에까지도 인간 의식에 대한 철학적 분석을 할 수 있음을 보여준다.[44] 그러나 이 분석 과정에서 자신의 주체성을 의식하게 되며, 그 주체성을 통하여 "세계를 경험하고, 세계가 나타나며, 세계를 판단하고, 가치를 부여하기도 한다."[45]

　　후설은 인간 의식에 대한 분석을 통하여 인간의 주체성은 모든 경험적 사유 이전에 세상에 존재하는 모든 것에 대한 '선-개념적' 경험이라는 사실을 발견했다. 인간 의식은 모든 과학적 지식을 '통합하는데',[46] 후설은 이 인간 의식을 개인의 "벌거벗은, 선개념적 지각과 기억의 세계"로 보았다. 이것은 그의 저서 《데카르트 성찰(Cartesian Meditations)》에서 '원초적 세계' 또는 '자아의 영역'(sphere of own-ness)으로 언급되는 '벌거벗은 직관'의 세계이다. 또한 그것은 그 자체로 원초적으로 또는 중심적으로 경험되는 세계이며, 개인의 추상성 안에서 경험될 수 있는 세계이다.[47] 이러한 발견의 결과, 생활-세계를 과학의 경험적 기반에 대한 심오한 반성의 방법으로 다시 생각하게 되었다. 즉 생활-세계가 과학의 진정한 본질이 무엇인가에 대한 심오한 반성을 할 수 있는 토대가 된 것이다.[48]

　　문제의 근원은 개인의 생활-세계 안에 통일성이 있다는 사실이다. 후설은 이 통일성을 "철저히 동일하고, 지속적이며, 내재적으로 일관된 세계로 경

44 —— 후설의 사상에서 인간의 이해는 두 가지 기능을 가진다. 첫째는 '명쾌한 자기 반성'이라고 부르는 엄격한 자기 반성의 방식으로 해석하는 기능이다. 둘째는 세계에 의미를 부여하는 방식으로 작용하는 지배하는 기능이다. Husserl, *The Crisis of European Science*, 103-104.

45 —— Husserl, *The Crisis*, 317.

46 —— 위의 책, 217.

47 —— 위의 책, 221.

험되는 것" 안에 있는 것으로 감지했다.[49] 이러한 생활-세계의 형이상학적 또는 초월론적 환원을 통하여 인간의 주체성은 순수 직관의 형태에 이르게 된다. 후설에 따르면, 모든 과학적 지식은 이러한 형이상학적·초월론적 환원에 기초한다.

따라서 후설의 초월론적 분석은 모든 과학적 학문성의 기반이 된다고 결론 내릴 수 있다. 후설의 초월론적 분석은 원리 수학과 논리학의 토대와 관련된 문제에서 출발했다가 마침내 지식에 관한 보편적 이론이 되었다.[50] 후설은 이 분석 방법을 '순수 의식의 분석'이라고 생각했다. 그는 초월 분석을 통하여 자연과학, 인문과학과 같은 모든 과학의 주체적 토대가 제시될 수 있다고 주장했으며, 과학의 통일성과 조직화의 문제에 대한 해결책이 나올 수 있다고 믿었다.

후설은 과학의 주체적 토대라는 특별한 물음은 세계의 통일성과 내적 구조의 관념에 관심을 갖도록 한다고 하였다.[51] 모든 과학은 바로 이 세계의 통일성과 내적 구조 관념을 가리키고 있다. 따라서 후설은 과학의 주체적 토대에 관한 질문은 모든 과학을 함께 묶는 단일한 보편적 과학의 가능성에 관한 물음이라고 믿었다. 나아가 후설에게서 이 물음은 '존재와 진리의 문제'로 발전하였다.[52] 결과적으로 인간의 일상적 세계인 소위 생활-세계는 과학 이론에 관한 질문들을 초월하는 하나의 새로운 문제를 가리키게 되었다. 그것은 모든 과학적 실천의 근거가 되면서도, 그것을 초월하는 토대의 문제이다. 다음의 인용문

---

48 ——— 위의 책, 20. 예를 들어, 후설은 1925년의 강연 '현상학적 심리학'에서 다음과 같이 선언한다. "우리는 우리 마음 안에서 '자연'과 '정신'이라는 의문스러운 개념, (확실한) 과학의 분야를 정의하는 개념들로부터 시작하여 모든 과학보다 선행하는 세계로, 그리고 선역사적 직관의 세계로서의 그 개념들의 이론적인 의도성으로 돌아간다."

49 ——— Bernet, Kern, Marbach, *Husserlian Phenomenology*, 221. 후에 그는 "그렇다, 세계 경험하기의 생활 그리고 세계를 이론화한 생활이 접근 금지된 현재 사실의 생활의 세계로서"라는 말을 원문에 추가했다. 후설은 '현상학 개론'(1926-27)이란 강연에서 "모든 과학에 관한 판단중지"와 "경험의 보편적 토대로서의 모든 과학보다 선행하여 정초한 경험의 토대에 대한 급진적 묵상"을 시행한 후 다음과 같이 진술한다. "다른 한편, 교양 있는 우리 유럽인들에게 과학은 예술·과학적 테크놀로지 등과 똑같이 그대로 존재하면서 다방면적 문화 세계의 구성요소로 남는다. 과학의 타당성을 검증하지 않은 채 남겨둔다 할지라도, 과학이 의심스럽다 할지라도, 과학은 우리가 사는 경험 세계 속에서 공존하는 사실의 문제(Mit-Tatsachen)이다. 과학이 명백하든 그렇지 않든, 충분히 타당하든 그렇지 않든, 모든 인간 작업의 산물이 그렇듯이 과학도 훌륭하든 형편없든지 순수 경험의 세계로서 세계의 구성물에 속한다."

50 ——— 위의 책, 218.

51 ——— 위의 책.

52 ——— 위의 책, 220.

은 후설의 연구 방법을 간략하게 기술하고 있다.

> **무언의, 무개념의 경험과 그 보편적인 얽힘으로부터 빠져 나와 횡단하기 위해서는, 첫째, 매일 생활 속에 충분히 있는, 전형적, 희미한, 기본적인 보편성으로 가야 한다. 둘째, 진정하고 참된 개념들로 가야 한다. 그러려면 그 개념들보다 참 과학이 먼저 전제되어야만 한다.**[53]

아이러니하게도 생활–세계에 대한 후설의 처음 주장과는 달리 이 인용문에서는 그의 관점이 바뀌었음을 볼 수 있다. 후설은 처음 생활–세계가 객관적–과학적 의미를 가졌다고 명백하게 주장했다. 그러나 위의 인용문에서 보듯이, 객관적으로 있다고 본 생활–세계에 대한 개념이 관념적인 방식으로 묘사된 것으로 변했다.

세계를 객관적–과학적 방식으로 보는 방법에서 고차원적·심층적 "경험적 토대"를 필요로 한다고 보는 방법으로 바뀜으로써, 후설은 "단순한", "순수한" 선–개념적(예, 선–언어적, 선–묘사적) 경험으로 복귀했다. "순수한" 선–개념이란 "지각, 기억 등의 모든 양상 안에 순수하게" 있는 경험이다.[54] 후설은 모든 과학의 토대라고 보는 순수하고 단순한 경험의 관념적·형이상학적 세계는 "모든 경험적 사유보다 이전에" 존재한다고 진술한다.[55] 이러한 순수경험의 관념적 형이상학적 세계 안에서 "…경험의 대상에게 어떤 신기한 감각을 느끼게 하는 다른 모든 활동이 무엇이든지 간에 그것처럼 속성을 밝히고 이론화하는 모든 활동들도 서로 연결되지 않은 채로 남는다."[56] 후설은 이러한 생활–세계를 '비역사적'(unhistorical) 반성의 세계라고 하였다.

생활–세계는 일상 경험의 객관성의 기초를 제공하였다. 그러나 시간이 흐르면서 생활–세계에 대한 후설의 정의가 바뀌었다.[57] 이 시점에서 후설의 사상에 따르면, 궁극적으로 과학을 품고 있는 경험이라는 것이 더 이상 무언(無言)의, 선개념적 직관이 아니라[58] "실제로 현존하는" 구체적·역사적 세계에 대

---

53 ────── 위의 책, 221.
54 ────── 위의 책, 124–125.
55 ────── 위의 책, 220.
56 ────── 위의 책, 221.
57 ────── 위의 책, 222.
58 ────── 위의 책.

한 경험이 되었다.[59]

후설이 언급한 실제로 현존하는 구체적 세계와 선-개념적 직관은 과학철학의 관점에서 보면 일방으로 치우친 접근 방법에 대한 교정으로 이해할 수 있다. 후설에 따르면, 인문과학의 기초는 무언의, 선개념적 경험일 수 없다. 후설은 문화나 역사의 구체적 세계 속에 실제로 참여할 때만 그러한 기초를 구성할 수 있다고 보았다. 한편, 후설은 객관적 과학의 문제는 과학이론에 대한 문제일 뿐만 아니라 적절성의 문제임을 깨달았다. 다시 말해서, 구체적·역사적 생활에 대한 객관적 과학의 적절성의 문제이다.[60]

후설에 따르면, 생활-세계의 '선험적' 과학, 즉 생활-세계에 대한 관념적 반성은 개인의 초월론적-주체적 관심을 가지고 독자적으로 이루어질 수 있다. 즉 과학은 경험에 대한 관념적 반성 이전에 생활-세계에 대한 경험을 토대로 여전히 가능하다.[61] 하지만 초월의 가능성의 관심(맥락) 밖에 있는 자연적 기반 위에 구성된 생활-세계의 존재론이 결국에는 생활-세계의 일부인 진리에 대한 감각을 포착할 수 없다는 것이 후설의 문제점이다.

여기서 후설은 인식론적 난제에 봉착하게 된다. 한편, 후설은 생활-세계에 대한 경험적 이해를 강화하였으며, 그러한 이해 속에서 객관적 과학과 역사적 문화가 내재적으로 세계 속에 기초하게 된다고 보았다. 또 한편 후설은 보편적 존재에 대한 필수적인 감각이 모든 과학과 인간 문화의 궁극적 기반임을 인정했다. 사실 후설에 따르면, 이 난제를 해결할 수 있는 길은 경험 너머의 인식론적·형이상학적 실재의 가능성을 인정하는 길밖에 없다.

후설에 따르면, 초월론적 주체성 안에서 "세계는 우리에게 지속적으로 존재하는 세계로 발생한다."[62] 오직 이 방법으로만 "우리는 자연적 생활의 자연적 타당성(Bodengeltung)으로서의 세계가 무엇인지 연구할 수 있으며, 상관적으로 자연적 생활과 그 주체성, 즉 타당성의 완성자로 기능하는 순수 주체성이 궁극적으로 무엇인지를 연구할 수 있다."[63] 후설에게 초월론적 판단중지(에포케)와 환원은 자연적 또는 역사적 생활을 연구하기 위한 결정적이며 방법론

59 ——— 위의 책.
60 ——— 위의 책.
61 ——— Husserl, *The Crisis*, 173.
62 ——— Bernet, Kern, Marbach, *Husserlian Phenomenology*, 228.
63 ——— 위의 책.

적인 선결조건이다. 이러한 이유로 후설은 초월의 가능성을 상상했다.

인간 의식의 인식론적 구조 분석은 형이상학적 존재나 진리에 대한 개념을 전제로 한다는 사실에도 불구하고, 후설은 형이상학적 존재나 진리를 진짜라고 보지는 않았다. 차라리 논리적으로 그럴 듯한 기획의 형태를 통하여 이러한 형이상학적 가능성을 현실화시키기보다는 이 가능성을 채워져야 할 빈 공간으로 열린 채로 남겨둔다. 논리적으로 그럴 듯한 기획들의 예를 들자면, 플라톤의 선의 개념, 데카르트의 '속이는 신(神)의 역설', 칸트의 '누멘'(noumen, 아직 명확한 표상을 갖추지 않은 초자연적 존재) 등이 있다. 후설은 대상에 대한 인간의 개방성을 어떻게 확증할 수 있는가 하는 물음에 대한 답변은 하지 않은 채 남겨두었다. 후설의 (존재의) 형이상학적 가능성은 사변적 지식 너머에 있는 초월적 대상의 진리에 도달하지 못한 채 빈 공간을 가리킨다. 추가 분석을 통하여 내용을 채워야 한다. 다시 말해서, 후설은 세계를 재구성해야 한다고 여겼으며, 세계를 자아와는 아무런 상관이 없는 대상으로 남겨 두었다.

후설의 생활–세계의 경험에 대한 관점은 초월론적으로 주체적이지만 내용은 채워지지 않았다. 후설의 관점과 비교하면서, 우리는 클리마쿠스의 주장을 명료화할 수 있다. 후설이 주체성 개념을 도입하기 수 년이나 앞서서, 이미 클리마쿠스는 인간 자아는 "자신이 그것과 관계하는 (하나의) 관계"라고 선언하였다.[64] 나아가 "자아를 둘러싼 세계로부터 자아를 분리시킴으로써, 자아는 반성을 통하여 그 적절한 정체성을 찾게 된다"[65]고 보았다. 자아를 객관적 세계로부터 분리시킴으로써 인간은 더 고차원적인 정신세계 또는 영적 세계와 의식적으로 관계할 수 있다는 의미이다. 그래서 객관성과 주체성 사이에 존재하는 관계성과 관련하여, 클리마쿠스는 객관성은 단지 경험적인 것 너머의 초월을 언급함으로써 의미를 가질 수 있다고 주장했다. 다시 말해서, 클리마쿠스는 객관성과 주체성의 관계를 이렇게 본다. 세계에 대한 객관적 경험의 논리적 환원이 좀 더 차원 높은 영적 세계의 주체성 안에서 발견된다는 것이다.

클리마쿠스에 따르면, 개인의 세계 경험의 객관성은 초월적인 것에 대

---

64 ———— Søren Kierkegaard, *The Sickness Unto Death: A Christian Psychological Exposition For Upbuilding and Awakening*, ed. and trans. Howard V Hong and Edna H. Hong (Princeton: Princeton University Press, 1980), 14.

65 ———— Paul Cruysberghs' "Must Reflection Be Stopped? Can It Be Stopped?" in Immediacy and Reflections in Kierkegaard's Thought, ed. P. Cruysbergs, J. Taels, and K. Verstrynge (Leuven: Leuven University Press, 2003), 12.

한 믿음을 통해서 "의식 생활의 주체성 속에서 성취"되는 것이다.[66] 신학적으로 표현하자면, 신의 계시로서의 세계 경험의 객관성은 신앙이라는 내적 헌신을 통해서 얻어진다. 신앙의 헌신이란 영원한 세계를 얻기 위하여 객관적–역사적 세계를 포기하는 것이다. 간단히 말해서, "우리가 신의 얼굴을 대면하는 것은 급진적인 내면성과 자기 비움을 통해서 가능하다." 결론적으로 주체적이거나 주체적이 되어가는 것은 그 역사적인 모든 역동과 함께 우주를 완전히 포기하는 것이며, 성령의 영원한 세계를 얻는 것을 의미한다.[67] 이게 클리마쿠스의 사상이다.

　　그러나 과학을 포기한다는 뜻이 아니다. 클리마쿠스는 과학은 지식을 획득하기 위한 적절한 수단이라고 말했다. 사실, 클리마쿠스는 전문적 관심을 연구하는 과학을 대단히 높게 존중했다. 예를 들자면, 클리마쿠스는 물리학, 생물학, 사회학 등과 같은 다양한 과학 작업에서 나온 발견과 결과물에 반대하지 않았고, 과학의 객관성과 발견의 중요성을 인정했다. 클리마쿠스가 문제 삼은 것은 사실적 방식으로 세상을 바라보는 과학적 관점이다. 과학자의 관점은 경험에 의해서 얻어지는 것이다. 클리마쿠스에 따르면, 과학자들은 세계를 물리적 대상들의 단순한 총합에 불과하다고 보기 때문에 과학적 방법을 그들의 경험적 탐구에 적용한다. 클리마쿠스의 입장에서 보면, 과학은 세계의 자연 법칙에 관한 사실과 대상들 간의 관계성을 연구하는 데 관심을 둔 학문이다. 과학의 주된 목적은 세계의 확실한 의미를 발견하는 것이다. 클리마쿠스는 엄격하게 과학적 연구로서는 가능하지 않는 삶의 질을 주목하지 않는 한 과학의 목적을 이루는 것은 불가능하다고 믿었다.

　　클렘페(E. D. Klempe)에 따르면, 그러므로 클리마쿠스는 세계에 대한 역사적 확실성은 (경험적으로) 성취될 수 없는 것으로 이해했다.[68] 클렘페가 옳게 주장하고 있듯이, 클리마쿠스는 모든 과학적 활동을 포함한 인간의 반성은 영원성을 향한 인간의 정열(후설이 말하는 보편적 존재와 진리에 대한 감각)을 만족시킬 수 없다고 이해했다. 클렘페의 연구에 따르면, 과학적 이성은 영적인 일에 관

---

66 ────── Edmund Husserl, *Analyses Concerning Passive and Active Synthesis: Lectures of Transcendental Logic*, Collected Works, ed. Rudolf Bernet, trans. Anthony J. Steinbock (Dordrecht: Kluwer Academic Publishers, 2001), 31.

67 ────── Michale R. Michae, "Suspensions," 3, http://www.sorenkierkegaard.nl/artikelen/Engles/104.Kierkegaard–and–Husserl.pdf.(accessed March 15, 2010).

68 ────── E.D. Klemke, *Studies in Philosophy of Kierkegaard* (The Hague: Martinus Nijhoff, 1976), 3.

여하지 못한다는 것이 클리마쿠스의 입장이다. 과학적 이성은 세계의 사실들을 파악하는 데 적절한 도구이지, 주체성에 도달하기 위한 도구는 아니다. 따라서 클리마쿠스는 이성이 관념적인 것(영원성)을 추구하여 도달하는 데 어떻게 결격 사유가 있는지 보여주었다. 이보다 한 걸음 더 나아가 주체성을 통해서만 영원한 것에 대한 인간의 정열을 만족시킬 수 있다고 보았다. 그는 그 주체성에 도달하는 방법은 '탁월한 정열'이라는 방법을 통해서만 가능하다고 주장했는데, 이 탁월한 정열은 참된 신앙 또는 종교적 신앙의 다른 표현이다.

클리마쿠스에 따르면, 진리에 도달하려면 과학적 반성과 문화라는 객관 세계 너머에 존재하는 영적인 영원한 세계로 상승해야만 한다. 클리마쿠스는 세계에 대한 과학적 사유는 진리를 전유하는 데 한계가 있다고 보았기 때문에 영원성과 사유의 관계를 이렇게 묘사한다.

> 그렇다면 과연 이 알려지지 않은 것은 무엇인가? 그것은 사람이 끊임없이 다다르는 한계이며, 그것은 절대적으로 상이한 것, 사람이 식별할 수 있는 아무런 징표도 가지고 있지 않은 것이다. 절대적으로 상이한 것이라고 규정될 때 그것은 바야흐로 밝혀지는 것도 같다. 그러나 그렇지 않다. 왜냐하면 오성은 절대적으로 상이한 것을 결코 생각할 수 없기 때문이다. 따라서 오성은 자기 자신이 생각할 수 있는, 자기 자신에게 있는 차이성을 생각하게 되기 때문이다. 그리고 오성은 절대로 자기 자신을 넘어설 수 없다. 따라서 오성은 자기 자신을 초월할 수 없으며, 다만 이 알려지지 않은 것(신)은 자신보다 우월하고 숭고한 것이라고 생각할 수 있을 뿐이다.[69]

위의 인용문에서 "절대적으로 상이한 것"은 영원성을 가리킨다. 클리마쿠스에 따르면, 역사적으로 반성해 볼 때 이 세계는 불확실한 비-객관성으로 남는다. 클리마쿠스에 따르면, 비록 이성이 세계의 의미를 반성할 수는 있다 할지라도 이성은 초월론적 사유의 한계를 넘어갈 수는 없다. 이러한 인간 사유의 지평은 역사적인 것을 생각하는 데 한정된다. 그럼에도 불구하고 클리마쿠스는 만일 인간이 영원성을 원하고 경험하고자 한다면, 이러한 초월론적 사유의 지평을 실제로 넘어갈 수 있는 길이 있다고 선언한다. 영원성을 주체적으로 신앙함으로써 인간은 초월론적 사유의 한계를 극복할 수 있다. 클리마쿠스에 따르면, 역사적 사유나 객관적 사유는 고작해야 영원성의 감각 또는 개념에 대하여 한계가 있다.

후설과 클리마쿠스의 차이점

에드문트 후설과 클리마쿠스에 관하여 논의를 간략하게 요약하고자 한다. 먼저 후설과 클리마쿠스가 서로 만나는 지점을 주목하자.

첫째, 두 사상가는 초월적 진리에 대한 감각이 인간 안에 있다고 인정한다. 후설은 그것을 존재와 진리의 통일성에 대한 감각이라고 하였고, 클리마쿠스는 그것을 영원성에 대한 정열이라고 하였다. 두 사상가는 존재와 진리에 대한 통일성의 감각이든 영원성에 대한 정열이든, 이런 경험들을 충족하기 위해서는 초월론적 분석이 필요하다고 강조한다.

둘째, 두 사상가는 비슷한 방법론을 사용했다. 후설은 자연적 세계에 대한 판단중지 방법을, 클리마쿠스는 역사적 세계에 대한 중지의 방법을 사용하는 방식으로 초월적 진리의 형이상학적 가능성을 고찰했다.

그러나 두 사상가가 분기하는 지점이 있다. 후설은 객관적 경험의 세계로 돌아가서 인간의 주체성을 경험적인 것 안에 근거를 둔 반면, 클리마쿠스는 자연적 세계에서 비약하여 영원한 세계 속으로 들어간다. 다음으로 두 사상가가 수렴하는 부분과 차이점에 대하여 세 가지를 소개하고 간략히 설명하고자 한다.

먼저 후설의 사상을 살펴보자. 첫째, 대상에 대한 무전제적 지향성(intentionality)을 통하여 인간은 세계를 경험할 수 있다는 것이다. 이러한 세계 경험은 객관적 사유가 인간 사유 또는 의식에 대한 깊은 이해나 성취에 달려 있음을 보게 한다. 둘째, 지향성 개념은 인간 의식의 기본 본질로서 세계를 판단하고 환원하는 활동성이다.[70] 세계에 대한 객관적 경험을 통해서 경험되는 사유의 심층적인 이해는 독단적이며 자발적인 지향성으로 만들어진다. 명백하게도 이 지향성은 본질적으로 중립적인 발생이며, 구체적·역사적 의미가 없고 형이상학적 의미도 없다. 이 때문에 인간 의식에 대한 후설의 정의는 본질상

'속이는 것'(deceptive)이라 할 수 있다. 왜냐하면 후설의 의식 개념은 인간 주체성의 근원이 되는 초월적 타자를 가정할 뿐이지 실제 초월적 타자인 신을 가리키는 것은 아니기 때문이다. 한마디로 후설의 지향성 개념은 초월적 타자의 가능성에 집중하는 데 실패했다. 후설의 의식 개념은 초월의 가능성을 부인하면서도, 세계에 대한 주체적 경험을 통하여 마음의 경험적 구조를 정당화하기 위하여 초월을 가리키는 것이다. 셋째, 결과적으로 후설의 주체성 분석은 주체성(초월적인 것에 대한 주체적 경험)과 초월 사이에 틈새를 만들고 말았다.

이제 클리마쿠스의 사상을 요약하자. 첫째, 후설과는 반대로 클리마쿠스의 기독교적 견해에 따르면, 후설의 지향성에 해당하는 인간 의식 또는 정열의 관심은 존재 또는 영원한 실재(신)에 의해 형성된다. 클리마쿠스는 초월에 대한 형이상학적 경험에서 후설의 중립성 개념을 포기함으로써 인간 존재를 영원자의 현존과 관계하도록 하였다. 둘째, 따라서 기독교적 관점에서 보면 클리마쿠스의 주체성은 영원자의 존재가 진짜임을 의미한다. 후설에게서 영원자는 확신할 수 없는 임의의 설정이었다면 클리마쿠스는 영원자를 진짜 존재하는 것으로 보았다는 점에서 차이가 있다. 셋째, 인간 주체성에 대한 후설의 명료하지 않은 해결책과는 달리 클리마쿠스의 기독교 관점으로 본 주체성 개념은 중립적이 아니며 내용이 텅 빈 것도 아닌, 인간 주체와 영원한 주체가 진짜로 관계를 형성함으로써 참으로 영원한 실체를 얻을 수 있는 어떤 것이라는 특징이 있다. 클리마쿠스의 주체성 개념은 단지 실존으로 생성되는 모든 것과 관련된 인간의 지향성이라는 지성적 경험일 뿐만 아니라 심미적·도덕적·종교적 경험이기도 하다.

따라서 그 역동성을 가진 인간의 의식을 연구해 볼 때 기독교는 영원한 것의 실존을 경험적으로 증명해 주고 있다. 다시 말해, 클리마쿠스의 기독교적 관점에 따르면, 모든 역동적인 형태의 인간 의식은 예비적 형식으로 제시된다. 그는 모든 역동성 안에서 인간 의식의 인식론적 중요성은 신존재를 암묵적으로 가리키고 있다고 주장한다.

이번 장에서는 신앙과 이성의 관계와 문제의 본질적 속성을 논하기 위해 영원성을 사실적 존재이자 관념적 존재로 바라본 클리마쿠스의 기독교적 관점이 의미하는 바와 그것이 영원성에 대한 종교적 범주와 철학적 범주에 어떻게 부합하는지 살펴보았다. 기독교에 관한 클리마쿠스의 주장에 따르면, 세계에 대한 역사적 경험으로부터 종교적 경험으로의 급진적인 이행(비약)의 순간에 도달하지 않고서는 세계의 주체적 경험 속에서 영원성에 대한 온전한 지식을 얻을 수는 없다. 이 이행의 중심에 놓인 것은 무엇인가? 바로 절대적 역설이다. 3장에서 이 주제를 다룰 것이다.

3장

절대적 역설

신이 세상에 나타난 성육신의 역설

클리마쿠스는 시간 속에 영원성이 들어왔다는 비이성적인 주장 때문에 절대적 역설은 인간 이성에 모순된다고 주장했지만, 그 성육신의 역설에는 인간이 이해할 수 있는 객관적인 측면이 있음도 강조했다. 이를 규명하기 위하여 《부스러기》에 깔려 있는 절대적 역설의 합리성을 탐색하려 한다. 클리마쿠스는 인간에게 신의 성육신이라는 역설의 진리를 관념적으로 전유할 수 있는 이해 능력이 있다고 보았다. 이 말이 신-인 사건으로서의 그 역설을 절대적 확실성을 가지고 완벽하게 전유할 수 있다는 의미는 아니다. 왜냐하면 오직 신앙을 가진 자들만이 온전하게 그 역설을 자기 것으로 삼을 수 있기 때문이다. 그럼에도 불구하고 클리마쿠스가 《부스러기》에서 주장하는 핵심은 신이 인간 세상에 오셨다는 것은 진짜 사건이며, 역사적 실존 안에 있는 인간은 누구나 그 성육신 역설과의 관계성에 지성적으로 참여할 수 있다는 것이다. 따라서 역사적 실존을 가진 인간이 그 역설을 절대적으로 수용하는 데 실패한 원인은 그 역설을 이성적으로 이해할 수 없기 때문이 아니라 그 역설에 대항하여 논쟁관계에 있기 때문이다. 이 문제는 이미 2장에서 다루었다. 그 역설을 믿지 않는 것은 믿고 싶은 의향이 없기 때문이지, 그 역설의 주장이 진리가 아니기 때문이 아니다. 이것이 클리마쿠스의 입장임을 뒷받침하는 본문의 증거들을 제시하여 증명하고자 한다.

2장에서 클리마쿠스의 주체성을 살펴보았듯, 주체성이 종교적 의미를 갖는다고 주장했다. 주체적이라는 것은 영원한 진리와 내면적 관계를 맺는 것을 의미한다. 비록 영원한 진리를 완벽하게 전유하기 위해서는 역설에 대한 절대적 믿음이 필요함에도 불구하고, 그 절대적 믿음은 지성적인 측면을 가지고 있어서 그에 대한 인간의 사유가 가능하다는 것을 논의하려 한다.

클리마쿠스는 종교를 철학적 사유로부터 배제할 이유는 더 이상 없고 오히려 철학적 사유에 포함시켜야 한다고 느끼고 있다. 따라서 필자는 성육신 역설은 인지적인 측면을 가지고 있기 때문에 '시간 속의 영원성'[1]이라는 것이 무엇을 주장하는 것인지에 대한 이론적 평가를 수행할 수 있다고 주장한다.

《부스러기》에서 보았듯이, 클리마쿠스는 이성과 신앙의 개념은 각각 철학과 종교라는 다른 범주에 속하는 것이라고 소개한다.[2] 이 책의 5장과 6장에서는 이 사실에 더 초점을 두고 논의하였다. 《부스러기》에서 클리마쿠스는 기독교적 앎은 영원한 실체를 획득하는 반면, 철학적인 앎은 그 동일한 영원한 실체를 소유할 수 없는데, 왜냐하면 철학은 마음의 인지적 활동이지 신앙의 활동이 아니라고 보았기 때문이다. 이 영원한 실체는 신앙에 내포된 것으로서, 신자와 불신자를 분리시킨다. 그러므로 영원성에 대한 신앙은 철학에서 발견하는 진리의 추상적 의미만을 찾아내는 사유를 하는 자들과 단독자를 차별화시킨다.[3]

---

1 ──────── 예를 들어, 스티븐 에반스는 '철학의 부스러기'라는 특이한 제목 자체가 이 책이 "헤겔의 사변철학을 반박하는 내용임을 암시하고 있으며, 나아가 구체적으로 덴마크 신학계 내의 헤겔 추종자들을 논박하고 있음을" 암시하고 있다고 말한다. 에반스는 "헤겔 철학의 특징은 철학을 '체계적'으로 만듦으로써 철학을 '과학'의 수준으로 끌어올렸으며, 헤겔 담론의 세계에서 '철학', '체계' 그리고 '과학'은 비슷한 말이다"라고 주장한다. 그리고 그의 책을 '부스러기'라고 부름으로써 클리마쿠스는 "헤겔 철학에 반박하는 이 운동과 그 용법에 대한 그의 태도를 철저하고도 분명하게 밝혔다." Evans, *Fragments and Postscript*, 17-18. 《부스러기》가 헤겔의 사변철학에 반박하는 것임을 그레고르 말란츄크도 암시적으로 언급한다. 말란츄크는 클리마쿠스가 성육신 개념의 절대적 역설을 하나의 '형이상학적 광상'이라고 부른 것은 아마도 "클리마쿠스가 헤겔 철학을 마음에 두었던 것이다. 왜냐하면 헤겔은 성육신의 주제를 사변적인 방법으로 명료화하려고 시도한 결과로 자기와 현실 사이에 괴리가 발생했기 때문이다"라고 하였다. Gregor Malantschuk, *Kierkegaard's Concept of Existence*, trans. Howard V. Hong and Edna H. Hong (Milwaukee: Marquette University Press, 2003), 221.

2 ──────── "영원한 의식에 대한 역사적 출발점이 있을 수 있는가? 이러한 출발점이 어떻게 단순히 '역사적 관심' 이상을 일으킬 수 있는가? 사람은 역사적 지식 위에 영원한 행복을 세울 수 있는가?" Kierkegaard, *Fragments*, 1.

3 ──────── 진리의 다른 의미들에 대하여서는 Henk. M. Vroom, *Religions and the Truth: Philosophical reflections and Perspectives* (Grand Rapids: William. B. Eerdmans Publishing Co., 1989), 307-320을 보라.

헨드릭 브룸(Hendrik M. Vroom)에 따르면, 기독교의 신 개념은 추론하고 규명하는 헬라적 지식의 전통과 서로 맞지 않는다. 브룸은 대개 종교적 인식론에서 종교적 통찰은 인식적·도덕적인 측면을 가지면서 감정/기분과 뒤섞여 있다고 진술한다. 그는 사람들은 영적인 통찰을 자기 것으로 만들기 위해서 패러다임의 전환을 경험해야만 하고, 경험적-물질적 세계와는 다른 측면의 세계에 개방되어야만 한다고 주장했다.

브룸은 소위 서구 철학으로 불리는 헬라적 전통이 철학적 분석을 통하여 인지적 요소를 추론해 내고, 개인의 참여나 변화의 요소가 없이도 그 인지적 요소만으로 진리 문제에 대한 객관적 해결책을 제시할 수 있다고 보았다고 지적한다. 브라만(Brahman, 우주 작용의 근본 원리), 공(空) 사상(shunyata, 텅 빔), 또는 야훼 등으로 부르는 영원성 또는 신성에 대한 종교적 관념은 합리철학과 무신론 비판이 말하는 고전적 신 개념과 차이가 있다. 브룸은 전자는 영적인 실천으로 연결되어 있지만, 후자에서의 종교적 용어의 의미의 개념적 분석은 원래 고전 본문과 의례가 가리키고 있는 원천인 실체와 분리되고 말았다고 지적했다. 또한 브룸은 종교에서 진리를 참되게 알아가는 과정에서 나타나는 장애물에 대해서는 "좀 더 깊은 이해를 위해서 이겨 나가야만 한다"고 말하며, 이것이 가장 고전적인 종교적 인식론의 특징이라고 말했다.[4] 이 분석을 수용할 때 종교는 합리 철학의 분석에서 발견할 수 있는 것보다 진리에 대한 훨씬 더 심오하고 특별한 의미를 내포하고 있다고 결론내릴 수 있다.

종교와 철학은 차이가 있으며, 진리에 대하여 다른 의미를 가진다고 한 브룸의 분석에 동의하면서, '그렇다면 합리적 앎과 종교적 앎 사이에 아무런 연관이 없다고 결론을 내려야 한단 말인가?'라는 질문을 던지게 된다. 두 종류의 앎 사이에 연관성이 있다는 것이 필자의 대답이다. 다시 말해, 일반적으로 말해서 영원성, 구체적으로 말해서 성육신 역설과 인간의 앎 사이에는 어떤 연결점이 있다.

《부스러기》의 '3장 절대적 역설'에서 클리마쿠스는 신-인의 성육신 사건이라는 역설의 인지적 개념을 두 가지 전제를 사용하여 설명한다. 첫 번째는 신-인의 성육신 사건이라는 역설을 적절하게 분별하기 위한 관념적 접근은 성육신의 진리 주장을 절대적으로 전유하는 데는 실패했다는 전제이다. 두 번째는 신-인 사건의 관념적 접근은 진리를 추구하고자 하는 결단에 결코 도달할 수 없다는 전제이다. 그 이유는 성육신 역설에 대한 관념적 접근만으로는 역설의 실재를 절대적으로 전제하지 못하기 때문이라고 설명한다.

그러나 이렇게 주장한다고 해서 클리마쿠스가 성육신 역설과 인간의 앎 사이에 존재하는 연결점을 배격하는 것은 아니다. 오히려 그 반대이다. 진짜 사건으로서의 성육신 역설을 객관적 또는 관념적으로 전유할 수 있는 타당성을 증명하고자 이렇게 주장하는 것이 분명하다.

클리마쿠스는 인간 오성은 미지의 것인 영원성에 지속적으로 도달하려고 시도하지만 그 미지의 것인 영원성과 충돌하는 하나의 역설적 정열이며, 따라서 영원성의 실존을 증명할 수 없다고 주장한 후, 그럼에도 불구하고 이 미지의 것(영원성)은 오성에게 자신을 나타낸다고 주장한다. 왜냐하면 이 미지의 것의 존재가 직접적이고 즉각적인 증거를 제시하는 방식으로 그 자신을 나타내지는 않기 때문에 비록 오성이 미지의 것(영원성)의 실존을 증명할 수는 없을지라도, 오성은 미지의 것의 실존을 관념적으로 전제하거나 믿기 때문이다. 이 미지의 것, 영원성 또는 성육신 역설은 오성에게 자신을 나타내는데, 왜냐하면 오성이 이미 그 미지의 것을 전제하고 그 미지의 것을 추구하고 있기 때문이다.

이런 면을 밝히려고 《부스러기》에서 제시하는 것이 돌을 증명하는 사례이다. 보이는 어떤 물건이 돌임을 증명하려면, 그 물건이 돌이라는 사실을 관념적으로 믿거나 전제해야만 한다. "나는 결코 결론에서 존재를 추론하지 않고, 다만 존재로부터 결론을 추론한다. 예를 들어, 나는 돌이 존재한다는 것을 증명하는 것이 아니라 존재하는 그 무엇이 돌이라는 것을 증명한다."[5] 같은 본문에서 비슷한 사례가 나온다. "법정은 한 범죄자가 존재하는 것을 증명하는 것이 아니라 거기에 정말로 존재하는 피고가 범죄자라는 것을 증명한다."[6] 클리마쿠스의 요지는 우리가 어떤 대상이나 어떤 사람을 특정 대상이나 특정 사람으로 알아볼 수 있는 것은 우리가 바라보는 것에 대한 어떤 개념이나 이해를 이미 가지고 있기 때문이라는 것이다. 이와 동일하게 진리를 추구할 때 추구하는 진리에 대한 '선험적' 개념이나 지식을 가지고 있기에 그 진리를 추구하는 것이다. 만일 진리에 대한 선험적 이해가 없었더라면, 우리는 소크라테스의 동어

---

5 ——— Kierkegaard, *Fragments*, 40.

6 ——— 위의 책, 40.

반복의 희생물로 전락할 것이다. 소크라테스의 동어반복이란 사람이 이미 알고 있는 것은 추구하지 않을 것이고, 자기가 아직 모르고 있는 것도 추구하지 않을 것이라는 것이다. 왜냐하면 자기가 알고 있는 것은 이미 알고 있으므로 그것을 추구하는 일이 없을 것이고, 또 자기가 아직 모르고 있는 것은 무엇을 추구해야 할지 모르기 때문에 그것을 추구하는 일이 없을 것이기 때문이다. 결론적으로, 소크라테스와 기독교 모두는 인간은 진리에 대한 선험적 지식이 있기 때문에 진리를 추구한다고 말한다.

클리마쿠스는 《부스러기》의 서두에서 소크라테스의 말을 인용해서 인간은 창조자에 대한 어떤 개념이나 지식 또는 이해를 가지고 살아간다는 것을 보여주었다. 비록 인간이 죄를 지은 결과로 진리를 아는 조건을 박탈당했음에도 불구하고, 인간은 진리 바깥에 있지 않고 진리는 여전히 인간 안에 존재한다고 주장한다. 여기서 클리마쿠스는 소크라테스의 상기 원리를 예로 사용하면서, 기독교도 상기 원리와 같이 인간은 진리를 의식할 수 있다는 같은 진리를 가지고 있다는 유비적인 주장을 펼친다. 돌에 대한 증명과 법정에서 범죄자를 증명하는 것은 우리가 그것들에 대한 개념이나 이해를 이미 가지고 있을 때에만 가능하다. 영원자의 존재 또는 성육신 역설을 증명할 수 있단 말인가? 절대적인 의미에서 답을 하자면, 증명할 수 없다. 왜냐하면 클리마쿠스에 따르면, 영원성에 대한 믿음은 독특하게 기독교적 관점인데, 믿음이라는 고차원적인 앎의 방식을 요구하기 때문이다. 필자가 주장했다시피, 인간의 역사적 실존 안에서 이미 인간은 영원성을 관념적으로 전유하는 이해를 소유하고 있다는 의미이다. 클리마쿠스에 따르면, 기독교의 주장은 인간이 진리 바깥에 있지 않다, 즉 인간은 진리를 언제나 의식하고 있다는 것이다. 왜냐하면 기독교에서 이 진리는 영원히 거룩한 분이기 때문이다. 클리마쿠스는 그는 세계를 창조했고 그는 자신이 창조한 세계를 구속하기(redeem) 위하여 역사 속으로 들어온 영원한 신적인 존재이며, 우리 모두가 역사적 실존 안에서 의식하는 바로 그 존재라고 주장한다. 그러므로 필자는 영원성에 대하여 인간이 알 만한 객관성을 클리마쿠스가 입증하고 있다고 주장하는 바이다. 클리마쿠스의 견해에 따르면, 우리 모두는 역사적 실존의 양상 안에서 신에 대한 특정한 전이해를 가지고 살아간다.

클리마쿠스는 다른 예를 제시한다. 만일 어떤 위대한 군주가 어떤 특별한 과업을 수행했다는 것을 믿거나 전제하지 않는다면, 그 과업을 수행한 사람이 그 군주라고 증명할 수 없다는 것이다. 논지는 간단하다. 그 과업을 수행한 그 사람이 실제로 존재한다는 것을 우선 믿지 않고서는, 개인과 개인의 행위 사이에 어떤 상관성도 결코 찾을 수 없다. 만일 어떤 예술가가 결코 생존하지 않았더라면, 어떤 그림이 그 화가의 작품임을 증명하는 것이 가능하겠는가? 예를 들어, 앤디 워홀(Andy Warhol)이 생존했던 인물임을 의심한다면, 그 유명한 마릴린 먼로의 초상화를 앤디 워홀이 그렸다고 말할 수 있는가? 만일 키르케고르가 생존하지 않았다면, 어떻게 《부스러기》를 그의 작품으로 여길 수 있는가? 클리마쿠스는 나폴레옹의 예를 든다.

> **만일 어떤 사람이 나폴레옹의 행위로부터 나폴레옹의 실존을 증명하려고 한다면 이것이야말로 가장 이상한 일이 아닐까? 왜냐하면 실존은 물론 그의 행위를 설명하겠지만, 그의 행위는 그의 존재를 증명하지 못하기 때문이다. 내가 "그의"라는 말로 그가 이미 존재한다고 가정하지 않는다면 말이다. … 만일 내가 그 행위를 나폴레옹의 행위라고 부른다면 그런 증명은 쓸데없는 짓이다. 나는 이미 여기서 나폴레옹이라는 그의 이름을 불렀으니까. 그러나 만약 내가 나폴레옹이라는 이름을 모르고 있다면 나는 그 행위가 나폴레옹의 행위라는 것을 절대로 증명할 수 없으며, 오직 (순전히 관념적으로) 그러한 행위가 어느 위대한 장군의 행위라고 하는 따위의 증명밖에 못할 것이다.[7]**

필자는 신존재에 대한 모든 철학적 주장에는 그러한 존재가 진짜로 존재한다는 '선험적' 이해가 포함되어 있다는 것이 클리마쿠스의 견해라고 주장한다. 철학자들이 오로지 논리적 추론을 통하여 신이 존재한다는 최종 결론에 도달할 수 있을까 하는 물음은 별개의 문제인데, 클리마쿠스의 대답은 필연적으로 "도달할 수 없다"는 것이다. 클리마쿠스에 관하여 두 가지 사실을 기억해야 한다고 말한 로버트 퍼킨스(Robert Perkins)의 지적은 옳다. 첫째, 클리마쿠스는 신존재에 대한 모든 이성적이고 합리적 증거들은 "논리적으로 반박할 여지가 있음"을 발견했다. 퍼킨스는 이를 뒷받침하고자, "(만일) 신이 존재하지 않

는다면, 신을 증명하는 것은 불가능할 것이다"[8]라는 클리마쿠스의 말을 인용한다. 클리마쿠스는 어떤 위인과 그 위인의 업적이 관련 있다는 증거는 그 위인이 존재한다는 것을 증명할 증거에 달려 있다고 주장한다. 그러므로 만일 신이 존재한다면 신자들의 신앙은 정당성을 얻게 되지만, 그들은 신존재에 대한 구체적 증거를 제시할 수는 없다. 다시 말해서, 창조세계를 통해서 신이 존재한다는 것을 먼저 믿지 않고서는 합리적이고 객관적인 철학으로 시도한 모든 철학의 신존재 증명은 사변적일뿐이지, 신존재의 절대성에 도달하지는 못한다는 것이다.

둘째, 클리마쿠스는 신존재의 합리적 증거라는 것들 역시 "종교적으로 반박할 여지가 있음"을 발견했다. 퍼킨스는 "신존재를 증명하려 한다면, 증명을 시도하는 그 사람 자신이 얼마나 현명한 사람인가를 증명할 뿐이다"라고 말한 클리마쿠스의 주장은 신존재를 관념적으로 증명할 수 있다는 생각을 반박하려는 일종의 수사학이라고 설명한다. 그러한 철학의 신존재 증명은 우리가 신존재를 증명하는 것이라고 지각하는 유한하며 역사적인 현실들을 넘어서지는 못한다. 그러한 신존재 증명들은 신의 행위의 총합을 추론하지 못하는 역사적인 데이터일 뿐이다. 신존재를 절대적으로 증명하는 것은 어떤 이론적 가정이 아니라 오히려 구체적 믿음이다. 왜냐하면 신존재에 대한 모든 이성적인 논쟁들은 단순히 절대적인 증거를 제공하지 못하기 때문에, 비록 그들이 신의 존재를 의식한다고 할지라도 논점을 교묘히 피해 갈 뿐이다. 이 문제에 대한 클리마쿠스의 설명을 들어보자.

> 그것으로부터 신의 존재를 증명하려고 하는 행위는 직접적으로 전혀 존재하지 않는다. 아니면, 자연에서의 신의 지혜 그리고 통치 안에서의 신의 선하심과 지혜는 아주 자명한 것이 아닌가? 여기서야말로 가장 무서운 시련에 부딪치는 것이 아닐까? 또 이 모든 유혹을 끝까지 이긴다는 것은 불가능한 일이 아닐까? 그러나 나는 이러한 사물의 질서로부터 신의 존재를 증명하지는 않을 것이다. 그리고 비록 내가 그것을 시작한다 해도 결코 끝내지 못할 것이다. … 그러면 내가 그것으로부터 신의 존재를 증명하는 행위는 어떠한 행위일까? 그것은 관념적으로 생각된 행위이다. 곧 직접적으

8 ——— Robert Perkins, *Søren Kierkegaard* (Atlanta: John Knox Press, 1976), 14.

로는 나타나지 않는 그러한 행위이다. … 나는 증명을 시작할 때에 관념성을 전제로 했던 것이며, 그나마 관념성을 관철하는 데 성공할 것을 전제로 했던 것이다. 그러나 이것은 신이 존재하고 있다는 것을 전제로 한 것과 무엇이 다를까? 그러니 내가 시작한다는 것은 처음부터 신에 대한 신뢰가 있기 때문인 것이다.[9]

달리 표현하자면, 신존재에 대한 모든 합리적 주장들은 증명되지 않은 명제로 남아 있다. 예를 들면, 무수하게 존재하는 은하계들을 증거로 제시하는 우주론적 증명이나 인간 안에 존재하는 진리를 탐구하는 열렬한 정열을 증거로 제시하는 합목적론적 증명 등은 객관적인 증거를 제시하지 못하기 때문에 단지 증명되지 않은 명제로 남는다. 신존재에 대한 모든 철학적 탐구는 분명한 난제에 봉착하는데, 왜냐하면 애초에 증명하고자 시도했던 신이 존재한다는 절대적 증거에 도달하는 데 실패하기 때문이다. 그러나 클리마쿠스가 여기서 진짜 주장하고 싶은 속내는 이처럼 철학적 탐구를 계속한다는 것 자체가 신이 참으로 존재한다는 관념적 가정에 기초하고 있기 때문이라는 것이다. 다음으로는 성육신 역설의 객관성에 대하여 논의할 것이다. 우리의 의도는 《부스러기》에서 논의되었던, 성육신 역설에는 인간이 알 만하도록 하는 객관적 측면이 있음을 살펴보는 것이다. 이를 위하여 본문에서 우리의 주장을 뒷받침할 만한 증거들을 언급하면서 제시할 것이다.

성육신 역설의 객관성

주지하는 바와 같이, 《부스러기》에서 논의된 핵심 문제는 종교와 철학에서의 초월 또는 영원성에 대한 물음이다. 클리마쿠스는 영원성에 관하여 종교적 앎과 철학적 앎이 서로 차이가 있다고 본다. 그렇다고 철학적 앎은 틀리고 종교적 앎은 옳다는 일방적인 주장을 하려는 것이 아니다. 따라서 클리마쿠스의 의도는 신앙과 이성의 차이에 주목할 뿐 아니라 영원성을 객관적으로 더듬어 알 수 있다고 하는 이성의 능력에 주목하는 것이다.

우선 신앙과 이성 사이의 차이점을 살펴보자. 키르케고르 학자 헤르

만 디엠(Herman Diem)의 종교적 관점에 따르면, 진리를 아는 데 있어서 철학의
문제는 오로지 역사적 이성의 능력에만 의존한다는 것이다. 디엠은 결과적으
로, 철학은 초월의 가능성에 대하여 개방적이기보다는 스스로 역사적 영역에
갇혀 있다고 주장한다.[10] 그에 따르면, 인간의 역사적 이성은 기독교 안에서 초
월계로 진입하여 영원한 진리를 발견한다. 기독교에서 인간은 인간 역사 안에
일어난 가장 충격적인 사건, 즉 신이 세계 내에 오심을 믿음으로써 초월적 존재,
즉 신의 세계로 들어가게 된다.

디엠이 따르면, 문제는 인간의 역사적 지성이 이 절대적 역설을 논리
적으로 불합리하고 모순된 것으로 여겨서 그것을 거부하는 것이다. 인간의 지
성은 절대적 역설을 받아들이지 못하고 거부한다.[11] 디엠의 표현을 빌자면, "영
원한 진리가 시간 안에 들어왔으며, 신이 역사의 장소에 등장했고" 그는 "태어
났으며, 성장했으며 등등 … 그래서 그는 다른 인간과 구별되지 않고 완전히 똑
같이 된"[12] 그 절대적 역설을 인간의 지성은 불합리하고 모순된 것으로 보았다.
그러므로 디엠은 신이 역사 가운데 오셨다는 교설은 역사적 지성에게는 최고
의 집중과 장엄함을 지닌 불합리이자 모순으로 여겨지기 때문에, 이성적으로
우리의 사유에 동화될 수 없는 이 사건을 논리적으로 환영할 수는 없다고 말
한다.

디엠이 제대로 지적하듯이 그 역설에 대한 클리마쿠스의 견해에 따르
면, 그 역설은 역사적 인간의 사고와 역설 자신을 무한하게 분리시키기 때문에
그 성육신 사건에 대하여 "참으로 확실한 것을 획득하려는" 모든 인본적 시도
를 용납하지 않는다.[13] 디엠에 따르면, 클리마쿠스는 세계 가운데 오신 신의 출
현이라는 주제를 고심하기 위해서는 결단의 변증법[14]을 논의에 포함시켜야 한
다고 주장한다. 이 말은 클리마쿠스의 사상, 즉 영원성에 대한 인간의 영원한
종교적 관계를 표현하는 것이다. 영원한 종교적 관계란 불신앙에서 믿음으로
역설을 새롭게 이해하는 것이다. 신이 세상에 오신 역설은 다른 일반 사건과 비
교할 수 없는 탁월함이 있기 때문에, 그 역설의 특별한 정체를 밝히기 위해서
는 새로운 성찰의 방법이 필요하다. 클리마쿠스에 따르면, 우리는 시간-내-신

10 ——— Diem, *Kierkegaard's Dialectic*, 60.
11 ——— 위의 쪽.
12 ——— 위의 쪽.
13 ——— 위의 쪽.

의 역설에 대한 색다른 성찰이 가능하게 하기 위해서 역사적 사유의 한계 밖에서 이 '주목할 만한 사건'을 고찰해야만 한다. 디엠은 "역사적 [성육신]은 즉각적으로 감각하고 인식할 수 있는 역사성이 될 수 없다는 말은 유효하다"고 말한다.[15] 여기서 필요한 것은 평범한 대상을 이해하는 일반 방식과는 차별화시킨 방식으로 절대적 역설을 이해하는 방법을 찾아내야만 한다는 것이다.

그러면 신이 시간 내에 들어온 역설을 다른 일반 대상과 차별화시킨한 가지 방법은, 클리마쿠스가 '탁월한' 방법이라고 부른, 그 역설에 대한 참 신앙을 가리킨다. 참 신앙은 일반 신앙과는 달리 성육신 사건의 불확실성에서 확실성으로 움직일 수 있게 해준다. 클리마쿠스에 따르면, 참 신앙은 시간 속의신이라는 역설을 해결할 수 있는데, 왜냐하면 참 신앙은 그 역설에 대하여 충만한 확신으로 응답하기 때문이다.[16] 달리 말해서, 그 역설에 신앙으로 응답함으로써 역사적 이성의 지배 아래 있을 때 경험했던 끊임없는 충돌을 해결하게된다. 결단의 변증법 안에서 시간 내 신의 역사적 계시로서의 역설을 충분히믿게 된다. 결단의 변증법은 역설의 영원한-역사적 구조가 지닌 당혹스러움을 초월하는 방법으로써 그 역설이 지닌 논리적 모순의 문제를 해결하게 되고,따라서 마침내 역설이 역사적으로 발생한 사건이라는 이해에 도달하게 된다.

그러나 이미 주장했다시피, 클리마쿠스는 인간이 영원을 아는 것, 구체적으로는 인간의 앎과 역설 사이에는 분명한 상관관계가 있다고 믿는다. 그는 인간의 앎과 영원성 사이에 상관성이 있을 때에만 그 역설을 알거나 믿을 수있다고 주장한다. 어떤 대상에 대한 개념은 속일 수가 없다는 것이 클리마쿠스의 견해임을 2장에서 주장하였다(데카르트의 방식을 보라). 이것이 의미하는 바는,

---

14 ———— 헤르만 디엠의 '실존 변증법'에서 빌려온 용어이다. 여기서 클리마쿠스에게 적용하여 언급하는 '결단'이라는 말은 어떤 '타자'로부터 벗어난 순전한 자유를 의미하지 않는다. 예를 들어, 그것은 예컨대 우리가 장 폴 샤르트르의 실존철학에서 발견하는 의미와는 다르다. 샤르트르의 실존철학에서 사람의 존재 방식의 근본적인 목적이나 선택은 실존하는 속에서 행동으로 옮겨지고 그리고 세계와 관계하는 것이지, 자아와세계의 분리된 어떤 상태가 아니다. Betty Cannon, *Sartre & Psychoanalysis: An Existential Challenge to Clinical Metatheory* (Lawrence: University Press of Kansas, 1991), 4를 보라. 오히려 이 결단 개념은아우구스티누스의 자유개념과 가깝다. 아우구스티누스의 자유개념은 자유가 개인 실존의 타당한 구성요소라는 사실임에도 불구하고, 그것은 궁극적으로 개인의 모든 선택과 행동을 섭리하는 좀 더 높은 하나님의 자유나 의지에 비하여 상대적이고 열등한 것이다. Augustine, "Freedom of Will," *The Experience of Philosophy*, ed. Daniel Kolak and Raymond Martine (New York: Oxford University Press, 2006), 150을 보라. 자유와 신적 속성에 대한 필자의 논의에 대하여는 5장 '신앙의 비약'과 '의지' 항목을 보라.

15 ———— 위의 책.

16 ———— 위의 책.

어떤 대상을 감지할 때(예컨대 별, 역설 등), 그 대상의 실재가 감각이나 인식을 통해서 객관적으로 우리에게 드러난다는 것이다. 역설에 관한 것도 마찬가지로, 우리가 아는 것과 역설 사이에는 상관관계가 있어야만 한다. 즉 객관적인 관점으로 볼 때, 어떤 대상을 이해하는 것과 마찬가지로 성육신 역설도 인간 사유 속에서 역사적으로 전유(appropriation)해야만 받아들일 수 있게 된다는 것이다. 그 역설을 이해하기 위해서는 그 성육신 사건이 어떤 역사적 특징을 지닌 역사적인 실제 사건으로서 객관적으로 평가되어야만 한다.

일반적으로 말해서, 철학에는 변증법적으로 초월을 사유하는 두 가지 방법, 즉 경험적 사유와 관념적 사유가 있다. 이어서 영원한 것을 사유하는 두 방법을 살펴보려 한다. 초월을 변증법적으로 사유하는 두 방식을 살펴봄으로써, 앎과 그 앎의 대상인 초월 사이에 상관관계가 있음을 밝힐 것이다.

경험 변증법과 관념 변증법의 철학

첫째로, 경험 변증법은 과학적 방법으로 초월을 아는 역사적 마음이라고 정의 내릴 수 있다. 경험 변증법은 초월의 개념을 현실에 대한 지각의 일부로 정의 내린다. 경험 변증법에서는 형이상학이나 종교에서 주장하는 의미의 초월은 없는 것으로 이해한다. 경험 변증법의 영역에서는 초월의 관념을 세계에 대한 물리적 경험의 일부로 다루고 있다. 그래서 초월 경험에 대한 어떤 형이상학이나 종교적 설명을 필요로 하지 않는다.

둘째로, 관념 변증법은 진짜 '관념성', 진짜 개념으로 초월을 상상한다고 할 수 있다. 관념 변증법은 초월에 대한 형이상학적 성찰이며, 초월에 대한 개인의 개념이나 이해에 상응하는 관념적 특성을 밝혀 낼 수 있다.

클리마쿠스의 관점에서 보자면, 초월을 사유하는 역사적인 두 가지 사유 방법을 언급하는 목적은 변증법에 참여한다는 사실 자체가 이미 그 변증법에 참여하기 이전에 영원한 존재에 대한 어떤 전제를 가지고 있음을 말하려는 의도에서이다. 심지어 초월에 관한 경험적 성찰이나 관념적 성찰, 어느 방법도 엄격한 의미에서 믿음의 최종 해결책에 도달할 수는 없다. 왜냐하면 초월을 이해하는 최종 해결책은 신앙을 통해서만 가능하기 때문이다.

경험 변증법은 시간-내-신의 역설에 관한 최종 해결책을 성취하는 데 실패한다. 왜냐하면 역사 속에 오신 신이라는 역설을 보려면, 인간이 그것을 믿을 것을 요청하기 때문이다. 기독교적 관점에서 보자면, 역설에 대한 관념 변증법은 성육신 사건의 진리에 관한 최종 답변에 도달할 수 없다. 왜냐하면 관념 변증법은 경험 변증법보다 더 높은 성찰적 태도를 가졌지만, 관념 변증법은 역사성을 넘어서 성육신 사건의 실재를 전유할 능력이 결여되어 있기 때문이다. 그리하여 역사적 변증법의 두 방법 모두 주체적으로 진리로 받아들이는 초월에 대한 해답을 성취하는 데 실패하였다. 그러나 여기서 클리마쿠스의 관점은 초월을 성찰하는 경험 변증법과 관념 변증법의 방법으로 초월의 관념성을 생각해 볼 수 있다는 점이다. 여기서 경험 변증법과 관념 변증법 사이의 유일한 차이점은 개인의 관심사에 맞게 인상과 감각적 경험과 판단으로 초월에 접근하느냐, 아니면 사변적 가능성을 통해서 초월에 접근하는 형이상학의 방법으로 접근하느냐이다. 만일 경험주의자라면 초월을 세계의 일부인 경험적 현실로 해석할 것이다. 관념론자라면 초월 개념을 관념적 전유나 이해의 어떤 대상으로 설명하기 위해서 관념적이거나 형이상학적으로 접근할 것이다. 클리마쿠스는 초월에 대한 이 두 접근법 중 관념적 접근을 선택했는데, 그 이유는 관념적 성찰이 경험적 성찰보다 좀 더 초월에 근접할 수 있기 때문이다. 그럼에도 불구하고 초월을 해석하기 위한 관념적 접근법과 경험적 접근법은 지성의 자연적 개념을 사용하여 역사적인 추구를 하는 것이기 때문에, 이 두 방법 모두는 인간 사유의 역사적 경계선을 넘어서 성육신의 역설을 이해하는 데 성공하지는 못한다.

> **직접적으로 역사적인 것(절대적 역설)에 관하여, 그 역설은 직접적인 지각이나 인식에 대해서는 그것은 역사적인 것이 될 수 없다는 것이다. 그러나 역사적 사실(신이 세상에 왔다고 하는 내용)에는 특별한 사정이 있다. 왜냐하면 그것은 직접적인 역사적 사실이 아니라 자기모순에 터를 둔 사실이기 때문이다.[17]**

이러한 이유 때문에 절대적 역설은 경험적 성찰이나 관념적 성찰에 스스로를 나타내지는 않는다. 다시 말해서, 세상에 오신 신의 역설은 경험적 성찰이나 형이상학적 성찰 방법으로 충분하게 이해될 수 없다. 결국, 절대적 역

---

17 —— Kierkegaard, *Fragments*, 87.

설은 신앙을 필요로 한다.

시간 내의 역설에 대하여 생각할 때, 인간은 그 역설의 불합리성에 당황한다. 왜냐하면 인간은 그 성육신 사건의 논리적인 불합리성만을 볼 뿐이기 때문이다. 나무, 사람, 시간 등과 같은 역사적 사물들을 감지하는 경우에, 인간은 이러한 사물들에 대한 의미를 역사적으로 얻을 수 있다. 그러나 절대적 역설에는 한 가지 문제가 있는데, 역설의 외계적인 현실을 파악하는 직접적 수단이 없다는 것이다. 그 역설은 어떻게 그 자신이 존재하게 되었는지에 대한 결정적이고 고정된 단계와 배경을 제시하지 않는다. 다시 말해서, 자연 세계 안에는 그 역설과 같은 어떠한 역사적 전례도 없다. 그 역설은 자연적 기원에 속할 수 없다는 뜻이다. 그러나 우리는 인간이 어떤 사물에 대한 형이상학적 판단을 내릴 때, 그 사물을 지각하는 인간이 어떤 특질을 밝혀내게 된다는 견해에 친숙하다. 바로 이게 클리마쿠스가 주장하는 것이다. 비록 그 역설이 진짜 발생한 사건이라고 충분히 전유하기에는 인간의 지성의 능력을 초월하는 사건이라 할지라도, 클리마쿠스가 주장하는 것은 그래도 그 역설은 인간이 역사적으로나 지성적으로 전유할 수 있도록 하는 객관적인 측면을 가지고 있다는 것이다.

이 시점에서 클리마쿠스에게 역설의 문제는 그 역설이 진짜냐 아니냐의 문제가 아니라, 과연 인간 오성이 역설이라는 '주목할 만한 주장'을 이해하고 수용할 수 있느냐 하는 것이다. 클리마쿠스는 "그렇다, 수용할 수 있다"고 답한다. 클리마쿠스의 입장은 이렇다. 비록 인간의 역사적 오성은 비역사적·초월적 질서의 속성을 충분히 이해할 준비가 되어 있지 않다고 하더라도, 진리는 인간 지식의 범위 밖에 있는 것이 아니기 때문에 계시를 통하여 성육신 사건을 전유할 수 있다! 절대적 역설의 문제에 관한 클리마쿠스의 최종 결론은 역사적인 관점에서 바라볼 때 생기는 역설의 문제를 풀기 위해서는, 즉 역설을 제대로 이해하려면 영원이라는 외부적 관점을 필요로 한다는 것이다. 앞의 논의에서 보았듯이, 그 역설에 대한 클리마쿠스의 해결책은 역설을 이성으로 이해할 수 없는 사건이라고 여기는 역사적인 접근법을 탈피하는 것이다. 철학적 사유의 한계와 유한성을 의식하면서 클리마쿠스가 선언하는 바는 영원한 역설에 대한 참된 지식에 도달할 수 없는 역사적 방법으로 접근하는 경험적 전유나 관념적 전유의 도식을 반대한다는 것이며, 기독교가 독특하게 제시하는 해결책은 역설을 고차원적·초월적 관점에서 바라봐야만 한다는 것이다.

문제는 인간 지성이 그 역설을 믿을 수 없다는 것이다. 인간 지성은 역사계 안에서 사고의 한계에 갇혀 있는 시간 안에서의 사유일 뿐이다. 클리마쿠스는 우리의 역사적 이성은 '부정의 방법'(via negationis)이든 '탁월의 방법'(vis eminentias)이든 "이 한계를 넘어서 감히 돌격해 갈 수 없다"고 말한다.[18] 역사적 이성은 역설의 당혹스러움의 문제를 해결할 수 없음을 의미한다. 오성이 그 역설과 충돌한다고 할 때, 두 가지 의미를 지닌다. 첫째, 진리에 대한 소크라테스적 상상력은 산산이 부수어졌음을 의미한다. 다시 말해서, 상기라는 역사적 과정을 거쳐서 진리를 발견할 수 있다는 생각은 더 이상 신빙성이 없다. 둘째, 역설을 이해하는 다른 접근법, 즉 신앙의 관점에서 역설을 이해하는 방법이 필요하다는 것을 의미한다. 다시 말해서, 역설은 초월적 신앙의 대상으로 이해되어야만 하며, 이 신앙의 방법은 다른 모든 접근법과 구별되는 것이다. 헤르만 도이서(Hermann Deuser)의 표현을 빌자면, 그 역설은 "영원자가 시간 속에 왔다는 논쟁적인 기독론"이며, 역설은 그 자체로 "다른 모든 접근법들과 구별된다. 현대 '기독교 국가'의 종교적·사회적 접근법과도 구별되고, 역사적·사변적 학문으로서의 신학이라는 지적인 유행과도 구별된다."[19] 그러므로 역설은 당혹스러워하는 역사적 지성에게 해결책을 제공해야만 한다. 그 해결책은 무엇인가? 바로 신앙이다!

그러나 클리마쿠스의 이성 분석에 따르면, 어느 시점에서는 성육신 역설을 이성이 객관적으로 전유할 수 있음을 배제하지 않는다는 점이다. 계속 주장하듯이, 클리마쿠스는 인간의 앎과 성육신 역설 사이에는 이론적 연결점이 있다고 믿는다. 그래서 신이 시간 안에 왔다는 그 주장을 역사에서 일어난 사건들을 듣고 이해하는 것을 통해서 믿을 수 있다는 것이다. 예를 들어, 클리마쿠스는 구약의 예언이 성취된 사건이나 기적이나 증언들을 통해서 신이 역사 속에 왔음을 믿을 수 있다고 본다. 클리마쿠스는《부스러기》에서 주장한 역설의 객관성을 더욱 강화하기 위하여 진리를 정열적으로 추구하는 인간 실존의 조건의 심오함을 주장한다.

클리마쿠스에 따르면, 관념과 개념이 인간 사유에 분명히 내재하기 때문에, 그리고 지각과 이해 등을 거쳐서 세계에 대한 특정한 진리들을 계시

18 —— 위의 책, 67.
19 —— Hermann Deuser, "Religious Dialectics and Christology," *The Cambridge Companion to Kierkegaard*, ed. Alastair Hannay and Gordon D. Marino (Cambridge: Cambridge University Press, 1997), 378-379.

해 주기 때문에, 그는 이 관념과 개념은 단지 실존의 여러 측면일 뿐이지 실존의 전체는 아니라고 주장한다. 개인이라고 하는 인간 실존은 합리적으로 도식화할 수 있는 대상이 아니라는 의미이다.**20** 왜냐하면 클리마쿠스가 볼 때, 인간 실존과 인간 사유는 별개로 남아 있기 때문이다. 더욱이 클리마쿠스는 절대정신이라는 인간 사유를 앞세웠던 헤겔과 헤겔 학파에 반대하여 인간 실존이 인간 사유보다 우선적이라고 주장했다. 스티븐 에반스에 따르면, 클리마쿠스가 인간을 "무엇보다도 먼저 실존하는 존재"로 보기 때문인데, 유감스럽게도 관념의 세계는 이 사실을 쉽게 망각할 수 있다.**21**

몇몇 철학자는 인간 실존을 의식이라는 용어로 규정했는데, 클리마쿠스는 그것은 인간 실존에 대한 편협한 인식이며, 다양하고 폭넓은 실존을 생각할 때 부당한 처사이기 때문에 극히 문제가 많다고 지적했다. 예를 들어, 스탠리 캐벌(Stanley Cavell)의 주장이 옳다. 그는 인간 실존은 단순히 이론적 반성의 문제가 아니기 때문에, 칸트는 인간 실존을 '초월적 논리'라고 했고 헤겔은 '논리학'이라고 불렀지만, 그런 해석으로는 인간 실존을 다 포함할 수 없다고 주장했다.**22** 클리마쿠스는 인간 실존의 문제는 전적으로 실존적이며 종교적 물음의 문제라고 주장한다.

이 문제는 인간의 실존적 경험 안에 있는 자아의 당혹스러움과 부적합성의 결과로 인하여 제기되었다. 스티븐 에반스가 올바르게 주목한 바와 같이, 이 문제에 대한 답은 역사적 실존 안에서 영원성에 대한 인간의 체험은 영원성에 대한 인간의 실존적·종교적 체험이라는 사실로 설명할 수 있다는 것이다. 그는 인간은 단순히 지성이나 인간 고유한 특성인 사유로써만이 아니라 전 존재로써 정열적으로 영원한 성취의 필요성을 절감한다고 주장한다. 한편, 클리마쿠스는 인간을 정열적 존재, 즉 가장 심층적 차원에서 시간계 밖의 영원성을 사모하는 정열적 존재로 보았다.

20 ——— 물론 일부 학자는 주저함 없이 인정하기를, 인간 본성의 모든 다양한 특성에 대한 클리마쿠스의 집중적인 강조는 주로 헤겔의 절대 체계를 논박하는 것으로 본다. 클리마쿠스는 헤겔의 절대 체계는 불행히도 인간의 정체성을 순전한 의식으로 환원시켰음을 논박한다. 뒤에서 헤겔을 논하면서 이 주제를 좀 더 다루도록 하겠다.

21 ——— Evans, *Kierkegaard's Fragments and Postscript*, 120.

22 ——— Stanley Cavell, "*Kierkegaard's* 'On Authority and Revelation'," *Søren Kierkegaard: Critical Assessment of Leading Philosophers*, ed. Daniel Conway with K.E. Gover (London: Routledge, 2002), 41.

사람과 관념과의 관계의 문제는 실존적이며, 심지어 종교적인 중요성을 지닌다. 클리마쿠스가 가장 관심을 가지는 사상가들인 소크라테스와 플라톤 그리고 헤겔을 살펴보면 이 점을 잘 알 수 있다. 플라톤의 대화에서 소크라테스가 개념적 이해를 지적으로 추구했던 것은 종교적 중요성을 지닌다. 플라톤은 사람이 형상(the Forms)을 발견할 때 영원성을 발견하고 동시에 자신의 참된 성품을 쉬게 한다고 생각한다. 추상적 사유인 이성은 절대를 파악하는 가장 적절한 수단이며, 헤겔은 절대 이성을 전통적 종교적 예배의 대상과 동일시하였다. 그러므로 반성 과정을 시작한 인간은 자신의 인격적 성취에 이르는 길을 택한 것이다.[23]

에반스가 이해한 클리마쿠스의 인간 실존 이해에 따르면, 인간 실존은 주체성 안에서 폭넓은 경험을 가지고 있기 때문에 범위상 인간 이성의 한계를 뛰어넘는다. 이 때문에 인간 경험의 주체성은 인간 사유의 객관성보다 언제나 우선권을 가진다. 그럼에도 불구하고, 객관적 지식은 인간이 세상에서 상호작용하는 사람들에 의존한다. 바로 이러한 사회적 상호작용 속에서 인간은 세상의 객관적 지식을 발견한다. 그러나 클리마쿠스에 따르면, 타인들과의 사회적 상호작용들을 통하여 발견된 객관적 지식은 주체적 반성을 통하여 획득된다. 바로 그 때문에 클리마쿠스가 객관적 지식은 주체적 반성에 의존한다고 주장하는 것이다. 클리마쿠스에 따르면, 이 주체적 반성은 개인의 선험적 지식 때문에 가능하다. 그는 이 선험적 지식은 형이상학과 신학에서 인식론적 조건이 되며, 인간의 초월론적 반성을 위한 근본적 기초가 된다고 보았다. 여기서 인간 실존 안에서 객관성과 주체성의 지속적인 변증법이 일어난다. 이 변증법이 지속됨에 따라서 역사성과 영원성 사이의 긴장이 드러난다. 이 긴장은 신이 모든 인간 속에 창조한 긴장이다.

이번 장에서 절대적 역설의 근원적 의미를 검토하였다. 클리마쿠스가 종교적 변증법의 의미와 역사적·자연적 변증법의 의미를 설명하고 비교함으로써, 어떻게 초월의 문제에 대한 해결책으로 절대적 역설 개념의 의미를 사용했는지를 보여주었다. 종교적 변증법은 초월적 존재, 즉 신을 사실적 실재로 보는 종교적 신앙으로 설명하지만, 역사적 변증법은 종교적 신앙의 정당성을 확보하

23 ── Evans, *Kierkegaard's Fragments and Postscript*, 120.

지 못하고, 다만 그것에 대한 지성적 관념만을 가지게 될 뿐이다. 필자는 역사적 변증법, 즉 경험 변증법과 관념 변증법이 비록 초월을 온전하게 계시하는 충분한 수단은 아닐지라도, 초월에는 인간이 알만 하도록 하는 객관성이 있음을 그것들이 보여주고 있다고 주장하였다.

　　다음 장에서는 관념 변증법이 말하는 종교적 신앙이 정당하지 못하다는 것을 밝힐 것이다. 이 관념 철학을 대표하는 특별한 사상가인 헤겔에 초점을 두고 헤겔 철학을 구체적으로 설명함으로써 종교와 철학에 관한 일반적인 논의를 하고자 한다. 절대이성이라는 헤겔 개념의 근본 구조에 대한 세부적인 논의를 통하여, 헤겔 철학에 대한 클리마쿠스의 비판의 핵심을 잘 이해하게 될 것이다. 클리마쿠스의 헤겔 철학에 대한 비판은 사실상 긍정적이기도 하고 부정적이기도 하다.

4장
—

실존과 절대 지식

클리마쿠스와 헤겔 철학

4장에서는 신과 인간관계의 본질에 대하여 양극단에 있는 클리마쿠스와 헤겔 학파의 견해를 비교하며 자세히 살펴보겠다. 결론부터 말하자면, 클리마쿠스 사상은 신앙의 합리성을 내포하고 있다. 클리마쿠스가 헤겔 철학을 배격한 것은 그의 이성적 철학 방식 자체를 배격한 것 아니라, 그가 영원성과 역사성 사이의 관계를 잘못 파악했기 때문에 배격한 것이다. 클리마쿠스는 헤겔 철학에서의 이성의 본질을 배격하려는 목적이 아니라 헤겔 철학이 신-세계 관계를 역사적 방법 안에서 구성하고 있는 그 방법이 틀렸다고 주장한다.

클리마쿠스의 관점에서 보자면, 문제는 신과 인간의 관계 속에서 헤겔과 클리마쿠스가 인간 의식의 구조를 어떻게 해석하고, 인간 의식의 의미를 어떻게 정의내리고 있는가 하는 것이다. 두 사상가의 견해를 면밀히 검토해 보면 역사적 이성과 종교적 신앙의 차이를 조명하게 될 것이다. 그 차이의 의미는 클리마쿠스와 헤겔 학파가 다르다. 그러면서 이성과 신앙의 차이를 조명함으로써 《부스러기》에 신앙의 합리성이 나타나 있다는 필자의 핵심 주장을 뒷받침하고자 한다. 이를 위하여 《부스러기》에 대한 필자의 해석과 뒤프레(Dupré), 포스터(Forster) 그리고 데 보어(Karin De Boer)와 같은 다른 학자의 저서들에 기초하여 클리마쿠스와 헤겔 철학에서 나타난 영원성과 역사성 개념의 본질적 차이를 설명하고자 한다.

이번 장에서 필자가 의도하는 것은 《부스러기》에서 클리마쿠스가 헤겔의 체계 이론을 철학적으로 어떻게 분석했는지, 헤겔 철학을 어떻게 설명했는지를 제시함으로써, 클리마쿠스 철학의 틀거리의 탁월한 공헌이 무엇인지 밝히려는 것이다. 클리마쿠스의 철학은 헤겔 철학의 대안으로서, 헤겔의 관념철학보다 더 설득력 있게 초월과 세계 사이의 관계에 대한 본질을 밝히고 있다.

클리마쿠스는《부스러기》에서 헤겔주의는 초월과 세계의 구분을 불분명하게 만들어버렸다고 지적한다. 헤겔 철학 특유의 모든 것을 포괄하는 논리를 가지고 기독교의 영원성의 측면을 불분명하게 만들고 말았다는 것이다. 다시 말해서, 클리마쿠스는 헤겔 철학은 기독교의 가장 주목해야 할 성육신의 교리, 즉 세계 내에 신의 현현이라는 초월적 본질을 깎아내렸다고 주장한다.

클리마쿠스의 관점에서 보자면, 시간-안의-신(God-in-time)이라는 명백한 역설은 인간의 이성으로 풀 수 없는 것이다. 이 역설은 역사적 지성과는 본질적으로 상반된다. 왜냐하면 인간이 이해하기에는 너무도 이질적이기 때문이다.[1] 다음의 인용구는 인간 오성과 역설의 대립을 보여주며 이성은 역설을 이해할 수 없다고 말한다.

오성이 역설을 그 머릿속에 집어넣을 수 없다면, 이 사실을 발견한 것은 오성이 아니라 역설 자신이다. 역설은 기껏해야 동일한 일에 대하여 동시에 "네"와 "아니오"라고 답변하는 이성을 바보 멍청이라고 단호하게 선언할 정도로 역설적인 것이다. … [2]

클리마쿠스는 역설은 인간 이성을 초월한다고 주장한다. 역설은 본질적으로 인간 오성보다 우월하기 때문에, 초월과 세계를 결합시키려 하는 역사적인 시도는 초월을 우롱하는 것이라는 주장이다. 그는 그럼에도 불구하고 관념론자들은 이런 짓을 저질러 왔는데 헤겔의 관념철학이 대표적인 예라고 말한다.

[1] ——— Kierkegaard, *Fragments*, 86-87. 여기서 신적인 계시에 관하여 클리마쿠스는 다음과 같이 기록한다. "지금까지 말한 것은 직접적으로 역사적인 것에 적용된다. 그것의 모순은 단지 그것이 실존으로 생성되었다는 것이다." 이 진술에 대한 각주에서 그는 다음과 같이 기록한다. "여기서 '모순'이라는 단어는 헤겔이 말한 것 같은 경박한 뜻으로 받아들여서는 안 된다. 왜냐하면 헤겔은 모순이란 것이 무엇인가를 생산해내는 힘을 가지고 있는 듯이 생각하고, 자기는 물론 다른 사람과 또 모순 자체까지도 그렇게 생각하도록 했기 때문이다."
[2] ——— 위의 책, 53.

　　과거에는 인간의 지식을 과학 용어로 객관적으로 정의 내렸다. 예를 들어, 현실주의자들은 세계의 의미를 검토할 때 수학·물리학·화학 등과 같은 과학 분야를 사용하였으며, 경험에 바탕을 두고 결과를 도출했다. 그러나 현실주의자들이 간과한 사실이 있다. 객관성이라는 것은 지성의 넓은 인식론적 영역의 단편일 뿐이며 세계에 대한 객관적 사실이라는 것도 비객관적 원리들에 의존할 수밖에 없다는 사실이다.

　　사실상 관념론자들의 관점에서 보자면, 과학적 사실은 언제나 비객관적인 선-가정(先-假定)에 의존해 있다. 객관적 사실을 주장하는 사람들도 우리와 마찬가지로 "둘러싼 세계의 직접적 경험"에 의존할 수밖에 없다. 그들은 그 세계 속에 살고 있는 사람들에 의존하고, 그들과 타인의 삶의 주변 환경에 의존하며, 그리고 세계 내의 장소와 그들이 속한 기관에 의존하여 자신들의 지식을 형성할 수밖에 없다.

　　객관적 지식은 이러한 구체적 환경에서 생겨나는 것이다. 객관적 지식은 그 대상이 되는 내용과는 별개로, 객관성을 위해서 비객관적·주체적 설명을 필요로 하는 반성 속에서 얻어진다.[3] 특정한 지식은 반성에 기초하는데 그 반성은 본질상 주체적이다. 클리마쿠스에게서 세계를 알아가는 이 주체적 접근법은 종교적 성격을 가진다. 진리에 대한 참된 지식에 도달하게 하는 것이 신앙이다.

　　예를 들어, 2장에서 후설이 인간 의식 안에 중립적으로 있는 지향성 개념을 선호하여 초월과 세계 사이의 본질적 차이를 간과하였음을 살펴보았다.[4] 클리마쿠스는 철학만으로는 결코 이 신앙을 성취할 수 없다고 주장했다. 그러나 키르케고르/클리마쿠스 당시의 철학자들은 초월과 세계를 철학적으로 결합시키려 했다. 《부스러기》에서 클리마쿠스가 암시하는 바, 헤겔 철학은 초월과 세계를 조화시키려 시도했으나 실패했으며, 진짜 초월에 대하여는 제대로 말하고 있지 못했다. 이번 장에서는 초월과 세계 사이의 관계에 대한 클리마쿠스의 관점의 맥락에서 헤겔 철학의 본질을 면밀하게 검토하려 한다.

　　헤겔은 주저 《정신 현상학(The Phenomenology of Mind)》에서 "독자를 모든 경험의 세계로 안내한다. 인격적/비인격적 세계, 개인적/일반적 세계, 지성

3 ────── Richard Kroner, *Culture and Faith* (Chicago: The University of Chicago Press, 1951), 19.
4 ────── 본 논문의 "주체성의 개념", 28-59.

적/감성적 세계, 도덕적/정치적 세계, 심미적/종교적 세계 등을 거쳐서" 종국에는 이전의 모든 단계에서 가져온 서로 다른 모든 지식을 통합하는 지식으로 결론을 맺는다. 이전 단계에서 나온 모든 지식을 포괄하는 그 지식을 헤겔은 '절대 지식'이라고 부른다.[5] 절대 지식은 신적 지식과 인간적 지식의 서로 다른 모든 형태를 포괄한다. 헤겔은《정신 현상학》을 "의식의 경험과학"이라고 설명한다. 그는 이 의식의 경험과학으로 모든 잡다한 것을 망라하였다.

　　　그러나 이 의식의 목적은 의식의 절대 이해 속에서 모든 경험을 파악해 보겠다는 것인데, 처음부터 그 목적을 달성하지 못한다. 철학적 분석과 이성이 만들어 내는 충만한 의식에 도달하기 위해서, 이 의식이 종교를 포함한 다른 모든 것보다 절대적임을 깨닫기 위해서 다른 단계들을 통과한다.[6] 따라서 헤겔 철학에서 종교는 역사 속에서 절대정신의 모든 전개 과정의 일부분에 불과하다. 즉 헤겔 철학에서 종교는 역사의 한 부분이며, 종국에는 종교는 이성으로 대체될 것이다.

　　　따라서 '나는 신을 믿는다', '신은 존재한다' 등과 같이 우리가 보통 종교적 진리라고 여기는 것들은 헤겔에게서는 탁월한 종교적 진술이 될 수 없고, 그저 사실적 진술에 불과하다. 다시 말해서, 어떤 종교적 진술이 참된 명제가 되려면 객관적인 정당성을 제시하지 않으면 안 된다. 헤겔 철학은 종교적 진술이 어떤 식으로든 과학적으로 정당성을 확보하는 것이 모든 종교적 진술에 절대적으로 필요하다고 생각했는데, 과학적으로 정당화되지 못하는 종교적 진술들은 근거 없는 것이 될 뿐이다. 따라서 헤겔이 지대한 관심을 기울였던 종교적 진술을 정당화하는 유일한 방법은 종교와 세계를 객관적으로 또는 과학적으로 결합시키는 것이다.

　　　클리마쿠스는 헤겔 사상은 두 가지 특징적 결점이 있는데, 하나는 인식론적인 것이고 다른 하나는 형이상학적인 것이라고 지적한다. 헤겔 사상에서 초월과 세계의 관계는 신학적으로 결함이 있다. 왜냐하면 초월이라는 특별한 것을 세계와 동일한 것으로 환원시켰기 때문이다. 이것이 헤겔 철학의 인식론적 문제이다. 헤겔 철학은 신의 계시인 역설의 정수를 주목하는 데 실패했으며, 진리로 안내하는 역설을 거절했다. 역설이 진리로 인도한다는 것은 클리마쿠

---

5 ──── Kroner, *Culture and Faith*, 19-20.

6 ──── 위의 책, 20.

스의 인식론적 사유의 핵심이다. 헤겔 철학이 역설의 논의를 배제한 이유는 역설 논의가 이성과 유한한 현실을 초월하기 때문이다. 초월과 내재는 인간이 성찰할 수 있는 형태로 축소할 수 없음에도 불구하고, 헤겔 철학은 초월과 내재의 차이를 무시하고 그 둘을 구별이 없는 하나의 동일체로 만들어 버리고 말았다.

헤겔 사상의 형이상학적 결점은 헤겔의 인식론적 구성요소가 '비모순의 법칙' 원리에 어긋난다는 것이다. 진리에 대한 헤겔 사상의 배후 논리는 초월적이면서도 내재적이다. 헤겔의 논리학은 종교보다 더 우월하고 높다고 보았으며, 객관적·과학적 지식이 신앙보다 더 높다고 보았다. 이제 헤겔의 인식론적 결점과 형이상학적 결점을 검토하자.

다음 항에서 약 열 명의 학자들의 견해를 고찰하면서 복잡한 헤겔 체계의 본질을 살펴봄으로써, 결코 간단하지 않은 주체–객체 관계에 관한 클리마쿠스 철학을 파악할 것이다. 그런 반성을 거친 후에야 합리주의 전통에서 파생된 그 어떤 철학적 체계도 영원성의 진짜 내용을 증명할 수 없다는 클리마쿠스의 입장을 분명하게 주장할 수 있다.

헤겔의 절대 관념론:
인식론적 교의와 형이상학적 함의 들여다보기

최근 몇 년 동안 헤겔 학자들 사이에서 다양한 시도가 있었는데, 헤겔 철학을 전통적인 형이상학의 위치에서 인식론으로 이동시키려 시도함으로써, 그렇지 않았더라면 '절대 관념론'으로 알려졌을 헤겔 철학을 구출할 수 있게 되었다. 클리마쿠스는 헤겔 철학의 절대 관념론을 거부했다. 왜냐하면 초월과 내재를 차별 없는 하나의 통일체로 결합시켰기 때문이다. 클리마쿠스는 초월과 내재 사이에 무한한 차이가 있다고 강조하면서, 초월과 내재의 관계는 일반적인 주체와 객체 관계가 아님을 강조했다. 따라서 신과 세계를 결합하려 시도하는 헤겔의 문제를 학자들마다 어떻게 다르게 바라보는지 살펴보겠다. 이 글의 의도는 헤겔 사상을 분석하는 데 초점을 두자는 것이 아니라 헤겔 사상을 거부하는 클리마쿠스 사상의 본질을 밝혀내자는 것이다. 클리마쿠스의 관점에서 보자면 초월과 내재의 관계에 관한 헤겔의 주장이 설득력이 없다는 것과, 신과 세계에 관한 헤겔적 결합이 왜 클리마쿠스의 비판을 피할 수 없는지 살펴보고자 한다.

캐린 데 보어에 따르면, 학자들이 이제는 헤겔 철학을 전통적인 형이
상학의 위치에서 인식론으로 분류하려는 시도들을 하고 있다. 칸트의 관념론
이 형이상학이나 초월론적 성찰이기보다는 인식론으로 귀결되었듯이 헤겔 철
학도 칸트와 같은 인식론적 측면들이 감지되기 때문이다. 헤겔 학계에서 이러
한 변화에 지대한 영향을 준 사람들 가운데 한 사람이 로버트 피핀(Robert Pip-
pin)이다. 데 보어는 다음과 같이 진술한다.

> **지난 수십 년에 걸쳐서 헤겔 철학이 교묘하게 신학적이고 교의적인 형이
> 상학이라는 비난에 반대하여, 헤겔 철학을 변호하려는 수많은 시도가 있
> 었다. 첫 번째 시도는 헤겔이 칸트 사상에 빚지고 있음을 중시하면서 사
> 변 과학을 칸트의 비판 사상을 극단적으로 몰고 간 것으로 해석하는 것이
> 었다. 헤겔이 칸트에 뿌리를 둔 것을 강조한 결과 정신 현상학은 논리과학
> 으로 이동하게 되었다. 이러한 변화에 가장 영향력 있게 기여한 책이 로버
> 트 피핀의 《헤겔의 관념론: 자의식의 만족(Hegel's Sat-
> isfaction of Self-Consciousness)》이다.[7]**

데 보어는 헤겔에 대한 피핀의 '비형이상학적' 해석은 논리과학이 사
유와 독립적으로 존재하는 현실에 속한 것이 아님을 주장했다고 말한다. 데 보
어는 오히려 논리과학은 "어떤 것을 생각할 수 있게 하는 것, 어떤 선험적인 것
을 결정하기 위한 사유의 시도"에 속한다고 주장한다.[8] 데 보어는 피핀의 견해
에 찬성하는데 왜냐하면 그는 헤겔 사상과 칸트의 비판철학과의 연관성이 필
수적이라고 믿기 때문이다. 그는 피핀이 헤겔 철학을 제대로 이해했다는 데 동
조적이다. 그러나 피핀이 헤겔과 칸트의 인식론적 관계를 바라보는 중대한 대
목에서 극히 중대한 것, 즉 칸트의 자의식 개념을 보는 헤겔의 견해를 놓쳐버렸
다고 지적한다.

데 보어에 따르면, 자의식의 변증법적 통일이 "사유의 자기 결정에 대
한 헤겔의 신비적 주장의 원천"을 형성한다는 것을 고려할 때 피핀은 두 가지
중요한 사실을 간과했다. 첫째, 헤겔은 칸트의 자의식 개념을 순수 개념에 대한

---

7 ———— Karin De Boer, "The Dissolving Force of the Concept: Hegel's Ontological Logic," *The
Review of Metaphysics* 57 (June 2004): 787.

8 ———— 위의 책, 788.

구체적 반영에 불과하다고 여긴 것을 간과하였다. 둘째, 칸트 철학은 헤겔 철학 처럼 비판적 존재론의 가능성을 제거하지 않았고,[9] 헤겔은 칸트 철학이 형이상 학의 가능성을 제거했다고 믿었는데 칸트 철학은 형이상학적 가능성을 제거하지 않았음을 간과하였다.

　　데 보어는 피핀이 헤겔을 칸트의 비판 학파 속에 재위치시킴으로써 경험주의자들의 비판으로부터 그를 제대로 변호했으나, 불행하게도 칸트와 헤겔 두 사상가의 핵심적인 물음인 "존재론의 가능성에 대한 물음을 희생시키는 결과"를 낳고 말았다고 비판한다.[10] 다시 말해서, 피핀은 헤겔이 칸트의 초월철학의 형이상학적 개방성을 올바로 이해하는 데 실패했음을 간과했다. 즉 헤겔은 칸트의 철학을 순전히 과학적인 것으로 만들었는데, 순수 과학에서 자의식은 절대타자를 언급하는 것을 허용하지 않는다.

　　여기서 중요한 문제에 봉착한다. 데 보어는 헤겔의 과학철학이 "전통적 유대-기독교의 신 개념을 거부하는 결과"를 낳았다고 지적한다. 헤겔의 과학철학은 전적으로 초월 존재인 신, 즉 인간과 자연의 영역과는 전혀 다르고 독립적인 신 개념을 거부하고 말았다.[11] 헤겔 철학은 전통적인 신 개념을 자연 의식에 뿌리를 둔 개념으로 대체함으로 말미암아, 초월적 존재라는 전통적 신 개념을 거부하고 말았다. 헤겔 비평가인 루이 뒤프레(Louis Dupré)는 헤겔이 어떻게 전통적 신개념을 버렸는지를 다음과 같이 설명한다.

> **일단 의식의 초기 단계에서, 정신이 그 자신과 바깥의 대상 사이의 반대를 극복하면, 정신은 앎의 두 본질적 기능을 점차 종합한다. 한편으로는 의식의 대상을 그 자신(das Seinige)으로 여기는 것이고, 또 다른 한편으로 순수 정신적 실존(das Seiende) 그 이상을 가진 실체적 현실로 그 대상을 투사하는 것이다. 그것은 하나의 표상(Vorstellung)이다.[12]**

　　뒤프레는 헤겔은 정신이 정신 자체와 절대적인 것을 직관적으로 종합

9 ──── 위의 책, 789.
10 ──── 위의 책.
11 ──── 위의 책.
12 ──── Louis Dupré, "Religion as Representation," in *The Legacy of Hegel: Proceedings of the Marquette Hegel Symposium 1970*, ed. J. J. O. Malley, K. W. Algozin etc. (The Hague: Martinus Nijhoff, 1970), 139.

하여 '그 자체'로 단일한 시간성으로 바꾼다고 주장한다.[13] 그러나 정신이 절대적인 것을 종합한 후에 직관은 더 이상 시간성에만 국한되지 않는 방식으로 나타난다. 직관은 더 이상 감각 직관에만 국한되지 않고 '자유로운' 시간성이 된다.[14] 뒤프레는 헤겔의 첫 단계인 의식의 표상인 '상기'(Erinnerung)를 통해서 정신이 어떻게 이 새로운 시간성을 내재화하는지를 잘 보여주고 있다고 지적한다. 상기는 헤겔 사상에서 시간성의 의미와 내재화의 의미를 둘 다 함축한다. 뒤프레는 이 상기가 어떻게 작용하는지 다음과 같이 설명한다.

> **직관에 대한 첫 번째 상기에서, 지성은 감정의 내용을 내면성 안에, 각자의 공간과 시간 안에 두게 된다. 그래서 그것은 이미지, 일차적 즉각성과 타자로부터 추상적 소외로부터 자유로운 이미지이다. … 그 이미지는 더 이상 직관으로 완전하게 결정되지 않으며, 그 이미지는 의도적이든 우연적이든 외부적 장소·시간·직관이 일어나는 직접적 연관으로부터 소외된다. 스스로 취한 이미지는 과도기적이며, 지성은 주목(attention)·시간과 공간·언제와 어디서의 형태 안에 있다.**[15]

인용문에서 설명하듯이, 헤겔 학파의 상기 개념을 이해할 수 있는 한 가지 방법은 개인이 주목하기로 결정한 직관이나 연상을 어떻게 선택하는지 고찰하는 것이다. 이렇게 상기된 직관들은 이념화되고 원래의 연관성으로부터 분리되어, 다른 유사한 경험을 표상하는 보편적 형태에 도달한다.

그러나 헤겔 체계는 상기 과정에서 한 가지 문제, 즉 인간 의식의 이념화된 직관은 비록 연속적이고 연결된 것일지라도, 논리적으로 일관성이 없다는 문제에 봉착한다. 인간 의식의 직관은 시간 안에 성취되거나 실현되지만, 이러한 일시적 직관은 절대라는 무시간적 본질과 결합한다.[16] "상기에서 그 유일한 직관은 직관의 비감각적 성격에도 불구하고 여전히 유일한 채로 있으면서 종합적 내용의 형태를 지닌 표상이 된다."[17]

---

13 —— 위의 책.
14 —— 위의 책.
15 —— 위의 책.
16 —— 위의 책.
17 —— 위의 책, 140.

헤겔 전문가 마이클 포스터(Michael Forster)는 상기라는 헤겔의 자연적 개념은 두 가지 난제에 답을 해야만 한다고 지적한다. 첫째, 가설이 아닌 실제의 신이 세계와 동시에 존재한다고 하는 신 그리고 신의 세계의 관계를 어떻게 설명할 것인가? 절대자가 주체이자 객체라는 의미를 함축하고 있는 신의 본성과 신과 인간의 관계론을 우리가 어떻게 해석해야 하느냐의 문제이다.[18] 물리적이며 동시에 형이상학적인 주체인 절대자를 어떻게 해석해야 하는가? 둘째, 포스터는 헤겔을 읽을 때 '일부 초월주의적으로' 해석하든지 '자연주의적으로' 해석하든지 선택하는 과제가 남는다고 지적한다.[19]

(뒤프레와 클리마쿠스와 마찬가지로) 포스터도 헤겔 철학의 딜레마는 신과 세계라는 두 개의 별개를 하나의 존재로 통일시킨 것이라고 지적한다. 그렇다면 헤겔 철학은 '초월적 존재인 신의 정체성을 유지함으로써 부분적으로는 신을 초월적 존재로 인정하는가' 아니면 '신과 세계를 동일시함으로써 신의 초월성을 제거하는가' 하는 물음이 제기된다. 부분적 초월 이론의 관점에서 보자면, 세계의 시간적 영역은 신의 본질로서의 신에게 속하지만 다른 측면에서는 신은 시간적 영역을 초월한다. 자연주의적 읽기의 관점에서 보자면, 신은 세계와 직접적으로 일치한다.[20] 포스터는 헤겔의 《정신 현상학》의 속성상 자연주의적 관점으로 읽어야 한다고 주장한다.

뒤프레는 헤겔이 《정신 현상학》에서 정신을 물리적 행동으로 표현되는 심리 상태와 동일시했다고 주장한다. 따라서 "심리상태를 가진 신의 정신 또는 신적인 자아"는 "인간과 자연 영역 안에서의 신의 물리적 표현과 동일한 것"이 될 수 있다고 결론 내릴 수 있다.[21]

이러한 헤겔 철학의 궁극적 결과는 신과 세계의 차이를 제거할 따름이다. 신과 세계 사이에 초월을 강조하는 유대-기독교 전통과는 달리, 신(神)지식에 대한 헤겔의 설명은 외적으로는 배우고, 전수받고, 계시되는 등의 매개된 지식과 "자동적으로 발생하여 인간 안에 생겨난" 것으로 내면적으로 표현되는 것, 이 둘의 결합을 의미한다.[22]

---

18 ──── Michael N. Forster, *Hegel's Idea of a Phenomenology of Spirit* (Chicago: The University of Chicago, 1998), 197.

19 ──── Dupré, 'Religion as Representation,' 141.

20 ──── Forster, *Hegel's* Idea, 196.

21 ──── 위의 책, 198.

결과적으로, 헤겔 철학에서 주장하는 신지식은 신과 인간의 절대적 차이가 분명하게 나타나지 않는다는 점에서 기독교적 신지식을 왜곡한 잘못된 지식으로 판명된다. 헤겔 철학은 '신과 인간의 관계를 단일한 실체'로 보며 진리를 '사변적으로 보는 사변철학'의 속성을 보여준다. 그러므로 헤겔의 방법론은 종교적 진리를 인간의 이성에 내재하는 것으로 보는 소크라테스적 시도를 대변한다. 헤겔의 방법론은 세계를 개별자의 총합 안에 존재하는 것으로 정의하며, 인간의 사유는 그것들을 다 꿰뚫고 포함한다고 본다.[23]

헤겔 식으로 신과 인간을 이해하는 방식은 '자연적 종합'에 불과할 수밖에 없다. 자연적 종합이라고 부르는 이유는 헤겔의 시도가 신과 세계의 관계를 과학적으로 이해하려 했음을 명백히 보여주기 때문이다. 앞서 말했듯이, 클리마쿠스가 볼 때, 헤겔의 절대 관념론에 깔려 있는 동기는 세계와 인간 의식에 대한 객관적 지식에 도달하고자 하는 시도라고 밖에 볼 수 없다. 헤겔 체계는 인간 경험의 다양한 영역에 대한 객관적인 통찰을 얻을 수 있다고 주장한다. 신과 세계의 관계에 대한 객관적 혹은 과학적 이해도 바로 이러한 통찰에 포함된다. 클리마쿠스의 견해에 따르면, 종교에서 신과 세계의 관계는 본질적으로 절대적 구분으로 결정된다. 그러나 헤겔 체계의 관점은 신과 세계의 관계를 자연주의적 방식으로 보기 때문에, 신과 세계의 절대적 차이의 속성이 사라져 버리고 만다.

초월을 제거한 헤겔 철학의 문제점

클리마쿠스의 관점에서 볼 때 헤겔 철학의 문제는 논란의 여지가 없이 사변적 체계이다. 헤겔의 사변적 사상은 초월과 세계를 차이가 없는 하나의 존재로 통합시켰다. 클리마쿠스는 신과 세계의 관계의 기본 차이를 간과하고 신과 세계를 통합시킨 헤겔의 시도는 실패라고 평가한다.

지금까지 살펴보았듯이, 헤겔 사상에서는 초월을 객관화하는 문제가 발생했다. 헤겔 사상에서는 초월에 대한 인간의 주체적 관심이란 것이 초월에

---

22 ——— Peter C. Hodgson, *Hegel and Christian Theology: A Reading of the Lectures of the Philosophy of Religion*, 115.

23 ——— Emil L. Fackenheim, *The Religious Dimension in Hegel's Thought* (Bloomington: Indiana University Press, 1967), 16.

대한 역사적인 이해에 불과할 뿐이다. 우주에 대하여 그런 개념적 그림을 가진다면 "신과 세계는 둘이 아닌 하나의 현실"이 된다. 다시 말해서, "자연과 유한한 정신이 발전하는 세계는 절대정신 자체의 자기 전개이다." 클리마쿠스의 관점에서 보자면, 헤겔 사상에서 세계는 신의 자기 본질로부터 역사적인 자기 발전 과정에서 형성되며, 결과적으로 헤겔 사상은 신의 초월적 측면을 부정한다.

초월을 제거한 헤겔 철학의 문제점은 두 가지이다. 첫째, 클리마쿠스의 관점에서 보면, 초월을 제거해 궁극적으로 기독교의 신을 뿌리째 뽑는 결과를 낳는다. 둘째, 과학적 우주에 대한 헤겔의 분석은 심오한 인간적 차원을 약화시켰고, 타자와의 자아 경험, 그리고 세계의 일상에 대한 자아 경험을 약화시키는 문제를 낳는다. 세계를 객관으로 분석하는 헤겔의 방법은 모든 인간의 가장 고유한 특성, 곧 실존 또는 자유를 포기하는 것이다.

클리마쿠스가 볼 때 헤겔적인 종합은 인간의 자유를 무시하는 문제를 야기한다. 자유는 인간 실존의 기반으로써 클리마쿠스의 인류학의 핵심이다. 실존주의 신학자 존 매쿼리(John Macquarrie)는 비록 인간이 항상 불안과 순례의 여정 가운데서 계속해서 "유한성과 책임감 사이에서 줄타기"를 하면서 걷는다 할지라도, 사람들은 무한한 자유를 가지고 있으며, 그 자유 때문에 인간은 초월을 향한, 초월을 위한 무한한 정열의 실존이라는 특징을 띄게 된다고 말한다.[24]

여기서 철학과 신학에 대한 클리마쿠스의 견해를 살펴보자. 클리마쿠스는 철학은 종교에 있어서 중요한 자리를 차지한다고 본다. 철학은 종종 인식론과 형이상학에 관한 다양한 주제에 대해 매우 중요하면서도 비판적인 물음을 제기한다. 그렇다고 해서 클리마쿠스가 철학과 신학이 사용하는 방법론이 다르다는 사실을 모르는 것은 아니다. 클리마쿠스는 철학과 신학은 인식의 작용 면에서 유사한 면이 있지만, 철학자와 달리 신학자는 다른 인식론의 틀을 사용하기에, 신학자의 사유는 초월에 대하여 다른 존재론적 기반 위에 있음을 인정한다.

클리마쿠스는 헤겔 철학의 본질에는 초월이라는 종교적 틀거리가 빠져 있다고 지적한다. 헤겔 철학은 영원성과 세계 사이의 모순 원리를 제거함으

---

24 ——— John Macquarrie, *Studies in Christian Existentialism: Lectures and Essays by John Macquarri* (Philadelphia: The Westminster Press, 1965), 7.

로써 신학과 철학 사이의 존재적론 차이를 부정한다는 것이다. 결과적으로 헤겔 철학은 철학에는 없는 신학만이 가진 영원한 내용(신앙)이 있다는 것을 인정할 수 없다.[25] 클리마쿠스가 볼 때 헤겔 철학의 문제는 종교를 초월세계와 자연세계에 대한 하나의 추상적 종합으로 전락시킨 것이다. 이러한 종합은 종교에 있어서 또는 신학함에 있어서 필수적인 것인 진정한 초월의 특성을 제거하였다.

　　　몇몇 학자들은 종교에 대하여 과학적 개념을 정립하려는 헤겔의 시도는 종교를 근대성과 연결 지으려는 시도이며 종교의 본질을 심층적인 차원에서 명료화하고자 했던 것이지, 단지 종교를 근대적 방식으로 이해하려고 모방한 것은 아니라고 주장한다.[26] 그럴 수도 있다. 그러나 클리마쿠스가 주장하는 핵심은 헤겔이 절대를 말할 때 신의 타자성을 제거했다는 것이다. 신은 그저 자연 정신의 경향성 내에서만 초월적 존재일 뿐이다. 헤겔 철학이 말하는 절대라는 과학적 개념은 "자기 초월적 존재를 모델"로 한다. 윌리엄 데스먼드(William Desmond)는 헤겔의 절대 개념을 다음과 같이 기술한다. 절대란 마음이나 정신이 부당하게 "애초의 불명확성을 극복하고, 타자 자체가 그것의 최초의 불명확성을 타자로 결정한다"는 것이다.[27] 헤겔은 인간 정신을 불명확한 것으로 보고, 세계 역사를 불명확성에서 명확성으로 발전시키고 완성시키는 방향으로 나간다고 보았다. 헤겔이 말하는 타자성은 자기와 동일하며, 그것이 헤겔이 타자의 타자성을 설명하지 못하는 이유이다. 데스먼드가 옳다. 헤겔의 절대에 대한 과학적 개념은 사고의 한계 너머의 "초월적 존재에게로 개방된 사유의 에로틱"한 하나의 불경스러운 시도이다. 헤겔의 절대 개념은 신과 세계를 현실에는 존재하지 않는 논리의 동어반복의 교묘한 시너지로 바꾸어버렸다.

　　　클리마쿠스는 헤겔이 신과 세계를 종합하는 것을 반대한다. 클리마쿠스는 우리 모두 안에 초월적인 어떤 것, 신성한 어떤 것이 있다는 데 동의한다. 이러한 내면성은 정열의 영역이다. 정열은 신성한 것과의 "터치 속에서 살

25 ──── Kierkegaard, *Postscript*, 304–305.

26 ──── William Desmond, "Hegel's God, Transcendence, and the Counterfeit Doubles: A Figure of Dialectical Equivocity," *The Owl of Minerva: Journal of Hegel Society of America* 36, no. 2 (2005): 92.

27 ──── Desmond, *Hegel's God: A Counterfeit Double?* (Hampshire: Ashgate Publishing Limited Gower House, 2003), 6.

아가는 삶의 동력"이다.[28] 왜냐하면 인간은 신성에 대한 감각을 가지고 살아가기 때문이다. 신성에 대한 감각은 삶을 삶 되게 하며, 삶의 질을 높이는 의미와 가치들을 부여한다. 비록 애초에 신과 세계를 종합하는 헤겔의 시도를 가능케 하는 것은 심층적 차원에서 신성한 것에 대한 내면적 경험임에도 불구하고, 헤겔 철학의 철학적 진술은 타자와 세계의 관계를 무력화시켰다. 그러나 클리마쿠스는 세계가 신성한 영원성과의 변증법적 관계에 있다고 묘사한다.[29] 세계를 순전히 지성적인 방식으로 이해함으로써 도덕성과 자유라는 골자를 빼먹어 버린 헤겔 철학과는 달리, 클리마쿠스는 경험을 강조하면서 경험은 인간이 영원한 타자인 신과 관계를 맺는 거룩한 본질에 의해서 결정되는 것이라고 하였다.

이번 장 첫머리에서 언급했던 신과 인간의 관계의 본질에 관하여 첫 번째 기본 문제는 헤겔 철학이 말하는 영원 개념이 어떻게 영원성을 절대 내재적 존재로 환원시켰는가에 대한 것, 즉 헤겔 철학에서 영원에 대한 역사적 개념에 관하여 물음을 제기한다. 클리마쿠스가 보기에 헤겔 철학이 제시하는 신은 진짜 신적 존재가 아니다. 진짜 신적 존재는 세계와 절대적으로 다르고 차별화되어야 한다. 헤겔은 신을 세계 역사와 잘못 동일시함으로써 신성과 세계를 과학적으로 통합하려는 역사적 전략 속에서 신을 이용했을 뿐이다.

또 다른 클리마쿠스의 관점에서 보자면, 이 역사적 전략은 데일 슐리트(Dale M. Schlitte)가 말한 '삼위일체적 자기 계시의 변증법'과 유사한 방식으로 진행되었다.[30] 이 삼위일체적 자기 계시의 변증법은 자기를 정위하는 주체로 사변적으로 해석되고, 절대 화해의 정신으로 철학적으로 다시 만들어진 것이다. 슐리트가 제대로 주장하고 있듯이, 헤겔 철학에서는 시간-내-신(성육신)은 단지 세계에 대한 자연적 구원이라는 위대한 목표를 이루기 위해 전개되는 역사 내에 있는 하나의 기연(occasion)에 불과할 뿐이다.[31] 반면, 기독교에서 시간-내-신은 "신으로부터의 어마어마하고, 무한한 질적 이탈이며 따라서 가장 심오한 인식"이다. 따라서 헤겔 철학에서 문제가 되는 것은 영원 개념이 역사

---

28 ——— Merold Westphal, *Kierkegaard's Critique of Reason and Society* (University Park: The Pennsylvania State University Press, 1987), 46. 웨스트팔은 사실상 '신성한 것' 대신에 '관념'이라는 용어를 사용하였으며, 키르케고르/클리마쿠스는 두 용어를 상호교환적으로 사용했다고 주장한다.

29 ——— 위의 책, 47.

30 ——— Dale M. Schlitte, *Hegel's Trinitarian Claim: A Critical Reflection* (Leiden: E. J. Brill, 1984), 11.

31 ——— Søren Kierkegaard, *Training in Christianity*, ed. and trans. Howard V. Hong and Edna H. Hong (Princeton: Princeton University Press, 1991), 127.

적 인간의 이해의 척도에 따라 결정된다는 것이다. 헤겔 관념론이 묘사하는 신
은 세계의 역사 질서를 초월하도록 자아의 초월적 본성과 능력으로 만들어진
신에 불과하다. 비록 헤겔이 말하는 신은 "자연적 인과관계의 결정된 배열 또
는 자연세계의 변덕스러운 변동이나 발생"보다는 더 낫겠지만, 헤겔 철학이 묘
사하는 역사 내의 신의 출현은 영원과 세계를 구별 없이 단일체로 만들어 놓
은 관념에 불과하며, 클리마쿠스나 기독교에서 말하는 영원과는 다르다. 헤겔
의 신 개념은 부분적이고 애매모호한 속성으로부터 세계를 구원하고자 하는
거룩한 작업의 일부이다.[32] 영원을 과학적 접근법을 통하여 세상적 형태로 구
체화하는 쪽으로 나가는 헤겔 운동은 예수를 통한 예언적 소통을 계시하는 신
의 자유로운 행위를 명백히 부인하는 것이며, 또한 '파루시아'(parousia, 재림), 즉
역사 속에 신국의 도래를 통하여 역사의 목표가 궁극적으로 드러날 것을 기다
리는 인내의 신학적 가치를 명백히 부인하는 것이다. 헤겔처럼 세계를 자연적
형태로 이해하는 개념은 세계가 원인과 결과라는 일련의 역사적 연속성에 기
초한다는 것을 보여준다.

　　　헤겔의 세계 개념에 따르면, 인간은 원인과 결과라는 이 세상의 시스
템 속에 갇혀 있는 존재이며, 이 복잡한 역사적 흐름으로부터 해방되는 것이 인
간의 소원이라고 묘사한다. 이러한 구원은 영원한 정신을 향한 자아의 초월적
능력을 통하여 수행된다. 영원한 정신은 고전주의와 신고전주의 관념론자들이
주장하는 것과 유사한 관념이며, 순수한 존재의 세계를 향하여 일어난다.[33] 역
사적 실존 안에서 인간은 분명히 영원을 경험한다. 나아가 인간 개인의 실존은
영원을 향한 무한한 정열에 의해서 추동된다. 영원 때문에 인간은 언제나 불안
한 존재인데, 왜냐하면 인생의 궁극적 과제는 자신의 실존을 영원과 화해하려
는 열망을 충족시키는 것이기 때문이다. 클리마쿠스에 따르면, 영원과 화해하
는 유일한 방법은 오로지 역사적 실존으로부터 영원이라는 좀 더 고차원적 영

32 ──── Reinhold Niebuhr, *The Nature and Destiny of Man: Human Destiny* (Louisville: West-minster John Knox Press, 1964), 2: 1.
33 ──── 위의 책, 11-14. 니버에 따르면, 플라톤의 고전적 전통 속에서 참된 지식 사랑은 "알려지지 않은 것에 대한 자유로운 묵상과 열망을 하는 순수한 추상의 고귀한 원리" 속으로 침잠하게 되는 쪽으로 언제나 노력하는 것이다. 플로티누스의 신고전적 전통은 비록 영혼의 합리적 원리는 발견하지 못했을지라도, 여전히 "최종적인 '선'이라는 '진정한 존재'와 동일시하고 연합될 때까지 그 자체를 묵상하는 자의식의 힘"이 있다고 주장했다. 플라톤이나 플로티누스 모두 절대적 선이나 존재의 개념을 변화하는 우주에 대한 변치 않는 근본 본질로 보았다. 나아가 인간 오성은 절대 세계로 상승하는 것을 가능하게 만드는 그 힘이다.

역으로의 비약을 통해서만 가능하다.

클리마쿠스가 볼 때, 절대에 관한 헤겔의 공식은 "하늘을 향하여 움직이는 과정에서 방향제처럼 흩어지고 휘발되어 버리는" 개념에 불과하다. 엄밀히 말하자면, 헤겔의 절대 개념에서 '하늘을 향한 움직임'을 발견할 수 없다. 혹시라도 그런 움직임이 있다면, 그것은 역사 안에서 시작되고 종결되는 심리적 과학 여행일 것이다.

이와 달리, 클리마쿠스는 세계 역사를 단지 개인의 실존의 부산물로 보며, 그 세계 역사는 인간 개별자보다 더 상위를 차지하지 않는다고 본다. 클리마쿠스는 헤겔의 주장과는 반대로 역사적인 것은 자유에 대한 더 차원 높은 역량을 통하여 실존으로 들어간다고 주장한다. 그것이 역사를 초월하는 그의 실존철학의 중심 주제이다. 그는 《후서》에서 이렇게 설명한다.

> **세계사에서는 윤리적 변증법과는 다른 요소들, 즉 우발적인 환경들이 본질적인 역할을 한다. 이 우발적인 환경들은 개조를 통해 개인의 행동을 통합해서 그것을 그에게 직접 속하지 않은 것으로 변형시키는 힘의 활동이다. … 세계사적 고찰에 대한 끊임없는 몰두로 망가졌기 때문에 사람들은 오로지 본질적인 것·내적 정신·윤리적인 것·자유에 관심을 갖지 않고, 대신에 세계사적으로 중요한 것에만 관심을 가졌고, 오로지 우연한 것·세계사적 성과에만 관심을 가졌다.[34]**

클리마쿠스는 헤겔의 사상에서 자유가 결여되었음을 지적하면서, 개인의 실존이 역사보다 더 탁월한 위치에 있다고 주장한다. 현대 키르케고르 학자 조지 패티슨(George Pattison)에 따르면, 클리마쿠스/키르케고르는 "논리적 체계를 구성할 수는 있지만, 실존의 체계를 구성할 수 없다"고 결론 내리면서, 헤겔 사상이 실존을 간과하였음을 지적했다. 헤겔이 말하는 논리 체계는 "순수하게 형식적 체계이며, 거기에는 실존하는 현상을 전혀 담을 수가 없고, 논리 체계 자체는 타당하지만 세계에서 일어나는 실제 상태와는 무관하다."[35] 지극히 적절한 말이다. 개인의 모든 성취로 세계에 영향을 미치는 것은 궁극적으

---

34 —— Kierkegaard, *Postscript*, 135.
35 —— George Pattison, *The Philosophy of Kierkegaard* (Montreal: McGill–Queen's University Press, 2005), 14.

로 윤리적 개별자이지 역사가 아니기 때문이다. 인간 개별자는 세계 안에서 도덕적 소명을 자각하는데, 패티슨은 인간의 윤리적 본성에 대하여 이렇게 설명한다.

> **윤리학과 윤리적인 것은 모든 개별적 실존을 위한 필수적 거점이 됨으로써, 모든 실존하는 개인들에게 논박할 수 없는 주장을 한다. 그 윤리의 주장이 너무나도 거부할 수 없는 속성을 가졌기 때문에, 만일 자신의 선택이 자기 자신에게 윤리적으로 투명하지 않다면 그리고 윤리적으로 투명하게 선택하지 않았다면, 개인이 세상에서 무엇을 성취했든지, 심지어 아무리 놀랄 만한 최고의 업적을 이루었다고 해도 그것은 회의적일 수밖에 없다. 윤리적 질은 가장 놀랄 정도의 양에 의해서 절대로 감동을 받지 않는다.[36]**

말란츄크와 패티슨의 유사한 견해에 따르면, 클리마쿠스는 세상은 헤겔 철학이 묘사하듯이 창조되거나 폐기되지 않는다고 생각했다. 세상은 인간이 살아가며, 초월적 자유의 영역 안에서 인간의 구체적 실존을 살아내는 궁극적인 장소이다. 세상 속에서 인간의 자유는 영적인 실존 안에서 영원에 대한 임재를 늘 의식하게 만드는 동시에 자신의 물리적 실존을 지속적으로 확산해 나간다.[37] 클리마쿠스는 《후서》에서 이렇게 주장한다.

> **만일 (헤겔이) 논리적 체계를 구축하려면 실존 변증법을 겪는 어떤 것도 그 논리 체계 안에 포함시키지 않도록 각별히 주의하지 않으면 안 된다. 다시 말해서, 단순한 존재가 아니라 실존하는 의미에서 '존재하는 것' 또는 존재를 가지고 있는 것을 논리 체계에 포함시켜서는 안 된다.[38]**

요약

이번 장에서 우리는 신과 인간의 관계의 의미에 대하여 양극단에 있는 클리마쿠스와 헤겔의 철학을 검토하였다. 신과 인간에 대한 헤겔의 정의에

---

36 —— 위의 책, 134.
37 —— Malantschuk, *Kierkegaard's Concept*, 18.
38 —— Kierkegaard, *Postscript*, 109.

서는 이성의 절대적 힘이 역사를 점령해 버렸고, 이성이 신보다 우선시되고 말았다. 클리마쿠스는 헤겔의 이성 개념은 이성을 지나치게 절대화하여, 이성이 종교를 포함하여 세계에 있는 것을 모든 것을 다 삼켜 버렸고, 영원을 초월하는 지경에까지 이르렀다고 비판한다.

그러나 비록 헤겔 철학이 신과 세계를 역사적 상승작용으로 변질시켰고, 논리의 법칙을 적용할 수 없는 신과 인간의 관계를 개념화해 버려서 신과 인간의 정당한 구별을 놓쳐버린 것이 문제이기는 하지만, 클리마쿠스의 주된 관심은 헤겔 철학의 이성적 작업 자체를 문제 삼는 것은 아니었다. 신과 세계에 관한 헤겔 개념의 문제는 신과 세계를 역사적으로 종합하여 구성하는 방식이었다. 클리마쿠스는 영원과 세계 사이의 관계를 사유할 수 있다는 가능성을 배제하지 않으면서, 그 관계를 어떻게 사유할 수 있는지 질문한다.

20세기 헤겔 학자인 리처드 크로너(Richard Kroner)에 따르면, 헤겔은 인간의 감각 경험을 '모든 지식 경험의 원형'이라고 주장했으며, 인간의 세계 경험과 감각의 관계를 집중적으로 연구한 최초의 근대 철학자이다.[39] 크로너는 낭만주의 시대에 유럽에서는 세계를 직접 인식할 수 있다는 점에서, 세계를 경험하는 엄청난 중요성을 처음으로 인식하고 찬미하였다고 말한다. 바로 이 낭만주의 시기에 헤겔은 세계와 인간 의식에 대한 과학적 연구를 성취할 목적으로 인간 경험의 의미와 그 폭넓은 범위에 처음으로 주목하였다. 헤겔은 세계에 대한 감각 경험에 기초하여 인간의 모든 경험에 대한 철학적 통찰을 얻었다.[40] 그러나 클리마쿠스는 세계에 대한 헤겔의 낭만적 이해를 견지하는 것은 세계를 진부한 가설적 현실로 보는 것이라고 주장한다.

그럼에도 불구하고, 비록 헤겔 철학은 실제 주체-객체 관계의 가설적 개념, 클리마쿠스가 보기에 주체와 객체의 절대적 구분을 나타내지 못한다는 점에서 가설적 개념을 만들어 냈을지라도, 이 개념은 주체-객체 관계에 대한 자기 이해에 기초하고 있는데, 이 주체-객체 관계를 근거 없는 것으로 간단히 일축해 버릴 수는 없다. 왜냐하면 가설의 형태로서의 헤겔의 주체-객체의 관계 개념은 영원한 주체를 실제로 경험한 결과에서 비롯된 것임을 암시하기 때문이다. 클리마쿠스가 볼 때 그 개념은 영원성에 대한 역사적 경험에 뿌

39 ——— Kroner, *Culture and Faith*, 19.
40 ——— 위의 책.

리를 두고 있다.

　　주지하다시피, 《부스러기》의 가명 저자 요하네스 클리마쿠스는 이성과 영원한 것 사이에는 접촉점, 변증법적 연결점이 있다고 분명히 주장했다는 것이 필자의 논지였다. 그러나 이 연결점은 절대적 연결점이 아니다. 클리마쿠스가 볼 때 이것은 존재하지 않는다. 여기서 말하는 연결점은 증명할 수는 없지만 영원성에 대한 일반 지식을 얻거나 영원성을 이해하는 정도의 상대적인 것이다. 2장에서 인간 의식 속에 지향성이 있다고 주장한 후설의 초월론적 체계 분석을 다루고, 인간의 주체성 또는 정열 안에서 영원성이 형성된다는 클리마쿠스의 핵심 사상을 살펴보았다. 클리마쿠스가 《부스러기》에서 헤겔 철학을 논박할 때, 그는 이성과 영원성 사이의 역사적 접촉점에 대한 범주론적 가능성이 전혀 없다고 부정하지는 않았다. 하빕 말릭(Habib Malik)이 《쇠렌 키르케고르 받아들이기(Receiving Søren Kierkegaard)》에서 지적했듯이, 클리마쿠스(말릭은 '키르케고르'라고 표현함)는 신앙과 이성의 관계가 완전한 불일치 관계는 아니라고 이해했다. 말릭에 따르면, 클리마쿠스는 신앙과 이성의 전적인 조화 개념을 거부했을지라도 "테르툴리아누스의 '불합리하기 때문에 믿는다'(credo quia absurdum)는 사상처럼 좁혀질 수 없는 단절"을 주장하지는 않았다고 본다.[41]

　　주지하다시피, 신앙과 이성의 관계에 대한 클리마쿠스의 사상은 신앙과 이성 사이의 간격을 이을 수 있는 가능성 자체를 완전히 무시하지는 않았다. 반대로 모든 인간 안에 영원한 요소가 내재한다는 것을 인정했으며, 그렇기 때문에 모든 인간은 영원성과 접속하여 존재하며, 영원성과 인식론적이며 실존적으로 관계를 맺는다고 보았다.

　　영원과 세계의 관계에 대하여 앞서 논의했듯이 이 문제와 본질적으로 연결되는 주제는 세계 내에서 인간 실존의 구체적 위치의 중요성에 대한 클리마쿠스의 물음이다. 클리마쿠스는 영원성과의 관계에서 세계를 무효화하는 헤겔적 방법에 반대한다. 클리마쿠스는 만일 영원과 세계의 관계에 대한 헤겔 사상을 수용할 경우 헤겔 사상은 전체성을 강조하기 때문에 개별자의 실존적 자유를 상실하는 것이 결정적인 문제라고 주장한다. 자유는 개별자의 필수적 표지이다. 따라서 자유는 헤겔의 역사적 필연성이나 결정론보다 더 중요하다. 헤

---

41 ──── Malik C. Habib, *Receiving Søren Kierkegaard: The Early Impact and Transmission of His Thought* (Washington, D.C.: The Catholic University of America Press, 1997), 173.

겔이 역사적 필연성과 결정론을 주장한 것과는 달리 클리마쿠스는 인간의 실존과 자유를 주장하였다.

　　3장에서 보았듯이 클리마쿠스의 자유 개념은 신의 전능성과 주권을 배제한 성격으로 이해해서는 안 된다. 다음 장에서 클리마쿠스가 말하는 자유의 의미를 살펴볼 것이다. 클리마쿠스의 자유 개념을 명확하게 이해할 때 영원과 이성에 관한 클리마쿠스의 견해를 더 잘 이해할 수 있다. 클리마쿠스는 영원의 범주를 이성과 절대적으로 차별화했을 뿐 아니라 동시에 영원과 이성이 한 개인에게 역사적으로 공존한다고 하였다.

　　자유라는 주제를 논하기에 앞서서 클리마쿠스가 《부스러기》에서 다루고 있는 몇 가지 개념들, 예를 들어, 생성(coming into existence), 종교적이며 합리적인 신앙, 순간, 비약 등을 살펴볼 것이다. 그럼으로써 클리마쿠스가 역설적 사상가임을 입증하고자 한다. 비록 신과 세계는 절대적 간극이 있지만 역설적 사상가인 클리마쿠스는 영원에 대한 인간 사유의 합리성을 사용하여 영원과 인간 사이의 절대적 간격을 역사적으로 다리 놓았음을 부각시켰다.

5장

신앙과 이성의 관계

영원한 신앙과 역사적 이성의 차이점

이 책은 《부스러기》의 가장 중요한 문제, 즉 "신앙과 이성은 화해 불가
능하다"는 클리마쿠스의 주장에서 시작했다. 클리마쿠스는 이 주장을 견지하
면서, 또한 영원성의 객관성을 분명하게 주장하고 있다. 그래서 이 책의 제목을
'신앙의 합리성'이라고 이름 붙였다. 신앙은 불합리하다. 그러나 신앙에 합리적
인 성질이 없는 것이 아니다. 이것을 염두에 두고 제목을 붙인 것인데, '합리적
신앙'과 '신앙의 합리성'은 의미가 엄연히 다르다. 필자는 신앙의 합리성을 논증
하기 위하여 클리마쿠스가 《부스러기》에서 진리(하나님)의 객관성을 옹호하고
있는 다수의 본문들을 예로 제시하였다.

2장에서는 신앙에는 합리적 성격이 있다는 이 책의 주장을 뒷받침하
려고 《부스러기》의 여러 부분을 언급하고 인용하였다. 한 예가 인간은 진리 바
깥에 있지 않다고 주장한 클리마쿠스의 진술이었다. 그는 죄의 결과로 인간이
진리를 알 수 있는 조건을 박탈당했음에도 인간은 여전히 진리 안에 있다고 보
았다. 또한 소크라테스의 상기 원리와 기독교의 창조 교리와 원죄 교리 사이의
유사성을 제시함으로써 소크라테스와 기독교 교리 둘 다 진리가 인간 안에 내
재한다는 것을 선언하고 있다.

3장에서는 클리마쿠스가 시간-안의-신(God-in-time)이라는 절대
적 역설의 객관성을 주장했다고 진술함으로써, 《부스러기》에 나타나는 영원성
의 객관성에 대하여 논하였다. 또한 그 역설이 예언의 성취나 기적 등과 같이

역사 안에서 발생한 사건들을 통하여 역설 자신을 계시함으로써, 인간 오성이 영원성의 정체성을 인식하고 이해할 수 있게 된다고 논하였다. 일반적으로는 영원성의 객관성—구체적으로는 성육신 역설—을 주장하기 위하여 이 주장을 뒷받침해 주는 본문의 증거들을 《부스러기》의 3장에서 인용하여 제시하였다. 영원한 것에 대한 선험적 이해라고 부를 수 있는 클리마쿠스의 주장, 즉 "결코 결론에서 실존을 추론할 수 없고 다만 그 실존에서 결론을 추론할 수 있다"는 주장을 3장에서 제시하였다. 다시 말해서, 만일 객체가 존재하지 않는다면 그 대상을 결코 생각할 수 없으며, 어떤 객체가 존재하기 때문에 그 객체를 생각할 수 있다는 것이다. 인간이 그 역설과 만날 때 역설의 객관성, 즉 영원의 객관성을 지각하는 것이다. 그러나 영원은 역설로 지각될 뿐이다. 달리 말해서, 역설과의 만남이 일어날 때 인간은 역사적으로 모순된 존재, 시간–안의–신이라는 역설을 전유하게 된다.

　　4장에서는 필자의 주장인 영원성의 객관성을 논하면서 헤겔 철학을 사례로 사용하였다. 클리마쿠스는 《부스러기》에서 헤겔 철학은 틀렸다고 주장한다. 헤겔은 신과 세계를 인간 의식이라는 형태 안에 통합하는 절대 철학의 방법을 통하여 영원성을 객관화하려고 시도했다. 그러한 시도의 결과 영원성을 자연화시키고 말았다. 클리마쿠스가 헤겔을 비판한 것인지, 아니면 헤겔 철학을 신학에 활용한 당시의 덴마크 신학자(마르텐센)를 비판한 것인지 여부는 논외로 하겠다. 단지 영원성에 대한 헤겔적 이해는 기독교가 영원성을 이해하는 것과는 다르다는 것을 밝히고자 한다. 헤겔은 영원성을 순전히 이론적인 용어로, 즉 사변 체계로 정의하고자 시도했다.

　　이번 장에서는 '신앙은 합리적이다'라는 클리마쿠스의 견해를 논증하려 한다. 클리마쿠스를 신앙론자로 분류하여 신앙과 이성 사이에 어떠한 질적 관계도 없다는 것이 그의 주장이라고 하는 입장도 옳고, 클리마쿠스가 이성이 영원을 객관적으로 전유할 수 있어서 영원한 존재를 인정할 수 있다고 본다는 견해도 옳다. 필자가 주장하는 바는 신앙의 합리성 또는 영원의 객관성인데, 이 주장을 강화하기 위하여 클리마쿠스가 《부스러기》에서 제시하는 개념들의 의미를 살펴보고자 한다. 먼저 '생성'이라는 개념을 살펴보자.

생성

　　클리마쿠스의 '생성'(coming into existence) 개념은《부스러기》에서 논하는 신앙과 이성의 관계라는 주제와 관련이 깊다. 클리마쿠스의 생성 개념은 영원과 인간 사유의 관계에 대한 필자의 주장, 즉 영원의 객관성 그리고 신앙의 합리성이라는 논지를 잘 묘사하고 확증해 준다.

　　《부스러기》의 4장과 5장 사이에 위치한 '간주곡'이《부스러기》의 신앙과 이성의 문제를 설득력 있게 잘 전개하고 있다. 거기에서 클리마쿠스는 처음으로 생성 개념을 소개한다. 생성 개념의 기본적 의미는 실존으로 들어오는 것은 무엇이든지 본질상 일시적일 수밖에 없다는 것이다. 생성이 된다는 것은 비존재로부터의 이행이라는 점에서 '변화'라고 규정되고, 비존재에서 존재로의 시간적 이행은 존재가 세계 내에서 그 기원을 가진다는 것을 의미한다.

　　클리마쿠스는 생성이라는 개념이 매우 오용되고 있다고 설명한다. 헤겔 철학을 예로 들면서 이런 시간적 개념을 '필연성'과 같다고 본다. 생성 개념에 시간적 의미가 내포되어 있다는 것과 달리 필연성은 영원한 것이라는 의미에서 '비역사적'이다. 클리마쿠스는 헤겔 철학이 생성과 필연성 두 개념을 혼동했다는 점에 주목하면서 다음과 같이 주장했다. "영원한 것의 완전성은 그것이 역사를 가지고 있지 않다는 것이다. 그리고 그것은 존재하고 있으면서 절대적으로 역사를 가지고 있지 않은 유일한 것이다."[1] 필연성 개념은 생성 개념의 반대 개념이다. 생성 개념은 비존재에서 존재로 들어오는 어떤 것의 변화와 시간의 의미를 암시하는 반면, 필연성 개념은 변화를 겪지 않는 존재의 존재론적 지위에 기초한다. 그는 다음과 같이 주장한다.

필연적인 것은 생성될 수 있을까? 생성은 변화이다. 그러나 필연적인 것은 언제나 자신과 관계하며, 언제나 동일한 방식으로 자신과 관계한다. 그러므로 그것은 절대로 변화될 수 없다. 생성되는 것은 모두 그것이 생성되었다고 하는 바로 그 이유 때문에 자신이 필연적인 것이 아님을 보여준다. 왜냐하면 생성되는 모든 것은 바로 생성을 통해 필연적인 것이 아님을 증명하기 때문이다. 그리고 생성될 수 없는 것만이 필연적이며, 필연적인 것은

1 ——— Kierkegaard, *Fragments*, 77.

'존재'(is)할 뿐이기 때문이다.[2]

　　"모든 생성은 자유에 의하여 일어나기" 때문에, 생성은 "필연에 의해서"[3] 일어날 수 없다. 모든 시간적 존재는 우연적 존재이기 때문에 그것들은 단순히 특정 원인의 결과이다. 즉, 모든 시간적 존재는 스스로 있는 존재가 아니다. 생성이란 개념은 영원하지 않은 모든 것을 가리킨다.

　　클리마쿠스에 따르면 역사적인 것(생성)이라는 개념은 시간 안에서 이행의 연속적 순간들을 의미한다. 바로 이 때문에 클리마쿠스는 과거를 필연으로 이해하려는 이해 방식을 반대한다. 왜냐하면 과거의 발생은 모두 본질상 역사적이거나 시간적이기 때문이다. 일례로, 기독교의 성육신 교리에 대한 역사적 기록을 개인이 아는 것은 단지 먼 거리에서만 볼 수 있는 어떤 것이다. 그것은 이천 년 전에 단지 일어났을 수도 있었던 발생 가능한 사건으로서만 현재에 기억될 수 있는 어떤 것이다. 따라서 시간 안에 신이 들어왔다는 이 과거의 발생의 진위 여부는 개인이 그것의 발생에 관한 역사적 기록을 믿느냐 믿지 않느냐 하는 선택에 달려 있다. 과거에 일어난 한 사건의 사실 여부를 확신하려면 그 사건이 발생했다는 것을 믿을 수 있도록 설득할 수 있는 논리적이고 일관된 증거를 검토해야 한다. 예를 들어, 나치에 의해 자행된 무고한 유대인들에 대한 대량학살 소식을 매체를 통하여 알게 될 때이다. 물론 여기서는 평범한 의미에서 믿는다는 것이다. 한 사건이 확실히 일어났다는 것을 믿기 위해서 인간은 실존적인 능력들, 예컨대 인식론적·형이상학적·도덕적·사회적 능력 등을 전부 동원해서 과거에 일어난 사건과 그 사건이 실제로 일어났다고 믿는 개인적 믿음과의 관계에서 실존적인 이해에 도달하게 된다. 만일 (실제로 일어난) 그 사건을 우리가 실제로 목격하지 못했다면 우리는 그 사건이 아예 일어나지 않았을지도 모른다고 믿을 수도 있는 문제이다. 우리가 지금 다루는 문제인 시간 안에 신의 역사적 계시라는 역설의 단회적 발생도 이러한 회의의 형태를 피할 수 없다는 말이다. 결과적으로, 역사적인 것은 영원한 것과 동시에 발생할 수 없다. 그럼에도 불구하고 클리마쿠스는 역사 속에 하나의 특정 사건이 이런 이성 원리를 거슬러 들어왔다는, 영원이 시간 속으로 들어왔다는 세계 내에 신의 현현

2 ─── 위의 책, 74.
3 ─── 위의 책, 75.

사건(성육신 사건)을 인정하고 있다. 영원자인 신이 대체 어떻게 시간이라는 일시적 세계에 들어올 수 있을까?《부스러기》는 이 질문에 적절한 설명을 제시하지 않는다. 이 책은 다만 세계 내에 신적 현현이라는 계시 사건이 실제로 일어났다는 것을 선언할 뿐이지 인간의 오성에 동의를 구하지 않는다.

세계 내에 신의 계시라는 역사적 발생, 그 역설이《부스러기》의 핵심인데 클리마쿠스는 그 역설을 어떻게 해결하는가? 첫째는 영원과 세계의 정체성을 분리하여 유지하는 신학적 접근을 취하면서 역설을 다루는 것이고, 둘째는 영원과 관계할 수 있는 인간 이성의 역사적 능력을 유지함으로써 역설을 다루는 것이다.

4장에서 절대 관념론의 헤겔 체계가 어떻게 영원과 세계를 하나로 결합시켰는지 살펴보았다. 그 결과 영원과 세계 사이의 차이가 제거되고 영원과 역사의 관계는 자연적이며 통일적 관계로 변질되고 말았다.[4] 헤겔 사상은 더 이상 영원과 세계가 차이가 없을 정도로 영원과 세계의 차이를 완전히 망가트려 놓았다. 결과적으로 영원과 세계는 동일 존재가 되었다. 이런 연유로 클리마쿠스는 헤겔적인 영원-세계 관계를 극렬히 반대한다. 왜냐하면 헤겔 철학이 영원(필연)과 역사(생성)의 두 범주를 혼동했기 때문이다. 클리마쿠스의 주장은 다음과 같다.

> 지금까지 (헤겔 철학에 대하여) 말한 것은, 직접적으로 역사적인 것에 적용되는 것이다. 그의 모순은 단지 생성된 것뿐이며, 그의 모순은 생성의 모순뿐이다. 어떤 것이 생성되기 전보다 그것이 생성된 후에 더 쉽게 그것을 이해할 수 있다는 생각의 기만에 빠져서는 안 된다. 이러한 의견을 가지고 있는 사람은 그것이 생성되었다는 것을 아직 이해하지 못하고 있는 것이다. 다만 그는 생성을 포함하지 않은 현재에 대한 감각과 인지적 직접성만을 가지고 있을 뿐이다.[5]

위의 본문은 클리마쿠스가 헤겔의 필연 개념에 반대한다는 것을 보여 주고 있다. 왜냐하면 필연(영원한 것)을 역사적인 것으로 변질시켰기 때문이

4 ——— Perkins, *Søren Kierkegaard*, 22.
5 ——— Kierkegaard, *Fragments*, 86.

다. 클리마쿠스의 필연 개념은 원래는 불가변성이라는 개념을 내포하며, 세계 역사의 발전 과정 속에서 영속성을 획득한다는 헤겔의 필연 개념에는 반대되는 것이다. 그는 이렇게 말한다.

한 번 일어난 일은 일어난 것이며, 다시는 일어나기 전같이 될 수 없다. 따라서 그것은 변화시킬 수도 없다. 이 불가변성은 필연성의 불가변성일까? 과거의 것의 불변성은 하나의 변화, 곧 생성의 변화에 의하여 이루어진 것이다. 그러나 그와 같은 불가변성은 이미 변화를 겪은 것이므로, 앞으로 올 모든 변화를 배제하는 것은 물론 아니다. 왜냐하면 모든 변화는 실로 그것이 매 순간마다 배제됨으로써만 비로소 배제되기 때문이다.[6]

이 때문에 헤겔의 도식의 관점으로는 시간 내 신의 계시라는 역사적 발생을 볼 수 없다. 신의 영원한 본질 때문에 신은 역사 세계와 분리되는 초월적 정체성을 유지해야만 한다.

필연성의 개념과 그것의 역사와의 관련이라는 신학적 중요성은 첫째, 철학적 관념론의 관점에서 보면 세계 내 신의 계시는 '하나의 필연이 된 발생'(an-occurrence-made-necessary)이다. 둘째, 이런 식으로 말하면 신은 변증적 필연성의 제한들로부터 자유로울 수 없다.[7] 클리마쿠스에 따르면, 그러한 종류의 역설은 철학적 관념론에서는 역사적으로 믿을 법한 것이 될 수 없는데 왜냐하면 역설이 가진 영원과 역사의 결합이 지닌 성격을 중요하게 고려하지 않기 때문이다. 헤겔 체계가 역사 내 신의 계시라는 개념, 즉 영원으로부터 시간 속으로 뚫고 들어온 신의 자유로운 행위를 거부한다는 것은 아니다. 헤겔 철학은 바로 그러한 종교적 사건을 이성 위에 있는 것으로 봐야 한다는 견해를 거부하는 것이다. 헤겔 철학은 종교를 이성의 체계 내에 있는 한 요소라고 보았다. 또한 종교를 절대정신의 변증법적 자기 운동의 일부라고 보았으며, 인간 의식의 변증법적으로 미숙한 차원으로서의 종교는 절대정신이 발전하는 통찰력의 '직접성'에 의해서 극복된다고 여겼다. 헤겔 철학은 기독교를 이성보다 밑에 둔 것이다.[8]

헤겔이 종교가 이성보다 열등하다고 생각한 것은 명백하다. 그는 인간

6 ——— 위의 책, 77.
7 ——— Perkins, *Søren Kierkegaard*, 22.
8 ——— 위의 책, 23.

을 최종 운명까지 이르도록 돕는 것은 종교의 과제가 아니라 철학의 과제라고 보았다. 헤겔에 따르면 종교는 은총에 의존적이지 않다. 헤겔이 이해한 종교는 "중보자에 의해서 구원 얻음"을 통하여 "'영원 속에서 확정된 신의 은혜롭고 전능한 의지의 결단'의 결과로 발생한, 신이 행한 역사"[9]가 아니다. 이것은 오직 기독교의 경우에만 해당한다.

기독교적 관점에서 보면, 헤겔 철학의 문제는 신의 역사적 계시를 순전히 역사적 관점에서 정의하기 때문에 성육신이라는 발생이 가진 초자연적 성격을 인식하는 데 실패한 것이다. 헤겔은 신의 신적 계시를 인간 이성에 종속되는 것으로 보는 자연적 관념론자의 입장을 취했다. 이와 대조적으로 클리마쿠스는 성육신의 역설을 신앙적인 관점에서 서술한다. 신이 자신을 세상에 계시한 것은 영원적이면서 역사적이고, 신적이면서도 인간적이다. 클리마쿠스는 성육신 역설을 철학의 도식으로 다 설명함으로써 역사계와 구별되는 역설의 독특성을 망가트리는 짓을 하지 않았다. 역설은 오직 신앙을 통해서만 이해할 수 있는 것이지 역사적으로 사실을 밝혀낸다고 이해할 수 있는 것이 아니다. 클리마쿠스가 헤겔 체계에서 문제 삼는 것은 신앙을 역사적으로 해석한다는 것과 신앙을 이성보다 열등하게 만들었다는 두 가지 때문이다. 클리마쿠스 해석학에 따르면, 헤겔주의가 일반적으로 전달하고 있는 신앙이라는 것은 존 스튜어트가 역사 속의 '개념적 필요성'이라고 부르는 것에 불과하다. 따라서 우리는 두 종류의 믿음, 즉 종교적 신앙(Faith)과 역사적 믿음(Belief)에 대하여 좀 더 살펴보자.

종교적 신앙 대 역사적 믿음

클리마쿠스는 역사 속에서 발생하는 모든 것은 필연성에 의해서 그렇게 된 것이라고 주장하는 헤겔 철학의 맥락에서 신앙의 첫 번째 의미를 설명한다. 먼저 그는 역사 속의 발생들이 필연성에 의해 일어났다는 헤겔 철학에 반대하고, 필연성과 가변성의 중요한 차이를 지적하면서 모든 역사적 사건은 '자유롭게 작용하는 원인'이라는 자연적 형태에 의해서 발생한다고 주장한다.[10] 클

9 ——— Herman Bavinck, *Our Reasonable Faith: A Survey of Christian Doctrines*, trans. Henry Zylstra (Grand Rapids: Baker House Books, 1980), 280.

10 ——— Kierkegaard, *Fragments*, 75.

리마쿠스가 말하는 자유롭게 작용하는 변화의 원인의 개념은 위치·모양·색깔
등 물리적으로 존재하는 것에 적용되지 않고 "지금까지 단지 가능성이 있었던
것이 현실성으로 변화되는 것"[11]에 적용된다. 바로 이 변화의 특별한 견해가 그
가 의미하는 생성 개념이다.

　　클리마쿠스는 생성되는 것의 행위는 비필연적인 성격을 지닌 것으로
판명되었다고 주장한다.[12] 그에 따르면, 생성되는 것은 비필연적이기 때문에 생
성되는 그 어떤 실존이라도 자유 안에서 일어난 변화라고 주장할 수 있다.[13] 생
성의 변화는 구조적으로 역사적인 것이다. "모든 생성된 것은, 바로 그렇기 때
문에 역사적인 것이다. 왜냐하면 비록 그것에 대하여 역사적으로는 아무것도
그 이상 말할 것이 없다 해도 역사적인 것의 결정적인 술어는 다음과 같이 말
할 수 있기 때문이다. 곧, '생성되었다'고 하는 것이다."[14]

　　생성의 역사적 변화에 대하여 클리마쿠스가 이런 결론에 도달하게
된 것은 관찰하는 주체로서 그가 가진 '역사적－관념적 관점' 때문이다. 관찰
하는 주체는 존재하는 사물의 의미는 관찰 가능한 속성에 기초하여 단순하게
결정되는 것이 아님을 인식한다. 또한 그 관찰하는 주체는 변화의 개념에 대하
여 호기심을 갖는다. 클리마쿠스에 따르면 모든 생성하는 것은 '관찰되는 것의
이면에 어떤 변화가 일어났을까?' 하는 물음을 불가피하게 주체에게 던지게 된
다. 생성의 모든 변화는 관찰자로 하여금 그 변화가 일어난 방식에 대한 철학적
해석을 어떻게 할까 하는 흥미를 유발시킨다. 따라서 변화의 의미는 개인의 사
유에 개념적 수정을 요청한다.

　　그러나 불행하게도 역사적 변화를 아는 것은 언제나 개인에게 불확실
한 채로 남아 있다. 그 이유는 관찰자와 관찰되는 사건 사이에 수백 년 또는 수
천 년이라는 시간의 양적 간격이 크기 때문이 아니라 관찰자가 그 변화가 어떻
게 일어났는지에 대한 답을 확신할 수 없기 때문이다. 다시 말해서, 관찰자는
변화의 기초(근원)와 원인에 대하여 불확실하다. 클리마쿠스는 어떤 변화도 시
간 바깥에서 일어나지 않는다고 주장한다. 또한 모든 변화는 시간 내에서 일어
난다고 진술한다. 어떤 변화를 관찰할 때 관찰자는 "가장 깊은 자아－반성 속

---

11 ——— Alastair Hannay, *Kierkegaard* (London: Routledge & Kegan Paul, 1982), 102

12 ——— Kierkegaard, *Fragments*, 75.

13 ——— 위의 책.

14 ——— 위의 책.

에서 발전된"15 행위의 '경탄'에 의해서 감동을 받는다. 이것은 경탄에 의해서 감동을 받은 수동적 경험, 일종의 믿음이라고 불러도 별 문제가 없을 것이다. 이 경험은 경험할 수 있는 관찰 세계 밖에서 일어난 경탄이라는 경험의 개념이나 의미에 대한 물음을 불러일으킨다. 그러나 이 물음은 그 경험의 개념이나 의미에 대한 자명한 현실을 성취하지 못한 채 답을 찾지 못한 물음으로 남는다.16 변화에 대한 경탄이라는 자기 반성적 체험은 비록 항상 당혹스러운 문제로 남아 있다고 할지라도 그 경험에 대한 알지 못하는 근원이나 원인에 대한 일종의 믿음이라고도 할 수 있을 것이다.

여기서 그 함축하는 바는 분명하다. 객체와 주체 사이에 상호작용이 있으며, 그 상호작용 속에서 주체는 존재하는 객체에 관한 '어떻게라는 물음'(the how question)의 합법성을 인식한다. 개인은 실제로 그 객체를 알지 못하면서 동시에 그 객체를 감지한다. 클리마쿠스는 성육신의 역설은 다양한 기적들, 예를 들어, 예수가 물 위를 걸으신 사건, 물을 포도주로 변화시킨 가나 혼인잔치 사건, 죽은 자를 일으킨 나사로 사건 등과 같은 경험적 증거들을 계속해서 보여 줌으로써 신이 인간이 되었다는 주장이 정당한 사건이라고 정의 내린다. 그러면서 성육신 사건의 실제 의미를 모르거나 어떻게 성육신 사건이 존재할 수 있는지를 모르는 사람에게조차도 성육신 사건은 경탄 또는 믿음을 유발시키는 사건이라고 주장한다.

클리마쿠스는 《부스러기》에서 별을 지각하는 경험을 논하면서 경탄에 관한 특별한 의미를 다루고 있다. 어떤 사람이 별 하나를 관찰하면서 경외감을 느낄 때 그 사람은 어떻게 이 특별한 대상이 생성되었는지에 대하여 경탄에 빠진다. 그는 이 대상을 보면서 '어떻게 이 별이 생성되었는지'에 대한 의미를 질문하게 된다. 그러나 일단 이 객체가 어떻게 생성되었는지 생각하기 위해서 그 사람이 그것의 존재에 대하여 반성하기 시작할 때 그 객체는 그 사람에게 불확실하게 된다. "그 감지하는 사람이 별 하나를 볼 때 그것이 생성된 것을 그 사람이 인식하려고 추구하는 순간 그 별은 그에게 의심스러운 것이 된다. 그것은 마치 반성이 그 별을 그의 감각들로부터 빼앗아간 것과 같다."17 클리마

15 —— 위의 책, 93.
16 —— 위의 책. "그러나 기적은 직접적인 것이 아니라 신앙에 의해서만 존재하니까 믿지 않는 사람은 어떠한 기적도 보지 못한다."
17 —— 위의 책, 81.

쿠스는 일단 그 사람이 그것의 존재에 대하여 생각하기 시작하면 그 별은 오성에 신비한 것이 된다고 주장한다. 이 객체는 확실한 것이면서 동시에 불확실하게 되었다는 점에서 당혹스러운 것이다. 그것이 존재하는 한 그것은 확실한 것이지만, 그것이 어떻게 존재하게 되었는지에 대해서는 그것이 지식을 제공하지 않는다는 점에서 그것은 불확실한 것이다. 그 객체를 보는 사람은 그것의 존재를 확신하는 만큼이나 이 확실성은 이 객체가 도대체 어떻게 생성되었나에 대한 불확실성을 포함한다.

우리는 한 객체의 확실성과 불확실성이라는 이중성 때문에 지각된 객체와 그 객체의 관념적 차원 사이의 관계를 긍정하는 동시에 부정하게 된다.[18] 한편으로 보면 클리마쿠스는 감각과 관념이라는 두 가지 영역으로 나누어서 사유하면서 그 대상의 관념적 구성을 상징적으로 설명하기 위하여 지각된 것의 범주를 사용하고 있다고 생각할 것이다. 또 다른 편으로 보면 클리마쿠스는 감지된 것과 관념적인 것을 같은 것으로 본다고 생각할 수 있다. 그야 어찌되었든 명백한 것은 대상의 확실성과 불확실성이라는 이중적 측면은 독특하다는 것이다. 그것이 독특한 이유는 대상의 개념적 차원의 의미의 확실성이 없이도 그 대상의 개념적 차원을 인정하기 때문이다. 클리마쿠스는 이렇게 말한다. "이런 성격이 바로 신앙의 본질이다. 믿음의 확실성 안에서 언제나 지양된 것이지만, 여러 면에서 생성의 불확실성에 상응하는 불확실성이 있기 때문이다."[19]

클리마쿠스는 《부스러기》에서 역설을 이렇게 기술한다. 우리는 역설을 역설로 직면할 수는 있지만, 그 역설이 어떻게 일어났는지 이해할 수는 없다.[20] 그러므로 그 역설에 관하여 그 역설 사건의 기만성은 그 역설이 어떻게 생성되었는지를 알지 못한다는 것이다. 다시 말해서 우리는 역설의 실존의 의미에 대하여 의문을 품게 된다. 역설의 의미가 불확실하지 않은가? 그 역설에 대하여 문제는 역설이 존재하지 않는 게 문제가 아니라 어떻게 성육신 사건이 시간 내에 일어났는가가 문제이다. 그러나 클리마쿠스는 우리는 성육신 사건의 현실성에 대하여 결코 확실히 알 수 없기 때문에, 그 역설에 대한 믿음은 언제나 개인의 주체성, 즉 내적 존재로부터 솟아나는 것이라고 믿는다. 비록 그 사건에 대한 충분한 증거가 존재하지 않을지라도 개인의 믿음은 내면의 존재로부

18 ── 위의 책.
19 ── 위의 책.
20 ── 위의 책, 81-82.

터 솟아난다. 앨러스테어 하네이가 클리마쿠스에 대하여 다음과 같은 타당한 주장을 펼친다.

> '불확실성에서 솟아난' 이런 확실성은 자기 기만일 수 없다. 왜냐하면 그러한 검토에 필요한 인상을 획득하는 데 필요한 정보 체계의 결핍이 의미하는 것은 사실의 진위 여부에 상응하는 마음 상태가 대상에서 발생하는 것이 아니라 주체에서 발생해야만 하기 때문이다. 따라서 이 경우 개인이 그렇게 믿기로 선택한 것은 비합리적 사유가 아니며, 또한 일관성 없는 것을 믿기로 결단하는 사고계획도 아니어야만 한다. 그 반대로 충분한 이유가 결핍된 상태에서 어떤 명제를 진리로 받아들이는 것은 응당히 믿음과 결부되며, 믿음을 요청한다.[21]

그 역설이 어떻게 생겨났을까? 클리마쿠스는 그 역설에 대한 믿음이 합리적이라고 주장한다. 비록 그 역설을 구체적으로 증명할 수는 없어도 그 역설은 합리적이라는 것이다. 신이 육화했다는 그 역설의 객관적 주장에 기초하여 클리마쿠스는 그 역설의 합리성을 주장한다. 비록 역설의 역사적 특수성으로 말미암아 역설의 정체를 밝히는 데 필요한 증거를 제시하지 못한다고 할지라도 클리마쿠스는 역설의 합리성을 주장한다. 따라서 클리마쿠스에게 문제는 그 역설의 실제적 발생, 즉 성육신 사건이 실제로 발생했는지가 아니라 최종 대답을 발견할 수 없는 바로 그 물음, 곧 그 역설이 어떻게 생성되었는가 하는 것이다.

클리마쿠스의 객관성과 주체성

클리마쿠스가 영원 또는 역설에 대한 우리의 신앙에 합리성이 있다고 믿은 사상가라는 주장에 일부 학자들은 반대한다. 비평가 캐일럽 밀러(Caleb Miller)는 클리마쿠스는 주관주의자이며 종교적 신앙을 순수한 내면 경험으로 잘못 이해하는 사람이라고 주장한다. 밀러의 스승 로버트 애덤스(Robert Adams)도 객관적 지식을 근접성(approximation)으로 이해하는 클리마쿠스의 견해는 틀렸다고 비판한다. 그래서 애덤스와 밀러에 따르면, 클리마쿠스는 신앙에 대한 객관적인 사유를 완전히 불필요한 것으로 만들어 버린 것이다. 그들은 클리마쿠스의 사상에서 객관성은 '근접성'일 뿐이며, 객관성 그 자체로는 "영원한 행복에 대한 무한한 개인적 관심을 본질적으로 측량할 수 없다"[22]고 주장한다.

밀러는 클리마쿠스의 사상에서 신앙은 주체적인 것이기 때문에 신앙의 객관적 차원을 별로 중시하지 않는다고 비판한다. 밀러는 신앙은 궁극적으로 영원에 대한 내면적 경험에 대한 것이므로 이성을 초월한다는 클리마쿠스의 사상에 동의한다. 밀러는 모든 의심과 불신에 직면할지라도 믿기로 결단하거나 수용하기를 감행하는 것이 신앙이라고 주장하였다. 신앙은 신의 존재나 계시와 같은 비이성적인 관념에 대한 내면적 헌신이라고 할 수 있다.

그러나 밀러는 그 존재에 대한 타당한 근거를 제공하지 않는 어떤 대상(신)이나 명제(성육신)를 어떻게 객관적으로 생각하는가 하는 것이 여전히 중요하다고 믿는다. 그런데 밀러는 클리마쿠스의 사상에는 신앙과의 관계 속에서 인간 이성의 객관적 중요성을 강조하는 것이 부재하다고 지적하면서 "(종교적) 주장을 지지하는 데 있어서 객관적 사유는 당면한 주장의 옳음을 증명하기 위하여 실질적으로 모든 이성적 사람이 취할 수 있는 사유이다"[23]라고 주장한다. 밀러는 클리마쿠스의 사상에는 이러한 객관적인 사유가 부재하다고 지적한다. 그는 어떤 대상이나 사건에 대한 역사적 지식은 예컨대, 신이 존재한다는 불확실한 명제나 관념을 헌신적으로 믿기로 결단하는 데 지지하는 역할을 하는 증거가 되며 실질적인 중요성을 지닌다고 주장한다. 그런데 밀러는 클리마쿠스의 책 어디에서도 영원성에 대하여 역사적 지식의 실용적 중요성을 말하는 곳을 발견할 수 없다고 비판한다.

그러나 밀러의 주장은 잘못된 생각에 근거한 것이다. 밀러가 클리마쿠스를 비이성주의자로 보는 견해는 옳지 않다. 비이성주의란 이성이 신의 존재나 신의 성육신 사건처럼 충분한 증거가 없는 것을 사유할 능력이 없다는 것을 뜻한다. 이 주제를 좀 더 살펴보자. 밀러와 몇몇 학자가 클리마쿠스를 비이성주의자라고 비판하는 근거는 클리마쿠스가 인간의 주체성을 특이하게 설

22 —— Caleb Miller, "Faith and Reason," *Reason for the Hope Within*, ed. Michael Murray (Grand Rapids: William B. Eerdman Publishing Company, 1999), 140.
23 —— 위의 책, 140.

명하는 데에서 비롯된 것이 분명하다. 언뜻 보기에 클리마쿠스는 직접적 증거를 제공하지 않는 대상을 객관적으로 전유하는 데 인간 이성이 별로 중요한 역할을 못한다고 주장하는 듯하다. 즉 진리를 전유하는 데 있어서 인간 이성을 의심하고 있는 것으로 볼 수 있다. 이런 입장을 견지하는 밀러와 같은 학자들의 관점에서 보면, 인간 이성의 객관성은 클리마쿠스의 주체성에 의해서 완전히 삼켜져 버리고 만다. 밀러 같은 학자들이 보기에 (영원에 대한) '개인의 무한한 관심'이라는 클리마쿠스의 개념은 직접적 증거가 없는 것을 인간이 사유할 때 객관적 실체가 완전히 결여되었음을 가리키는 용어이다. 그들이 보기에 클리마쿠스가 인간 사유의 객관성을 난센스(허튼소리)로 비하하고 있으며, 인간의 주체성을 종교적 지식의 유일한 인식론적 기초라고 확고하게 믿고 있기 때문에 주체성을 무리하게 강요하고 있다고 본다.

그러나 이러한 밀러 같은 학자들의 주장은 클리마쿠스의 주체성의 진정한 의미에 대한 정당한 평가가 아니다. 왜냐하면 클리마쿠스의 주체성 개념이 실제로 의미하는 것의 반쪽만 묘사했기 때문이다. 여기 그 이유가 있다. 키르케고르 주석가 리처드 쿨리지는 클리마쿠스의 주체성 개념을 '주체적 존재론'[24]으로 부르며 그 의미를 표현한다. 쿨리지는 주체적 존재론이란 본질론자 헤겔에 대한 '반(反)본질론자'로서 존재론을 거부하는 것이라고 말한다. 그것이 무슨 의미일까? 인간의 주체성에 대한 클리마쿠스의 실존적 분석이라고 부르는 것은 인간 자아의 미묘하지만 명백한 존재론 안에서 구조화된 어떤 것이라는 의미이다. 많은 비평가가 종종 간과하는데 인간 자아의 존재론은 '객관적·도덕적·종교적 내용'으로 구성되어 있다.

클리마쿠스가 인간의 주체성을 객관적인 동시에 주관적 차원으로 이루어진 전체 실존 안에 위치시켰다는 사실에 의해서 쿨리지의 주장이 타당하다는 것이 입증되었다. 종종 비평가들은 실존 전체가 객관적 차원과 주체적 차원이 있다는 사실을 간과하고 있다. 이 책의 2장에서 보았듯이 클리마쿠스가 진리에 대하여 제기하는 물음은 객관적으로 얻는 진리에 관한 것이 아니라 개인이 어떻게 그 진리와 관계를 맺는가에 대한 것이다. 클리마쿠스가 주장하는 것은 신에 대한 객관적 믿음은 언제나 개인의 모든 존재를 던지는 주체적 정열의 행위이지 단순히 개인의 인지적인 앎(Erkiendelse) '그 자체'로 끝나는 것이

---

24 ──── 이 책의 2장에서 '주체성'에 대한 주제를 보라.

아니라는 것이다.[25] 예를 들어 영원에 대한 개인의 합리적인 지식은 결코 완전히 인지적인 방식으로만 성취되는 형식이 아니다.[26] 그러므로 클리마쿠스 사상에 객관성이 없다고 보는 밀러 같은 학자들은 객관성을 포함하고 있는 주체적인 것의 의미를 간과하고 있다. 실존의 의미에는 주체적 차원뿐 아니라 반드시 객관적 차원도 포함되어 있다.

'실족'의 개념

신이 역사의 시간 속으로 들어온 사건은 얼마나 특수한가? 다시 말해서, 세계 내에 신의 역사적 계시라는 양가성(兩價性)을 어떻게 풀어야 하는가?

첫째, 이 성육신 사건의 핵심은 '얼핏 보기에는' 본질상 영원한 존재가 '그 자체로' 역사적인 존재가 된, 즉 신이 그의 영원한 본질을 역사적인 존재로 변형시킨 것이 아니다. 오히려 성육신 사건의 본질은 영원한 신이 시간 안에 '있었으며' 따라서 클리마쿠스는 영원한 존재의 '질적으로 무한한 차이'를 여전히 유지하고 있는 것으로 설명한다. 신이 인간이 된 신-인의 계시는 그의 영원한 본질이 절충되지 않은 채 그대로 남아 있는 것이다. 절대자의 신-인의 계시인 예수 그리스도는 신이면서 동시에 인간이다. 이것이 핵심이다.

둘째, 클리마쿠스 사상에 있어서 영원한 존재의 '질적 무한'의 해석학은 두 가지 의미의 근거가 되는 데 중요한 역할을 한다. 먼저, 신이 시간 속에 들어온 사건은 이성의 문제가 아니라 순전히 신앙의 문제라는 의미이다. 다음으로, 이 성육신 사건은 신이 스스로를 변형시켰다는 것에 반대하여 "신이 인간 생명 안에 자신을 심은" 사건이라는 의미이다.[27] 신의 신적인 계시인 성육신 사건은 신에게 우발적으로 발생한 행위가 아니라 신에 의한 일종의 능동적인 '성취'이다.[28] 이 역설에는 신의 신성과 인성에 대한 상이한 개념이 서로 엮여 있으며, 존재와 본질의 형태로 신성과 인성을 동시에 표현한다.

이것이 어떻게 가능한가? 영원한 신이 어떻게 시간과 공간의 속성을

---

25 ——— Hannay, *Kierkegaard*, 93.
26 ——— 위의 책, 105.
27 ——— 위의 책, 107.
28 ——— Louis Berkhof, *Systematic Theology* (Grand Rapids: WM. B. Eerdmans Publishing Co., 1988), 333.

소유하면서 동시에 소유하지 않을 수 있단 말인가? 이미 앞서서 클리마쿠스는 영원성과 역사성은 본질적으로 상호 배타적 실존의 범주이며, 영원은 필연적이지만 역사는 변화한다고 정의했다. 클리마쿠스는 영원과 역사에는 절대적이고 질적인 차이가 있다는 것을 분명히 믿는다. 그러나 영원한 신이 시간 속에 역사적으로 존재하는 방법은 영원성과 역사성을 동시에 가지는 방식이다. 신의 계시인 성육신은 시간 속에서 발생했다. 그런데 신이 세상에 나타난 이 역설적 사건은 역사성만이 아니라 영원성도 가지고 있다. 왜냐하면 영원한 신이 바로 이 사건의 주체이기 때문이다. 신의 계시인 성육신은 영원성만 있거나 역사성만 있는 것이 아니라 유한한 매 순간마다 영원성과 역사성이라는 양면의 종합인 채로 있다.

여기서 신의 계시인 성육신 안에 영원성과 역사성의 범주적 차이는 역설의 매 순간마다 유지된다. 성육신의 계시 속에 영원성과 역사성이 공존하기 때문에 영원성과 역사성의 통일체인 예수 그리스도를 역사적으로 이해할 수 없다고 하는 모든 논리적인 주장은 '단번에' 배제된다. 동시에 절대적 역설은 역사적 한계의 폭과 범위를 넘어서려는 모든 지성적인 시도를 배제하기도 한다. 클리마쿠스에게서 이것이 의미하는 바는 명백하다. 그 역설에는 독립적인 차원, 즉 영원성도 아니고 역사성도 아닌 어떤 독립적인 차원이 암시되어 있다. 클리마쿠스가 역설은 특별한 측면을 가졌다거나, 역설은 영원성과 역사성의 이중적 측면을 전달한다고 말할 때의 의미가 그런 것이다. 그는 인간의 어떠한 노력과 시도로도 절대적 역설을 이해할 수 없다고 주장한다. 본질상 절대적 역설은 모든 인간의 추론을 초월한다. 그래서 절대적 역설은 인간의 이성을 초월하므로 역사적·이성적 모순을 비웃는다.

2장에서 신앙과 이성은 양립할 수 없으며 이 둘은 별개의 범주의 사유 영역이라고 한 클리마쿠스의 주장을 살펴보았다. 바로 이 역설 안에 신앙과 이성의 화해 불가능성이 있다. 성육신의 절대적 역설 안에는 영원성과 역사성이라는 두 개의 다른 특질이 있다. 그래서 3장에서 왜 클리마쿠스가 이성을 절대화하려고 시도했던 헤겔의 시도를 강하게 반대했는지를 살펴보았다. 헤겔은 절대적 단일 실존을 형성하기 위하여 영원과 세계를 결합시켰다. 클리마쿠스에 따르면, 헤겔은 영원성과 세계를 화해시키려고 시도했으며 그리하여 역설의 불합리를 극복하고자 시도했다. 그러나 그럼으로써 참으로 영원한 형식으로서의 신앙을 왜곡하는 결과를 낳고 말았다.

성육신의 역설을 유한한 객관적 측면에서 보자면, 그 역설의 초월적이거나 영원한 측면은 이성의 '한계'(Craendsen)를 암시하고 있다. 역설은 이성의 한계를 초월하는 '미지의 것'(Uberkjendte)이다. 그 역설에서 우리는 이성을 초월하는 어떤 것, 즉 이성의 합리성의 기준을 따라서 세밀하게 분석할 수 없는 어떤 것을 직면한다. 영원성은 인간의 사고와 인간의 기준과는 별개의 것이다. 이에 관하여 두 가지 중요한 주장을 펼치고자 한다.

첫째, 그 역설에는 미지의 측면, 즉 영원성이 있다는 클리마쿠스의 주장과 관련하여, 그는 인간의 오성은 집요하게 성육신 역설의 영원한 측면을 이해하려는 노력 속에서 그것에 들어가려고 시도한다고 주장한다. 따라서 클리마쿠스는 인간은 그 역설을 충분히 이해하고 싶기 때문에, 마치 그 역설이 우리의 객관적인 분석의 대상이 되는 것인 양 그 역설에 대한 객관적 이해를 추구한다고 주장한다. 이성의 관점에서 보자면, 그 역설의 역사적 본성은 역사적 검토라는 이성의 기준에 따라서 판단받을 수 있다. 그러나 그 역설의 독립적으로 영원한 측면과 그 역설 안에 계시된 시간과의 역사적 결합은 역설의 비이성적 성격을 함축한다. 그 역설은 역사적 측면을 가졌다는 말은 맞지만, 또한 영원성과 결합되어 있기 때문에 적절한 역사적 해결책에 도달할 수 없다. 한편, 그 역설은 역사적인 것과 절대적으로 구분되지만, 동시에 그 역설은 역사적인 것과 철저하게 동일하다.

둘째, 클리마쿠스는 세상을 구속하려는 신의 목적을 가진 도덕적·종교적 사건으로서의 성육신의 역설을 입증함으로써, 성육신의 역설의 이해를 확장시켜서 영원에 대한 우리의 도덕적·종교적 입장을 결단하는 것으로 넓혀간다. 클리마쿠스에 따르면, 그 역설과의 관계는 그 역설에 대한 각자의 도덕적 입장에 근거를 두고 있다. 하네이가 말하고 있듯이, 그것은 개인이 성육신 사건에 어떻게 반응하느냐에 따라서 결정된다. 성육신 사건을 신의 구원의 계시로 수용할 것인가 아니면 순전히 비이성적인 것이라고 반응할 것인가는 개인의 반응에 달려 있다.[29] 클리마쿠스에게서 신의 계시를 믿든지 안 믿든지는 개인의 의지에 달려 있다. 그 역설을 특징짓는 개인의 행위는 인지적 지식이나 그것에 대한 이해에 근거한 것일 뿐만 아니라 개인이 성육신 사건을 믿을 의향이 있느

29 ——— S. U. Zuidema, *Kierkegaard* (Philadelphia: Presbyterian and Reformed Publishing Co., 1960), 27.

냐 없느냐의 여부에 따라 결정된다.[30]

　그 역사적 주체는 객관적 기준을 포기해야만 한다. 왜냐하면 한 인간으로서의 역사적 주체가 종교적 진리를 추구하고, 사고의 이성적 객관성의 기준을 초월하는 그 영원성으로 위탁되려면, 성육신 역설을 이해하기 위한 도덕적 회심이 그 사람에게 필요하기 때문이다. 그 역설을 제대로 이해하려면 개인의 역사적 마음의 틀을 잠시 내려놓아야만 한다. 만일 역사적 기준을 포기하라는 요청을 무시한다면 그 사람은 그 역설의 진수를 결코 이해할 수 없게 될 것이다. 단지 이성적으로 그 역설을 극복하고자 시도하지만 헛수고가 될 뿐이다.

　이제 오성과 역설 사이의 충돌을 상쇄하는 데 필요한 기준이 무엇이냐 하는 물음이 불가피하게 제기된다. 만일 그 역설이 이성의 보통 기준에 부합하지 않는다면 그 역설이 정당하다는 것을 어떻게 증명할 수 있단 말인가? 그 역설을 이해할 수 있는 기준을 발견하고자 클리마쿠스는 '실족'(offence)이라는 특별한 개념을 제시한다. 클리마쿠스는 실족의 개념을 설명함으로써 성육신의 역설이 독단적이라는 반대를 극복하고 있다.

　클리마쿠스에 따르면, 역설에 반응하는 두 가지 방법이 있다. 첫째는 역설을 받아들임으로써 만족스러운 이해에 도달하는 경우이다. 둘째는 그 역설의 불합리 때문에 그 역설을 버리는 경우이다. 첫 번째 방법은 역설을 역설 자체로 수용한다는 뜻이다. 그러나 그 역설을 수용하는 것은 제멋대로 이루어지는 것이 아니다. 클리마쿠스에 따르면, 역설을 수용하는 행위는 개인의 의지적 선택을 요청한다.

　두 번째 방법은 오성과 역설 사이의 '상호 이해'에 도달하는 것을 거절하는 선택을 가리킨다. 이 두 번째 방법에서 마음은 그 역설과 불행한 관계에 들어간다. 즉 그것이 불합리하기 때문에 실족한다.[31] 클리마쿠스는 그 실족을 역설과 개인의 마음의 불행한 관계라고 부른다.

　그는 역설과의 불행한 관계를 '상처 입는 고난'이라고 부르며, 인간 오성은 그 역설의 불합리 때문에 역설을 비난할 수밖에 없다고 본다.[32] 여기서 클리마쿠스는 '불행한 사랑'이라는 은유를 사용한다. 클리마쿠스에 따르면, 아무

---

30 ──── 자유와 의지에 대하여 이 장의 후반부에 상세히 설명하고자 한다.
31 ──── 위의 책, 31.
32 ──── 하워드 홍 부부는 '고난'이라는 용어를 두 가지로 정의한다. '마음의 고통'(Affekt)과 '통제되지 않은 정서 상태'(Sinds Lidelse).

리 그 역설에서 이기적 유익을 얻고자 노력할지라도 그 결과는 언제나 고난이다. 오성을 가지고 역설과 화해하려고 하는 여러 시도는 언제나 자아의 고뇌로 끝나고 만다.[33]

> **만일 실족한 사람이 마치 고통 가운데 돌처럼 굳어져 버린 거지처럼 쭈그리고 앉아서 아무리 그 역설을 바라볼지라도, 또는 마치 조롱으로 자신을 무장하고 멀찍이서 재치의 화살을 그 역설을 향해 겨누고 있다 할지라도 그는 고통을 겪고 있는 것이며, 그는 멀리 있는 것이 아니다. 만일 실족이 다가와서 실족한 사람으로부터 마지막 남은 위안과 기쁨의 부스러기를 빼앗아 갔을지라도, 또는 그것이 그를 강하게 만들었을지라도 실족은 고난이다. 실족은 자기보다 강한 자와 싸운 것이며, 그의 힘의 상태는 몸으로 치면 척추가 부러진 사람의 상태와 같다. 그리고 이것이 오히려 독특한 유연성을 주는 것이다.[34]**

클리마쿠스는 역설은 오성보다도 더 강하다고 주장한다. 그는 또한 인간 오성은 "척추가 부러진 사람"[35]처럼 힘겨운 고투를 하면서 역설에 반응한다고 진술한다. 오성과 역설 사이의 이 힘겨운 고투는 외부의 촉발자를 의미한다. 오성의 실족이나 고난은 오성의 능력을 능가하는 더 높은 차원의 실존이 있으며, 오성은 그것을 이기려고 고투하고 있음을 가리키는 것이다. 역설이 오성보다 우위에 있기 때문에 역설을 거부하는 사람은 적극적으로 역설을 비난하든지 아니면 수동적으로 역설에 대하여 무관심하든지, 언제나 패배를 경험한다. 왜냐하면 오성이 그 상대인 역설의 불합리를 극복할 능력을 가졌다고 믿기 때문이다. 다시 말해서, 오성이 역설에 대하여 우위를 점한다고 생각하기 때문이다.

여기에 두 가지가 작용하고 있다. 첫째, 역설에 대한 개인의 믿음, 즉 오성이 자기 자신을 위하여 형성한 그런 역설에 대한 개인의 믿음은 자신의 합

---

33 ——— Kierkegaard, *Fragments*, 47: "모든 실족은 가장 근본에 있어서 고통이다. 그것은 마치 불행한 사랑과 유사하다. 심지어 자기 사랑이 그 자체로 앞뒤를 돌보지 않는 행위로 나타나든 깜짝 놀랄 만한 행동으로 나타나든 그것은 고통이며, 상처를 입은 것이다."
34 ——— 위의 책, 50.
35 ——— 위의 책.

리적 한계를 벗어난다. 역설을 그렇게 이해하는 것은 직접적 실족으로서의 역설을 경험하는 경우와 같은 참된 표현이 될 수가 없다. 둘째, 오성이 너무 교만해서 역설이 옳다고 인정할 수 없기 때문에 개인의 반응은 역설을 제대로 직면하는 그 고난으로부터 자신을 격리시키는 것이다. 결국 사람이 이런 것에 화가 나지만 상대방의 진짜 잘못을 발견할 수 없을 때 상대방을 희화화시키게 되는 것이 인간의 속성의 일부가 아니겠는가?[36] 클리마쿠스는 그 역설을 거절할 때조차도 인간은 그 역설의 옳음을 감지하는 것이 가능하다고 믿는다.

이 거절의 시나리오는 오성과 역설의 충돌 장면에도 적용된다. 성육신 역설은 이성을 실족하게 하는데, 왜냐하면 진리인 성육신 역설에 대하여 오성은 적대적이기 때문이다. 오성이 역설 때문에 생겨나는 실족은 역설 자체가 틀렸기 때문에 발생하는 것이 아니다. 실족이나 분노가 발생하는 원인은 오성의 무지와 교만, 즉 오성이 진리에 대하여 품고 있는 적대감 때문이다. 2장에서 비록 사람이 역설을 관념적으로 전유할 수 있을지라도, 그 역설을 믿지 않는다고 클리마쿠스가 주장한 이유는 단순히 사람이 그것을 믿기가 싫기 때문이다. 성육신이라는 그 역설이 믿을 수 없는 것이기 때문이 아니라 그 역설을 접한 주체가 그 역설이 믿을 수 있는 것일지라도 믿을 의향이 없기 때문이다.

'순간'과 '조건'

오성에게 실족을 일으키는 역설은 클리마쿠스가 말하는 소위 '순간'에서 생겨난다. 클리마쿠스에 따르면, 모든 것이 '순간'을 중심으로 돌아간다.[37] 클리마쿠스는 순간을 세계 내의 모든 인간사의 중심이라고 말한다. 예를 들어, 클리마쿠스가 오성이 성육신의 역설 때문에 실족한다고 할 때 그 의미는 역설에 계시된 신과 세상의 역사적 결합의 순간 때문에 오성이 실족한다는 뜻이다. 만일 그 역설이 참이며 본질적으로 그 역설을 구성하는 것이 영원과 시간 사이의 순간의 결합이라면, 그 역설로 인한 오성의 실족은 순간에 대한 오해라고 볼 수 있다. 왜냐하면 가장 단축된 형태에서의 역설을 우리는 순간이라고 부를 수 있기 때문이다.

36 —— 위의 책, 51.
37 —— 위의 책.

순간이란 영원한 신이 시간 세계 속으로 들어온 것을 의미한다. 그래서 순간은 단순히 역사적으로 그치는 것이 아니라 역사적인 동시에 영원한 것이다. 한편, 역설에 대한 순간의 기만성은 이성이 이 순간을 전유할 수 있는 가능성이 없다는 점에서 이성의 존재 기반을 흔들어 놓는다. 그럼에도 불구하고 그 순간이 역사적으로 발생했다고 취급하는 데는 아무런 잘못이 없다. 따라서 역설은 영원성과 역사성 양면을 지니는 특이하게 다른 차원을 지니게 된다.

이와 같은 순간은 독특하다. 그것은 물론 눈 깜짝할 사이만큼 짧고 찰나적이며, 눈 깜짝할 사이에 다음 순간으로 옮아간다. 그러나 그것은 결정적이며, 또한 영원한 것으로 채워져 있다. 이러한 순간은 역시 특별한 이름을 가질 필요가 있다. 우리는 이것을 '때가 찼다'고 부르자.[38]

위의 인용문이 의미하는 바는 성육신의 역설이 시간 속에서 발생한 것은 역설의 역사적 차원이며, 그 역설이 역사적인 것을 초월하는 측면을 순간의 영원한 차원이라고 볼 수 있다는 것이다. 그 순간은 역사적 차원이 되기 위하여 시간을 빌렸듯이, 또한 그 순간은 영원한 차원도 동시에 가지고 있다. 왜냐하면 역설의 영원한 순간은 그것의 역사적 차원을 벗어났기 때문에 역설을 관찰하는 사람의 위치는 별로 중요하지 않기 때문이다. 다시 말해서, 성육신 사건을 그때 그 상황에서 직접 목격한 사람, 즉 예수 그리스도 당시의 사람이든, 그 사건을 간접적으로 경험하는 현대의 사람이든 별 차이가 없다. 왜냐하면 핵심은 그 역설을 믿느냐 안 믿느냐의 문제이기 때문이다. 클리마쿠스의 최종 결론은 개인이 그 성육신의 역설을 믿을 의향을 있느냐 없느냐 하는 믿음의 문제인 것이다.

클리마쿠스에 따르면 그 역설에 대한 진정한 지식은 역사적 이해의 대상이 아니다. 오성은 단순히 그 역설을 역사적으로 이해함으로써 성육신 사건의 발생을 객관적으로 바라볼 수 있을 뿐이다. 신의 성육신이라는 신적 계시의 역설을 제대로 이해하는 것은 오직 개인의 신앙을 통해서만 가능하다. 그러므로 신앙은 그 역설의 단순한 역사적 이해를 초월하여 역설의 진리에 도달하는 궁극적 조건이다.

38 —— 위의 책, 18.

클리마쿠스가 말하는 조건이란 개인의 종교적 신앙의 의식적 상태를 의미한다. 그러나 이 신앙은 시간 안에서 발생하기 때문에 역사적인 중요성을 가진다. 본성상 초월적인 이 조건은 시간 세계 바깥에 있는 영원한 것으로부터 생겨난 것이다.

> 이제 만일 제자가 비진리[39] 안에 있다면, 교사는 진리를 제자에게 가져가 야만 한다. 하지만 그뿐만이 아니다. 그것과 함께 교사는 제자에게 그것 을 이해하기 위한 조건을 제시해야만 한다. … 그러면 교사는 조건을 주고 진리를 제시하는 신 자신이다.[40]

클리마쿠스 사상에서 그 순간에 관한 더욱 경이로운 사실은 그 조건 을 수용할 때 그 사람은 역사적인 세계를 초월하여 그 역설을 믿는 초자연적 경험을 하게 되는 것이다. 그 순간이 바로 인간 경험의 두 가지 모순되면서도 여 전히 함께 가는 두 범주인 영원성과 역사성이 결합되는 순간, 즉 시간 속에서 영원을 경험하는 순간이다.

> 그러나 신앙은 항상 교사에게 밀착되어 있어야 한다. 그런데 교사가 이 조 건을 제공하려면, 그는 신이어야 한다. 그리고 학생이 그것을 소유하게 하 려면, 그는 인간이어야 한다. 이 모순도 또한 신앙의 대상이며, 역설이며, 순간이다. 신이 인간에게 꼭 한 번 조건을 제공했다는 것이 영원한 소크라 테스적 전제며, 이 전제는 시간과 아주 적대적으로 충돌하지는 않지만, 그 러나 시간성의 범주와 상응하지는 않는다. 이와 반대로 앞에서 말한 모순 은 인간이 순간에서 조건을 받는다는 것이며, 그것은 영원한 진리를 이해 하는 조건이으로 당연히 영원한 조건이 된다.[41]

다시 말해서, 인간이 시간 속에서 역사적 순간의 신앙을 경험할 때조 차도 신앙의 근원은 영원한 것이다. 이것이 클리마쿠스가 진리를 아는 조건의 궁극적 원천이 내재적이라는 의견에 반대하는 이유이다. 클리마쿠스는 진리를

---

39 —— 제자는 진리 바깥에 있는 어떤 사람이다.
40 —— Kierkegaard, *Fragments*, 14–15.
41 —— 위의 책, 62.

아는 조건을 역사적 실존의 영역에서 발견할 수 있다는 견해에 반대한다. 왜냐하면 진리를 아는 조건은 시간 바깥의 영원한 신성으로부터 주어지기 때문이다. 그러나 클리마쿠스는 인간이 순간의 조건에 대한 비객관적인 측면을 어느정도는 역사적으로 해석하거나 수용할 수 있음을 인정했다. 왜냐하면 내면의 영혼 안에는 이미 '일종의 해석학적 전제'가 있어서 그 조건을 받아들이도록 인간을 촉구하기 때문이다.[42]

정열, 실존 그리고 신앙

앞의 논의에서 우리는 시간-안의-신이라는 역설의 역사적 현현의 의미에 초점을 두었다. 그리고 그 역설을 믿는 수단인 신앙의 종교적 조건이라는 초역사적 내용과 근원에 초점을 두었다. 이제부터는 신앙에 도달하는 과정에서 개인은 무슨 역할을 하는가[43] 하는 질문을 다루고자 한다. 바라건대 이 물음에 대한 답을 통하여 신앙과의 관계에서 개인의 위치를 더 잘 결정할 수 있기를 바란다. 이제 우리는 정열, 실존 그리고 신앙이라는 세 가지 주제를 다루고자 한다. 이 세 가지 주제를 연구함으로써 인간의 경험의 여러 측면 사이의 상호작용을 좀 더 잘 분석하게 될 것이다. 또한 이 연구는 일반적으로 신앙에 이르게 되는 길을 알아내는 데 도움을 줄 것이다.

클리마쿠스는 진리의 문제만을 논한 것이 아니라 어떻게 사람이 그 진리와 관계하는 방법을 발견하는가를 논했기 때문에 역설에 대한 신앙을 성취하는 데 있어서 개인이 어떤 역할을 하는가 하는 물음이 자연스레 생겨난다. 이제 개인이 역사적으로 어떻게 그 역설과 관계하는지의 문제를 다루고자 한다.

인간이 그 역설과 어떻게 관계하는가 하는 물음에 대한 해답은 바로 그 역설의 근본적 특징들, 즉 성육신 역설의 역사적-영원적 속성에서 발견되며, 그리고 역사성 밖에 있는 역설의 종교적 근원 속에서 발견된다. 역설의 종교적 기원의 영원한 성질 때문에 한 인간이 그 역설을 진정으로 믿게 되었다고 해도 그것을 결코 자기의 업적이나 성취물이라고 주장할 수 없다.

왜냐하면 그 역설에 대한 개인의 참된 신앙은 신앙의 과정에 참여한

42 —— 위의 책, 117.

43 —— J. Heywood Thomas, *Subjectivity and Paradox: A Study of Kierkegaard* (Oxford: Blackwell, 1957), 61–62.

개인에게 기인하는 것일 수 없기 때문이다. 신앙은 오로지 그 역설의 모순을 수용함으로써만 가능하며, 그래서 믿음의 출처는 개인의 역사적 이성 밖에 있는 것이다. 클리마쿠스에 따르면, 그 개인은 단지 이성만으로 성육신 역설의 모순을 이해하지 못하며 역설에 대한 개인의 신앙을 성취하는 어떤 지점에 있지도 않다. 그러므로 개인의 행위는 신앙의 원천으로서의 명백한 자격을 획득하지 못한다. 클리마쿠스가 명백하다고 말할 때, (소크라테스적) 상기든 아니면 (기독교적) 창조든 신앙은 진리를 아는 개인의 조건에서 발생하지 않는다는 의미이다. 오히려 신앙의 뿌리는 신이며, 신이 신앙의 원천이며 주체이다.

　　2장에서 후설과 클리마쿠스의 초월 분석을 다루면서 신앙의 원천은 신이라는 주장을 하였다. 후설과 클리마쿠스를 비교하면서 타자에 대한 주체적 경험을 묘사한 후설의 초월론적 분석은 진리로서의 자격을 갖추지 못했다고 주장했다. 왜냐하면 역사성 안에 거하는 개인의 주체성이 진짜 타자의 존재를 충분히 표현할 수 없기 때문이다. 다시 말해서, 후설이 초월로 상정하는 타자(신존재)는 실제 존재가 아니라 하나의 가상 이론이기 때문이다. 그 결과 후설이 말하는 타자 경험은 종국에는 내용 없는 타자로 귀결된다.

　　내용 없는 존재, 가설로서의 후설의 타자 개념과는 달리 클리마쿠스는 실제로 존재하는 영원자를 경험하는 적합한 방법인 신앙이라는 대안을 제시했다. 무전제성 또는 중립적인 지향성 개념에 기초한 후설의 타자 개념과 달리 클리마쿠스는 실제로 존재하는 영원한 실재, 곧 기독교의 신에 의해서 인간의 정열과 관심이 생겨난다고 주장한다. 역사적 순간 안에 있는 그 역설의 탁월성과 필연성은 "직접적인 감각이나 인지로는 역사적으로 될 수가 없다." 그럼에도 불구하고 시간-내-신의 역사적 계시라는 역설의 순간은 '역사적 사실'이다. 이는 인간이 역사적으로 관념적으로 진리를 전유할 수 있음을 의미한다. 다시 말해서, 클리마쿠스는 인간은 역사적 실존 안에서 성육신 역설과 관계를 맺을 수 있다고 주장한다.[44]

　　그러나 여기서 그와 같은 역설에 대한 역사적 신앙은 그 사건과 관계하는 그 사람에게 완전히 새로운 방식으로 일어나야만 한다. 그 역설을 개인이 역사적으로 체험하는 것을 가능하게 하는 것이 일종의 믿음이다. 클리마쿠스는 그 역설에 대한 진리를 전유하는 두 가지 방법이 있다고 주장한다. 첫째는

44 ―――― Kierkegaard, *Fragments*, 87.

역사적 방법으로서 합리적 신앙의 방법이다. 둘째는 종교적 방법으로서 초월
적 신앙의 방법이다. 그는 다음과 같이 기록하고 있다.

> 여기서 우리는 신이 세상에 왔었다고 하는 우리의 가정으로 되돌아가기
> 로 하자. 동시대인에게도 후대인에게도 직접적인 지각이나 인식에 대해
> 서는 그것이 역사적인 것이 될 수 없다. 그럼에도 불구하고 그것은 하나
> 의 역사적 사실이다. 그리고 믿는 자에 대해서만 존재하는 역사적 사실이
> 다. 여기서 우리는 첫째로 신앙을 역사적인 것과의 관계라는 가장 직접적
> 이고 일상적인 의미로 받아들이는 것이지만, 그러나 둘째로, 신앙은 아주
> 특별한 뜻으로, 다시 말해서 비록 여러 번 사용된다 하더라도 그것은 오
> 직 하나의 관계에서 사용된다는 뜻으로 이해하지 않으면 안 된다.[45]

　"신앙을 역사적인 것과의 관계라는 가장 직접적이고 일상적인 의미로
받아들인다"는 구절의 정확한 의미는 그 역설('내용 또는 시')을 신앙하는 것이
가능할 수 있는 것은 그 역설을 역사적으로 체험함으로써 인간이 그와 같은 성
육신 사건을 역사적 실존 안에서 객관화할 수 있다는 뜻이다. '하나의 관계'란
시간-내-신의 나타남이라는 역설은 영원적·초월적 의미에서 비객관적으로
이해되는 관계를 가리키는 것이다.[46] 여기서 그 역설은 영원성과 역사성의 결합
의 순간에서 즉시 발생한다. 그러한 이유로 인하여 그와 같은 역설에 관한 물음
은 답변해야 할 중요한 물음이며, 특히 중요한 문제는 한 인간이 신의 특별 계
시로서의 그 역설을 완전하고 충분하게 믿으려 하거나 믿고 있는가 하는 물음
이다. 클리마쿠스가 말하는 문제의 핵심은 개인의 형이상학적 불확실성과 도
덕적 불안에도 불구하고 그 사건을 충분하게 믿느냐 하는 것이다. "여기서 문제
가 되는 것은 그 사실에 대한 진리가 아니라 신이 생성되었다고 하는 것, 곧 그
로 말미암아 신의 영원한 본질이 생성의 변증법적 규정 안으로 굽혀 들어왔다
고 하는 사실에 동의하느냐 안 하느냐 하는 것이다."[47]
　클리마쿠스에 따르면, 그 역설에 '동의한다는 것'은 역사적인 것을 넘
어간다는 의미이다. 역사성을 넘어서 그 역설에 동의할 때에 필요한 기준은 다

45 ──── 위의 책.
46 ──── 위의 책.
47 ──── 위의 책.

름 아닌 그 사건에 대한 이성적 모순을 극복하는 신에 대한 개인의 진실한 신앙뿐이다.

그 역설은 초월적 정체성을 가지고 있기 때문에 그것을 직접적으로 인식할 수는 없다. 클리마쿠스는 그런 역설에 동의하기 위해서는 인간의 실존이 역사성의 차원에서 영원성의 차원으로 분명하게 변화해야만 한다고 말한다. 개인에게서 일어나는 이 변화는 성육신 역설이 이성과 모순됨에도 불구하고 인간이 그 역설을 믿게 되는 것이며, 이러한 변화는 신의 은총과 섭리의 결과로 일어나는 것이다. 신의 섭리는 인간의 내면의 정열과 결합하여 '유한한 인간과 무한한 신의 연합'이 형성되도록 만들어 준다. 그는 다음과 같이 기록하고 있다.

> **그 개인이 어떻게 무시간적 관념을 시간 속에서 되풀이함으로써 영원성과 시간성을 종합한단 말인가? 그 대답을 정열의 개념에서 찾을 수 있다. "개별 존재자는 단지 순간적으로만 실존을 초월하여 무한과 유한의 연합이 될 수 있다. 이 순간은 정열의 강렬함이다. 정열 속에서 실존 주체는 상상의 영원성 안에서 무한하게 되며 그러나 또한 가장 명백하게도 자기 자신이기도 하다."[48]**

따라서 클리마쿠스는 영원성과 역사성의 종합 또는 통일을 가리킨다. 영원성과 역사성의 종합 또는 결합은 세계 속에 신의 자기 계시인 성육신 역설을 개인의 영원한 정열(신앙)을 통하여 믿도록 해준다. 이 영원한 정열, 곧 신앙은 인간을 시간에서 영원으로 끌어올리는 '무한과 유한의 연합'을 만들어 낸다.[49]

결과적으로, 클리마쿠스는 역사적 실존 안에서 신의 실존에 대한 믿음을 가지는 자연적 능력이 인간에게 있다는 사상에 반대한다. 그의 책 어디에도 그런 생각에 동의하지 않았다. 그는 인간이 신앙을 가질 수 있는 자연적 능력을 가지고 있다고 주장하는 자연신학에 동의하지 않는다. 자연신학은 신의 신적인 영향력의 도움을 받지 않고서도 인간 스스로 내재된 능력으로 궁극적

---

48 ——— Evans, *Kierkegaard's Fragments and Postscript*, 69.
49 ——— 클리마쿠스에게 있어서 정열의 상이한 의미들에 대한 논의는 Stephen Evans, *Kierkegaard's Fragments and Postscript*를 보라.

진리에 도달할 수 있다고 믿는다. 앞서도 진술했다시피, 클리마쿠스는 이런 자연신학에 강하게 반대한다. 그러나 그는 인간의 역사적 실존과 영원성에 변증법적 관계가 있다고 주장한다. 그런 변증법적 관계 속에서 인간은 자신의 유한한 능력 안에서 영원성을 지성적으로 전유하거나 경험할 수 있는 일이 일어난다. 인간의 역사적 실존 안에서 변증법적 관계를 가진다는 것은 무슨 뜻일까? 첫째, 영원한 것(신)이 존재한다는 뜻이다. 둘째, 영원성에 대한 질적 변증법의 경험은 인간을 신앙이라는 좀 더 고차원적인 종교적 체험으로 이행하는 무대를 마련해 줄 것이다. 하비 스미스(Harvey Smith)가 웅변적으로 표현하듯이, 클리마쿠스에게 인간의 실존은 "기독교를 위한 길을 예비하는 것이다. 기독교의 과제는 사람으로 하여금 이 길, 곧 궁극적으로 천국으로 인도하는 길로 출발하게 하는 것이다."[50]

　　　세상에서 신앙인의 실존은 세상과 천국의 양면을 반영한다. 신앙의 정열 안에서 인간은 자신의 역사적 실존 밖으로 벗어나지 않고서도 세속과 거룩한 세계 둘 다를 이해하게 된다. 메럴드 웨스트팔은 클리마쿠스가 "인간의 내면성 안에 있는 신앙의 정열은 '거룩한 신이 존재한다'는 확신 가운데서 자라난다"고 하였다고 적절하게 인용하였다. 이 정열은 '지상의 에로스'로 규정할 수는 없다. 비록 이 정열이 일시적인 것이라 할지라도 그 정열은 인간의 '최고의 관념'이며 진리이다.[51] 정열을 가진 역사적 개별자는 영원성의 가능성에 적절히 반응하게 되며 현세적 삶에서 행복을 발견한다.

　　　클리마쿠스는 《부스러기》에서 신앙을 설명할 때 신앙의 체험을 묘사하지 않고 신앙의 본질을 묘사한다는 평가들을 종종 받아왔다. 예를 들어, 제임스 콜린스는 《키르케고르의 마음(The Mind of Kierkegaard)》에서 이 부분을 예시하고 있다.

실존의 의미와 심화에 대한 키르케고르의 모든 탐구는 성육신, 성육신에 대한 인간의 믿음, 인간의 삶에 미치는 그 신앙의 영향력 등을 성찰하는 데 초점을 두고 있다. 그러나 키르케고르는 가명 저자 '요하네스 클리마쿠

---

50 ──── Harvey A. Smith, *Kierkegaard's Pilgrimage of Man: The Road of Self-Positing and Self-Abdication* (Amsterdam: Free University, 1965), 193.

51 ──── Merold Westphal, *Kierkegaard's Critique of Reason and Society* (University Park: The Pennsylvania State University Press, 1991), 45-46.

스'로 하여금 인간의 실존이 신앙에 의해서 혁신적으로 변화될 수 있음을 제시하도록 했을 뿐이지, 기독교적 방식으로 산다는 것이 무슨 뜻인지 개인적 체험을 증언하도록 하지는 않았다.[52]

여기서 콜린스는 클리마쿠스를 실제 종교적 생활에서 살아내는 것으로서의 신앙의 심층적 의미를 탐구하지 않았던 이론가라고 비판하는데, 이런 비판은 클리마쿠스가 실존과 역사성에 대한 개괄적 설명을 했다고 하는 콜린스 자신의 견해에서 비롯된 것이다. 콜린스는 《부스러기》의 프로젝트는 신과 세계 사이의 영원성과 역사성의 관계의 본질에 관해서 집중 토의를 하는 것이지, 실존과 세계라는 특수 주제를 각각 자세히 다루고자 하는 것이 아니라고 하였다.

콜린스는 클리마쿠스가 신과 세계의 관계를 이해하기 위해서 이 문제를 대략적으로 명료화하는 작업을 수행했으나 신과 세계의 주제를 각각 세심하게 다루지는 않았다고 말한다.[53] 클리마쿠스는 신과 세계를 이해하는 두 가지 접근법이 있다고 하는데, 첫째는 클리마쿠스는 인간 실존을 역사성으로 좁힘으로써 우리의 인간 실존에 대한 지식을 믿음과 실존의 관계에만 국한시켰다. 다시 말해서, 인간의 삶을 역설과의 관계로 엄격히 제한한 것이다.[54] 둘째로 클리마쿠스는 일반 역사와 성육신이라는 특별 역사를 날카롭게 구별함으로써 성육신 역설은 인간의 오성으로 정상적으로 이해할 수 없는 사건이라고 하면서 그것에 특별한 위치를 부여했다.[55]

콜린스의 주장에 따르면, 클리마쿠스는 영원성과 역사성 사이에 다리 놓는 것이 필요하다는 것을 보여주려고 했으며, 신앙이라는 탁월한 방법을 통해서 가능하다고 하였다. 클리마쿠스는 역설을 다른 모든 역사적 사건들과 구분하였다. 콜린스의 해석에 따르면, 클리마쿠스가 제시한 신앙은 성육신 역설과 시간 안에 발생하는 모든 사건을 구분함으로써 역사적인 것들을 중요하

---

52 —— James Collins, *The Mind of Kierkegaard* (Princeton: Princeton University Press, 1983), 172.

53 —— 위의 책.

54 —— 위의 책.

55 —— 위의 책, 173: "키르케고르는 일반 역사적 사건과 유일한 역설적 사건을 날카롭게 구분함으로써, 역사의 심장부에 틈을 벌여놓았으며, 그 간극을 메우려고 시도하지 않았다. 아마도 키르케고르는 일반 역사와 성육신 역설의 특별 사건은 서로 다리 놓을 수도 없고, 다리 놓아서도 안 된다고 생각했을 것이다."

지 않게 보이도록 했다는 것이다. 다시 말해서, 콜린스는 클리마쿠스에게 세계 내의 우리의 실존의 '무의미한 사소함'을 보는 안목이 없었다고 지적한다.[56]

　　콜린스의 비판에 어느 정도 근거가 있다. 첫째, 클리마쿠스는 인간의 앎을 어떤 면에서 본래적으로 역사성과 관련되는 것으로 국한시킨 것이 사실이다. 둘째로, 클리마쿠스가 《부스러기》에서 성육신의 역설은 단순히 인간 지식이나 이성을 통하여 간단하게 이해될 수 없다고 단언한 것도 사실이다. 따라서 클리마쿠스는 역설을 다른 모든 생의 평범한 사건들과 차별하여서, 역설이 본질상 우월한 것이라고 하였다. 분명히 역설이라는 주제는 그의 저서에서 핵심적인 부분을 차지한다.

　　그러나 콜린스의 비판은 《부스러기》의 저술 의도를 간과한 데서 생겨났다. 《부스러기》의 저술 의도는 인생사의 실존적 해설을 제공하는 것이 아니라, 진리에 대한 두 개의 다른 사유방식, 즉 역사적 철학과 영원하고 초월적인 기독교의 진리관에 대한 실험적이고도 이론적인 분석을 제시하는 것이다. 이미 언급했다시피, 《부스러기》의 목적은 기독교 관점에서 사변철학을 비판적으로 관찰하는 것이었다. 따라서 콜린스는 《부스러기》에는 실존의 실천적 내용들이 결여되었다고 비판했는데, 이는 그 책의 목적이 다르기 때문이다. 《부스러기》는 사변철학에 대한 비판을 목적으로 하고 있기 때문이다.

　　그러나 클리마쿠스가 실존의 실천적인 문제들에 침묵한다고 해서 인간 실존의 실천적인 면들을 결코 가볍게 여긴 것은 아니다. 사실은 그와는 정반대이다. 콜린스는 비진리, 의심, 변증법적 정열과 같은 클리마쿠스의 특정 용어나 개념들의 함축된 의미들을 제대로 주목하지 못했다. 이 개념들은 영원성과 관계를 맺지 못한 역사적 영역에 속한 인생의 불행한 본질에 대하여 심오한 이야기를 해준다. 클리마쿠스가 역설을 그토록 강조하는 이유가 바로 이 때문이다. 클리마쿠스의 일관된 주장은 인생에서 행복을 성취하는 유일한 길은 그 역설과 화해하고 연합하는 길 외에는 없다는 것이다. 클리마쿠스가 일반 역사 사건과 성육신이라는 특별한 역사 사건을 구분하는 이유는 질적으로 다른 두 실존 영역을 연결함으로써, 유한한 인생이 행복한 삶을 성취할 수 있는 길은 신앙뿐임을 강조하기 위해서이다. 클리마쿠스가 성육신 역설과 신앙을 그토록 강조하는 이유는 유한한 인간은 세계 내에 신의 성육신이라는 특별 사건을 받아들이는 것을 통해서만, 즉 신의 성육신 사건을 믿음으로써만 행복을 찾을 수 있기 때문이다.

> (한 개인과 그 역설 사이의) 일치는 상승에 의하여 이루어진다. 그러므로 신은 배우는 자를 자기에게로 끌어올려, 그를 영화롭게 하고 천년토록 지속되는 기쁨으로 그를 위로해 줄 것이다. 배우는 자는 그 기쁨에 도취되어 오해를 잊도록 하자. 아, 참으로 배우는 자는 아마도 그 때문에 자기의 지극한 행복을 찬양하고 싶어 못 견딜 것이다.[57]

클리마쿠스에 따르면, 영원의 입장에서 볼 때 비록 신이 존재한다고 가정할 수 있다고 해도 신이 존재한다는 신앙을 가진 것은 아니다.[58] 신앙은 단순히 역사적일 뿐 아니라 또한 '영원히 이해되어야만 하는 것'임을 보여주기 위해서 신앙은 초역사적으로 여겨져야만 한다. 왜냐하면 어떤 사람이 성육신 역설을 신앙의 대상으로 삼을 때마다, 그 사람은 '신의 생성'이라는 영원한–역사적 변증법적 규정을 반복하기 때문이다. 그러면 '신의 생성'이라는 변증법적 규정은 그 역설의 영원하고도 역사적인 성격의 이중적 규정을 암시한다. 따라서 신의 생성이라는 변증법적 규정은 신의 실존의 영원한 실재와 인간의 유한한 실존과의 접촉점이 된다. 왜냐하면 그 역설을 역사적으로 전유할 수 있기 때문에 그 역설의 영원한 중요성은 더욱 커지고 역사적 실재인 인간 실존 세계에 현존하게 된다. 신적 임재를 현실화시키는 것은 인간의 진정한 믿음이다. 비록 인간 실존의 구체적인 세세한 부분들을 《부스러기》에서 다루지는 않았다는 콜린스의 지적이 옳다고 하더라도, 그는 인간 행복에 궁극적인 해답이 되는 그 역설과 인간 실존의 관계에 대한 클리마쿠스의 핵심 사상을 보지 못했다. 클리마쿠스 사상에서 신앙은 영원한 세계와 역사적 세계 둘 다에 속한다. 좀 더 고차원적 진리의 관점에서 보자면, 신앙은 세계에 대한 영원한 경험인 동시에 역사적 경험에 속하며, 성육신의 진리 안에서만 인간은 영원성과 역사성을 통합할 수 있다. 클리마쿠스가 신앙이 없는 세상의 삶은 무의미하고 사소한 것으로 본다는 콜린스의 해석이 옳을지도 모른다. 그러나 《부스러기》의 더 중요한 초점은

---

57 —— Kierkegaard, *Fragments*, 29.
58 —— 위의 책.

생의 만족과 기쁨의 영원한 정열의 가능성은 성육신한 신과 인간의 화해를 통해서 가능하다는 기독교 사상에 있다.

이전의 회의론자 흄과 칸트와는 달리 클리마쿠스는 단순히 역사성에만 국한되지 않는 그 너머의 세계인 영원성을 추구하는 인간 실존에 대하여, 폭넓고 확고한 철학 이해를 바탕으로 한 설득력 있는 종교적 설명을 해주었다. 영원한 생명은 오직 신앙을 통해서만 얻을 수 있기 때문에 신앙은 인간의 공로이기보다는 신의 은혜라고 한 클리마쿠스의 주장은 옳은 것이다. 클리마쿠스에 따르면, 기독교의 구원관은 단지 역사적 실존의 세계 안에서만 성취될 수는 없다. 거듭나지 않은 자연인에게는 불가능하며, 자력이나 다른 인간에 의한 구원도 불가능하다. 만일 중생함이 없이 자력 구원이나 다른 인간에 의한 구원이 가능하다고 했더라면 신앙이 신의 선물이라는 기독교의 기본 사상에 위배될 것이다.

신앙은 신의 선물이다. 사실상, 인간이 더 높은 신앙세계로의 상승을 이루는 것은 바로 이 역사성 안에서 이루어진다. 클리마쿠스에 따르면, 만일 인생이 성육신의 역설을 믿어야 하는 그 목적을 이루지 못한다면 인생은 아무런 의미가 없다. 따라서 콜린스가 클리마쿠스는 인간의 구체적인 경험을 사소하고 무의미하게 보았다고 비판했듯이, 클리마쿠스가 역사적 실존을 과소평가한 것은 인간과 성육신 역설 사이의 연합의 필요성과 중요성을 극대화하기 위해서였다고 보아야 한다. 클리마쿠스가 신앙을 강조하기 때문에 유한한 역사적 실존으로 살아가는 인간의 일상을 덧없게 여기고, 인생은 그 자체로 생의 의미와 가치를 찾을 수 없다고 주장한 것은 맞다. 그러나 어떤 맥락에서 클리마쿠스가 유한한 인생을 덧없게 바라보는가 하는지에 관한 맥락을 바로 알아야만 한다. 클리마쿠스는 인간의 역사적 실존 속에서 진리(신)를 발견하는 것이 중요하다는 점을 강조하려는 맥락에서 그렇게 말한 것이다. 이런 의미에서 클리마쿠스는 인생 그 자체는 사소한 것처럼 보일지라도, 인간 실존 안에서 진리와 연결할 수 있기 때문에 역사적 실존은 중요하다고 주장한다.

결론적으로 클리마쿠스는 이 세상에서 인간의 참된 행복은 생의 의미를 찾은 결과로 얻어지는 것인데, 그것은 신앙을 통하여 성육신 역설에 정열을 쏟아 헌신하는 데 달려 있다고 주장한다. 클리마쿠스는 유한한 실존 세계 안에서 인생이나 실존은 그 자체로는 성육신 역설에 대한 신앙 밖에서는 단지 '무의미하고 하찮을' 뿐이기에, 세상에서 참된 행복을 성취하는 데 핵심은 성육신 역설에 대한 신앙이라고 주장한다. 그러나 또한 인간 생활이나 실존은 역설과의 관계에 관여할 때 중요하다고 말했다. 또한 절대자와 인간의 질적 차이 때문에 '인간 실존이 성육신 역설의 특별 사건을 초월하는 데 한계가 있다 할지라도, 신앙의 정열을 통하여 성육신 사건을 객관적 또는 관념으로 전유할 수는 있다고 주장했다. 다음으로 비약과 의지라는 역사적 인간 실존의 두 가지 중요한 특징에 대하여 차례로 탐구하고자 한다. 그렇다면 인간은 난공불락인 성육신의 역설에 어떻게 직면할 수 있을까? 클리마쿠스는 실존의 두 가지 특성인 신앙의 비약(Leap of faith)과 인간의 의지의 상호작용을 통하여 절대 역설과 관계를 맺을 수 있음을 보여주고 있다.

신앙의 비약

우리는 앞에서 성육신 역설을 받아들이는 신앙의 중요성을 살펴보았다. 인간 실존의 행복을 위해서 절대적 역설이라는 역사적으로 모호한 특성을 받아들이는 데 신앙이 중요한 역할을 한다. 클리마쿠스는 인간 실존의 참된 의미를 찾으려면 시간 안에 계시된 성육신 역설을 바라보고 믿는 것이 중요하다고 말한다. "실존은 본질보다 앞선다." 즉 클리마쿠스 사상에서는 세상 속에서의 실존의 의미가 중요하다. 왜 실존이 중요한가? 역사적 실존이 성육신 역설의 영원성을 전유할 수 있는 가능성을 내포하기 때문이다. 그렇기 때문에 필자는 앞에서 클리마쿠스 사상에서 신앙은 합리적이며, 인간은 초월을 지성적으로나 관념적으로 전유할 수 있다고 주장하였다.

이제 《부스러기》에서 논의된 두 가지 중요한 주제인 비약과 의지의 문제를 신앙과 연관하여 논할 것이다. 비약과 의지의 개념을 분명히 이해하는 것은 신앙과 이성의 문제를 논의하는 맥락에서 인간의 역사적 실존 안에 있는 신앙의 합리성에 대한 클리마쿠스의 핵심을 파악하는 데 필수적이다. 《부스러기》에서 소개되고 논의된 비약과 의지의 개념에 대한 의미를 안다면 인간 실존 안에서 영원성과 화해하는 방법에 대한 올바른 통찰을 얻게 될 것이다.

그의 주장은 다음과 같다. 인간은 신의 전능하심과 인간의 자유의지의 교차점에서 존재한다. 클리마쿠스의 결론은 인간 의지가 모든 인간의 역사적 생활과 종교적 생활의 선택에 책임을 진다는 것이다. 그런데 인간이 그 역설을 믿음으로써 신의 실존에 대한 신앙을 궁극적으로 가능하게 하는 것은 사람들이 생각하듯이 인간의 자유의지가 아니다. 클리마쿠스의 주장에 따르면, 인간이 성육신 역설을 이해하고 수용할 때, 그것은 외부의 요인, 즉 신의 영향력 하에서 믿음을 가지게 된다.

비록 간접적으로라도 《부스러기》는 인간 자유와 의지의 문제를 포함하고 있다. 클리마쿠스는 신이 세상을 창조한 전능자라는 사실로 볼 때 인간의지의 기반은 신의 전능성에 있다고 제안하는 듯하다. 그러나 그는 신이 세상을 창조할 때, 인간을 자유로운 존재로 만들었음도 강조한다. 클리마쿠스는 그것을 고려해서, 신의 전능성을 강조하는 것이 신이 인간을 한낱 꼭두각시로 만들었다는 것을 의미하지 않고 의미해서도 안 된다고 주장한다. 또한 신은 오히려 인간의 자유의지에 대한 지배력 행사를 절제하고 있다고 주장한다.

클리마쿠스의 논지는 이렇다. 남자와 여자는 역사성이라는 물리적 세계에 존재하는 피조물이기는 하지만 인간으로서의 본성은 고정되어 있지 않다. 인간 본성은 인간의 선택의 결과인 가능성으로 구성된다. 그 결과 인간 역사는 인간이 선택한 자유로운 결단의 역사이다. 인간은 '자유롭게 작용하는 원인'이므로 인간은 자신들의 모든 행위에 창조주의 다스림에 제약을 받지 않는다.

그러나 인간은 자유롭다는 사실에도 불구하고, 클리마쿠스는 인간의 자유는 창조주의 절대 자유와 비교할 때 상대적임을 인식한다. 다시 말해서, 창조주는 인간 의지에 대하여 권한을 가진 '절대적으로 자유롭게 작용하는 원인'이다.[59] 인간 역사가 인간의 결단과 선택으로 점철된다 할지라도, 그것은 단지 상대적인 과정으로 이해해야만 한다. 한편으로, 인간 역사는 역사적 존재(인간)와 과학적 조건(역사)에 의해서 궁극적으로 결정된다. 그러나 또 한편으로, 인간 역사는 역사적 존재(인간)와 과학적 조건(역사) 위에 존재하는 창조주의 더 높은 의지에 의해 결정되는 것이다. 따라서 이것은 인간 의지의 유한성을 반영하고 있다. 인간은 비록 이 땅에 발을 딛고 역사적 실존 속에서 살아가는 유한한 존재이지만 영원성에 대한 고차원적 진리에 대한 초월적 관심을 가지고 살아가며 무한을 꿈꾸는 존재라고 클리마쿠스는 주장한다. 인간은 인생을 돌보는 신의 권능과 섭리 아래에서 존재해야만 하는 유한한 존재이다.

그러나 인간은 창조주의 높은 뜻 아래에서 살아간다는 기독교의 주

59 —— Stephen Evans, *Passionate Reason: Making Sense of Kierkegaard's Philosophical Fragments* (Bloomington: Indiana University Press, 1992), 126.

장이 사실임에도 불구하고, 클리마쿠스는 인간은 자유로운 존재이며 자유로운 선택을 할 수 있는 능력을 소유했을 뿐 아니라, 또한 신의 실존과 같은 영원한 가능성에 대한 고차원적인 관심을 표현하기 위해서 자신의 유한한 실존을 초월할 수 있다는 사상을 포기하지 않는다.

앞에서 살펴보았듯이, 클리마쿠스는 인간의 행복은 성육신 역설과의 연합을 통하여 성취할 수 있다고 주장하였다. 그는 또한 인간이 성육신 역설을 믿기 위해서는 먼저 영원성의 가능성이 역사적 실존 안에 있는 인간에게 합리적이며 수용 가능한 가능성이 되는 바로 그 이론적–실존적 분기점에 도달해야만 한다고 주장한다.[60] 클리마쿠스는 이것은 모든 인생의 모든 경우에 가능한 일이라고 말했다.

《부스러기》에서 진술하는 바와 같이, 결국 인간은 세계에 대한 역사

---

60 ———— 그러나 일부 학자들은 클리마쿠스의 주장에 반대한다. 그들의 주장에 따르면, 클리마쿠스 사상에서는 인간의 반성이나 인간 사유의 역사적 차원은 (소위 말해서) 역사적인 것 내에서, 일종의 '두 번째' 생성으로 약화된 어떤 것이 되었다. 예를 들어, 비평가 H. A. 닐슨에 따르면, 어떤 것을 반성하는 인간 능력이 가지는 의미는, 이것이 어떤 대상에 대하여 형이상학적으로 반성하는 인간의 능력을 가리키는 것이 아니라 단지 인간의 인지적 능력에 접근했을 뿐임을 나타낸다. 닐슨이 주장하는 바는, 클리마쿠스 사상에서 말하는 인생에서 신이 실제로 존재한다는 형이상학적 가능성으로 보이는 것들은 실상 자연 생활에 대한 성찰 경험에 불과하다는 것이다. 인간의 모든 자연적 인식론 기반을 사용하여 세계를 어떻게 설명하는지를 보여줄 뿐이라는 것이다. 다시 말해서, 닐슨은 세계를 자연적 상태로 본다. 영원한 가능성들에 대한 형이상학적 경험은 세계의 유한한 경험적 한계에 국한된 것으로 본다. 클리마쿠스의 인간 실존에 대한 형이상학적 이해에 대한 이 흥미로운 접근법을 더 자세히 보려면, H. A. Nielson, *Where the Passion Is: A Reading of Kierkegaard's Philosophical Fragments* (Tallahassee: University Press of Florida, 1983)를 보라. 그러나 클리마쿠스는 인간의 언어 능력과 관념적·형이상학적 반성 사이에 연관성이 있다고 할지라도, 궁극적으로 모든 진술과 주장의 언어를 발생시키고 영향을 주는 것은 인간의 언어적 능력이 아니라 사유의 반성이라고 생각한다. 이것은 별도의 논의가 필요한 문제이다. 클리마쿠스에 따르면, 반성의 문제는 인간 언어를 입증한다기보다는 인간의 특권적 자유를 입증한다. 다시 말해서, 사유의 반성은 인간의 특권적 자유에 기반을 두고 있는데, 인간의 자유는 경험적 세계를 초월하여 인간의 언어를 초과하는 영원한 세계로 확장한다. 닐슨이 주장하듯이, 자연적 기반의 삶 속에서 명제와 이론의 형태를 가진 인간 언어를 가르친다고 가정해 보자. 그래도 여전히 이 관념은 사유를 성취하는 내면적 능력을 제거할 수 없다. 인간의 인식론들은 자연적·인식론적 표현의 근원이 되는 사유를 성취하는 내면적 능력의 형식에서 솟아나는 것이다. 이런 사고를 성취시키는 내면의 구조가 궁극적으로 인간의 언어의 다양한 인식론적 형태와 방법을 구성하는 것이다. 만일 인간 언어는 인간 사유의 광범위한 내면적 능력에 뿌리 내렸다고 보는 클리마쿠스의 견해가 옳다면, 인간 언어와 그와 연관된 인간의 다른 자연적 속성들은 인간의 의식에 존재하는 것이 아니라는 그의 견해를 받아들일 수밖에 없다. 다시 말해서, 인간 언어나 다른 어떤 자연적 능력은 인간의 자연적 이성의 사유 구조에 내재하는 것이 아니라는 뜻이다. 오히려 인간 사유의 좀 더 넓은 내면성이라는 것은 다름 아닌 형이상학적 선험성(a priori), 인간 사유의 좀 더 큰 구성물의 일부, 다시 말해서 인간의 모든 자연적 능력을 가능하게 해주는 종교성 또는 영원성을 표상하는 것이다. 클리마쿠스는 인간 반성의 종교적 본질 또는 영원한 본질을 전제하고 있다. 왜냐하면 인간 반성의 종교적 또는 영원한 본질을 전제하는 것이 과학적 인식론이나 경험적 인식론의 경계 밖에 있는 과학적 심리학의 맥락에서 자연계를 명료하게 이해하는 자연스러운 방법이기 때문이다.

적 이해를 확장시켜서 세계의 영원한 기반을 추구하는 데로 나아간다. 세계의
영원한 기반은 인간이 경험하는 삶의 외부에 근원을 둔 인간의 자유를 강조하
고 있다. 다시 말해서, 인간의 자유는 인간 내면에 기반을 둔 것이 아니라 인간
경험의 외부에 있는 신으로부터 부여된 것임을 강조한다. 인간의 반성에 관한
관점처럼, 인간 의지에 대해서도 클리마쿠스는 인간 의지를 영원성의 객관성
위에서 작동하는 어떤 것으로 이해했다. 이렇게 영원성을 경험함으로써 인간은
역사적 실존에서 영원한 실존의 생명으로의 비약이 가능해진다.

《부스러기》 전반에 '비약'의 개념이 암시되어 있다가 3장에 가서야 비
로소 비약의 개념을 명시적으로 다루고 있다. 제이미 페레이라는 이것을 다음
과 같이 간결하게 요약한다.

> **《부스러기》의 1장부터 3장은 나선형을 그리며 반복하여 동일한 주제를
> 맴돌고 있다. 1장 '사고계획'에서는 소크라테스의 진리관과 진정한 대안
> (기독교 진리관)을 교사, 조건, 진리라는 소주제를 통하여 다루고 있다. 2장
> '시적 시도'에서는 애인의 구체성, 고난, 그리고 백합화의 주제를 탐구하
> 고 있다. 3장 '절대적 역설: 형이상학적 광상'에서는 비소크라테스적 대안
> 인 절대적 역설에 대한 형이상학적 숙고를 통하여 소크라테스부터 절대적
> 역설까지 다룬다. 그리고 사고의 정열에 대한 강조와 낭만적 사랑의 유비
> 를 통하여 진리를 이해하는 데 있어서 이성의 한계와 부적절함을 강조한
> 다. 따라서 클리마쿠스는 3장에서 이론의 한계로 말미암아 질적 이행을
> 위한 '비약'이라는 주제를 등장시킨다.[61]**

비약이나 질적 이행이라는 개념은 《부스러기》에서 신존재 증명을 시
도한 모든 철학적 시도를 평가하는 맥락에서 클리마쿠스가 처음으로 제시한
개념이다. 신존재 증명을 하는 데 철학의 한계가 있음을 가리키면서 비약을 특
별한 개념과 연결시키는데, 바로 '손을 뗌'(letting go)이라는 개념이다.

앞서 살펴보았듯이, 클리마쿠스는 신존재 증명에 대한 모든 합리적
증명을 거부한다. 이 증명들이 실제로 보여주는 것은 개념일 뿐이지 실제 신존

---

61 ———— M. Jamie Ferreira, "Faith and the Kierkegaardian Leap," *The Cambridge Companion to
Kierkegaard*, ed. Alastair Hannay and Gordon D. Marino (Cambridge: Cambridge University Press,
1998), 208-209.

재는 아니기 때문이다.[62] 논리학의 언어에서 신의 존재가 사실이 되려면 '신은 존재한다'는 것은 이미 그 명제 안에 결론의 진리를 포함해야만 한다. 오류의 법칙을 피하기 위해서는 '신은 존재한다'는 명제의 전제 안에 결론의 진리를 포함해야만 한다는 것이다. 전제는 이미 결론의 개념으로 꽉 차 있기 때문이다. 그러나 클리마쿠스는 신존재의 모든 증명은 조건적 요소들이며, 그런 이유로 결론은 그 전제를 따라오지 않는다고 주장한다. 결론이 전제를 따라오지 않는 근거는 논리학에서 '신이 존재한다'는 명제는 실제의 신존재와 어떤 연관도 없이 그저 사고의 자연적 과정에 근거한 인지적 진술이기 때문이다.

클리마쿠스에 따르면, 인간의 모든 이론적 증명이 소용없다고 인정하고 손을 뗄 때에만 신은 자신을 계시하고 신의 실제 존재가 나타난다. 손을 뗀 결과 신존재의 실체를 전유하게 된다. 바로 역사성에서 비약을 할 때 이런 일이 일어난다고 클리마쿠스는 말한다. "신의 실존이 어떻게 증명으로부터 솟아난단 말인가?" 그의 대답은 "나는 그것에서 손을 떼어야만 한다"이다. 그는 다음과 같이 기록한다.

내가 그 증명을 계속해서 붙들고 있는 한(다시 말해서 내가 증명하는 사람으로 남아 있는 한), 내가 그것을 증명하는 과정에 있다는 이유만으로 존재는 절대로 나오지 않는다. 그러나 증명에서 손을 떼면 곧 존재가 거기에 있다.[63]

손을 뗀다는 클리마쿠스의 개념에서 주의할 점은 손을 뗀다는 개념이 신존재의 절대적 확실성을 가리키지 않는다는 것이다. 왜냐하면 신존재에 대한 이성적 증명에 대한 자신감을 포기했다 할지라도 곧바로 자연적 삶에서 비약을 이루는 것은 아직 아니기 때문이다. 클리마쿠스 사상은 성육신 역설에 대한 역사적 사실을 안다고 해서 모든 사람이 역사적 실존에서 영원한 실존으로 쉽게 이행한다는 것을 말하려는 것은 아니다.[64] 그와 반대로, 신의 실존을

62 —— Kierkegaard, *Fragments*, 40.
63 —— 위의 책, 42–43.
64 —— Stephen Evans, "Can God Be Hidden and Evident at the Same Time? Some Kierkegaard-ian Reflections," *Faith and Philosophy: Journal of the Society of Christian Philosophers* 23, no. 3 (July 2006): 241–252(especially, 242–243)을 보라.

증명하는 합리적 가능성에서 손을 뗀다는 개념은 신에 대한 결정적 증거인 참된 신앙의 적절성과 비교해 볼 때 모든 신존재에 대한 이성적 증명들은 부적절하다는 것을 의미한다. 이 책에서 전반에 걸쳐 말했듯이, 클리마쿠스는 세계에 대한 보편적 진리를 획득하는 데 인간 이성이 적절하다고 보는 철학적 생각을 강하게 거부했다. 그는 이성 자체로 참된 진리에 도달할 수 있다는 철학적 낙관주의의 주장에 반대한다. 이성의 적합성을 주장하는 대신에 클리마쿠스가 강력하게 옹호하는 것은 인간을 역사성에서 영원성으로 이행시킬 수 있는 신앙적 선택이다.

　예를 들어, 클리마쿠스는 진리를 이해할 때 역사성에서 영원성으로 비약을 이루는 신앙적 선택이 인간의 이성과 철학보다도 더 탁월한 선택이라고 하였다. 페레이라는 이 신앙적 선택을 인간 이해를 위한 이론적 역치의 새롭고 탁월한 범주로 삼아야만 한다고 한다. 페레이라는 신앙적 선택은 비약에 대한 이해를 확장시키는데, 비약의 순간에 역사계와 영원계가 분리된다는 점에서 비약은 질적일 뿐만 아니라, 또한 좀 더 고차원적인 신의 의지와 신의 섭리 아래 이루어진다는 점에서 '비의지적'이라고 주장한다.[65] 역사적 실존으로부터 비약을 감행할 때 나타나는 신존재에 대한 인간의 신앙은 언제나 믿음의 수여자인 신의 선물로 봐야 옳다. 따라서 클리마쿠스는 비약을 감행하는 인간의 행위는 궁극적으로는 신의 능력 아래에서 수행되는 것이지, 신의 영향력과 무관하게 인간의 자율적인 선택의 행위로 되는 것은 아니라고 해석해야 옳다고 주장한다. 인간 의지에 대한 클리마쿠스의 사상을 제대로 이해하기 위해서 비약이 일어나는 이행적 과정에 대한 정확한 구조를 탐구해 보도록 하자.

　이 시점에서 영원한 실존으로의 비약에 대하여 알게 된 사실은 비약을 위해서는 신존재에 대한 이성의 증명에서 손을 뗄 필요가 있다는 것이다. 손을 떼는 것이 신존재의 진리에 대한 실제 신앙에 도달하기 위하여 갖추어야 할 1차 조건이다.

　클리마쿠스에 따르면, 비약을 감행하는 방법은 믿으려 하는 의지적 헌신을 하는 것이다.[66] 그래서 역사성에서 영원성으로 이행하게 된다. 역사성에서 역사성으로 이행이 발생한 결과, 영원성에 대한 불신앙에서 신앙으로 옮겨지는 내면의 변화가 일어난다.

65 ——— Ferreira, "Faith," 221.

역사성에서 영원성으로의 질적 비약 또는 이행은 클리마쿠스의 경우에서와 같이, 참된 반성의 현실로 승격하게 되고 영원한 존재인 신과 세상의 결정적 간격을 드러내게 된다. 그러한 비약을 감행한 결과 인간은 역사성에서 영원성 사이의 변증법적 간격을 경험하게 된다. 이전에는 이성이 정복할 수 없었던 성육신 역설에 대한 오성의 충돌을 초월한 결과 이러한 변증법적인 차이를 경험하게 된다.

클리마쿠스에 따르면, 역사성에서 영원성으로의 질적 비약은 순간의 시간에 일어난다. 비약의 순간에 인간은 미지의 세계로 모험을 감행한다. 그 순간에 인간은 친숙한 세계의 실존에서 미지의 세계로 비약한다. 여기서 인간은 비약이라는 강력한 이행을 하는 데 결여되었던 것, 곧 신앙을 수용한다. 이런 의미에서 역사성에서 영원성으로의 비약을 감행하는 행위를 맹목적인 성격을 가졌다고 볼지도 모른다. 왜냐하면 구체적 증거에 기초했다기보다는 영원성에 대한 순수한 내적 정열에 추동되어 비약을 이루기 때문이다. 이런 비약의 사건 이면의 모티브는 인간이 믿을 때에야 비로소 알게 되는 신의 실존이라는 희미한 진리의 가능성이 비로소 현실화되는 것이다.

2장에서는 주체성과 객관성의 관계에 있어서 후설 학파와 클리마쿠스의 초월 분석을 논의하였다. 우리는 타자를 경험하는 후설의 주체 개념은 순수한 지향성 개념이고, 그것은 막연한 추상성임을 지적하였다. 결과적으로 객체(타자)는 추상적 현상이 되며, 인간이 경험하는 순수 타자는 어떤 구체성이나 특수성을 가지고 있지 않았다. 후설에 따르면 그 이유는 인간 의식의 기본적인 본질인 전제 없는 지향성에 기초하여 타자를 경험하기 때문이다. 그 결과 타자를 경험하는 데 주체적 개방성을 보여주기는 하지만 경험의 내용은 존재하지 않는다. 다시 말해서, 후설이 전제하는 신은 실제가 아니라 하나의 가정이고 추상성이지 실체가 없다. 이 점에서 클리마쿠스의 실재하는 신과 후설의 가

66 ——— 여기서 "믿으려 하는 의지적 헌신"이란 성육신 역설을 "믿으려는 의지적 선택"을 의미한다. 선택 개념에 관한 토론은 주로 자연주의자와 자연주의를 반대하는 신앙주의자 사이의 논쟁에서 생겼다. 자연주의는 고차원적이며 초자연적 원인이 작동하지 않는 과학적·자연적 세계를 옹호한다. 신앙적 관점(예를 들어, 기독교, 유대교, 이슬람교)에서는 세계는 자연적 세계로만 이루어진 것이 아니라 자연과 초자연으로 구성되었다고 주장한다. 따라서 인간의 모든 선택은 신의 주권과 섭리 아래 이루어지는 것으로 본다. 클리마쿠스에게 선택의 의미는 이전의 자연주의 입장이 아니라 종교적·초자연적 입장이다. 비록 선택이 인간의 자유의지뿐만 아니라 신의 주권과 섭리 아래 이루어진다 할지라도, 클리마쿠스는 선택의 주체인 인간의 역할을 그대로 유지한다. 그는 선택의 자유의 문제를 다룰 때 인간과 신의 절대적-상대적 특성을 그대로 유지한다.

정으로서의 신이 다르다. 그럼에도 불구하고, 인간의 지향성은 개방성을 전제로 한다는 것을 보여주었다. 그러나 후설이 말한 주체성과 타자 사이의 개방성은 성취되지 않았다.

클리마쿠스는 타자가 중립적 인간 주체성에 의존한다는 후설의 타자 개념에서 한 발 더 나간다. 클리마쿠스는 자아와 영원한 주체인 타자 사이의 진짜 관계를 아는 길을 제시했다. 그는 후설의 추상적 경험을 내면적 후퇴에 적용하여 성육신 역설과 화해를 이룸으로써 세계 내에서 타자를 객관적으로 전유할 가능성이 있음을 제시한다.[67] 여기서 그 역설을 믿을 때, 영원성에 대한 이전의 불확실성은 성육신 사건의 확실성으로 변한다.

이 믿음을 현실화시킬 때에, 하네이가 말한 역사계와 영원계 사이를 무한히 갈라놓았던 '논리적 간격'을 비약하게 된다.[68] 하네이는 다음과 같이 말한다.

그 비약은 경험적·'역사적' 진술의 총합과 자연적 의미의 영원에 대한 객관적 진리 사이의 논리적 차이이다. 비약이 있다고 말하는 것은 우선 먼저, 한 쪽의 논리로 무한에 대한 어떤 진술을 주장했을지라도, 그것은 차원이 다른 무한에 대한 적절한 논리적 기반이 될 수 없다. 이런 점에서 그 비약은 논리적 '간격'이라고 종종 언급된다.[69]

클리마쿠스에게 역사성과 영원성 사이의 무한히 분리된 두 세계 사이에 존재하는 논리적 간격이라는 비약 개념은 "역사가 말해 주는 모든 것의 우발성과 종교적 신앙이 요구하는 절대적·무조건적 확실성 사이에" 존재한다.[70] 역사적 관점에서 보면, 역사성과 영원성 사이의 논리적 간격이 의미하는 것은 논리(logic)는 언제나 시간의 한계 안에 있다는 특성을 가졌기 때문에 양적인 것(quantitative)과 상관이 있다는 뜻이다. 논리는 영원성을 진술하는 실제 범주를 대변하기에는 결코 적절하지 않다.

67 ——— 이 주제에 대한 광범위한 논의를 위해서는 이 책의 2장 《철학의 부스러기》에서 클리마쿠스의 초월론적 비평 분석'에서 이런 것들과 관련된 요점을 말한 것을 보라. "An Analysis of Transcendental Critique in *Fragments*" in chapter two of this study 36–50 where these and other relevant points are made.
68 ——— Hannay, *Kierkegaard*, 98.
69 ——— 위의 책.
70 ——— 위의 책.

논리적 간격이라는 개념은 이제 충분하다고 말하는 것이 불가능하며, 따라서 한 차원에서는 가능했던 진술이 다른 차원에서는 거짓일 뿐 아니라 심지어 다른 차원에 대한 어떠한 참된 진술도 되지 못한다는 것이다.[71]

클리마쿠스 사상에서 이 논리적 간격은 변증법적으로 역사계와 영원계 두 세계 사이에 접해 있다. 그 간격의 한쪽 측면인 역사계를 확장한다 할지라도 역사계가 아무리 많은 사실과 진술 또는 개념을 산출해 낸다 할지라도, 역사성–영원성의 차이를 초월하기에는 불충분하다. 인간이 역사성 안에서 영원성에 접근하기 위해서는 시간계로부터 영원한 실존세계로의 질적 이행을 함으로써 논리적 간격을 극복을 가능케 하는 결단 행위 외에는 방법이 없다.

이론적인 관점에서 보자면, 역사성에서 영원성으로의 비약은 구체적 증거와는 다른 어떤 것에 의지하여 사물이나 사태에 관한 명제에 대한 전적 수용이라고 볼 수 있다. 증거를 제시하는 것과는 별개로 질적 이행을 함으로써 '신은 존재한다'는 증명할 수 없는 명제는 그 사람에게 참된 명제가 된다. 그러한 질적 이행 이후에 영원한 기원을 주장하는 성육신 역설은 그 주장을 지지할 만한 증거들이 없어도 정당성을 확보하게 된다.

그러나 의지에 관하여 우리 논의의 핵심은 클리마쿠스를 의지론자로 보아야 하는가 하는 문제이다. 과연 클리마쿠스는 인간이 신앙의 선택을 포함한 모든 선택을 할 때 완전한 자유를 가지고 있다고 보는 의지론자인가? 아니면 신의 섭리의 중요성을 충분히 인정하고 강조하여서, 신의 존재를 믿는 신앙의 종교적 선택의 행위를 포함한 모든 선택 활동에서 신의 섭리가 구속력이 있고 주도적인 역할을 한다고 보는 비의지론자인가? 이 질문은 우리의 주제, 신앙의 합리성을 논의할 때 매우 중요하다. 의지론자인가 비의지론자인가 하는 주제를 사용하여 《부스러기》에 나타난 신앙–이성의 문제에 대한 연구의 발판을 삼을 것이다. 그리하여 의지론과 비의지론의 두 가지 대조적인 견해를 검토함으로써 이 물음에 대한 답변을 제시하고자 한다. 두 견해는 《부스러기》에 나타난 의지에 대한 클리마쿠스의 견해를 각각 다르게 해석한다. 둘 중에서 어느 입장이 클리마쿠스의 견해를 제대로 해석한 것일까? 어느 입장이 클리마쿠스가 말하는 선택 행위의 주체인 신과 인간의 상호작용을 잘 보여주는지 판가름

71 ——— 위의 책.

해 보자.

이제 클리마쿠스 사상에 담긴 의지의 주제를 논의할 것이다. 필자는 클리마쿠스를 비의지론자로 봐야 한다고 주장하는 바이다. 비의지론자인 클리마쿠스는 인간의 의지를 자율적이라고 보는 견해를 지지 하지 않으며, 또한 인간의 의지는 신의 의지의 영향력 아래에서 상대적으로 자유롭게 작용하는 것이라는 균형 잡힌 이해를 제시하고자 한다.

의지

페레이라는 클리마쿠스가 비의지론자라는 견해를 옹호한다. 그는 클리마쿠스(페레이라에게는 키르케고르)를 의지론자로 보는 일반 견해를 반박하는 강력한 견해를 제시하며, 의지론자로 보는 견해는 옳지 않음을 강력하게 입증한다.

> 클리마쿠스가 점증적으로 또는 자동적으로 일어나는 양적 이행을 배격한다는 것을 분명히 강조하고 있기 때문에, 많은 주석가는 클리마쿠스의 비약의 개념을 마치 의도적·고의적·자기 의식적·신중한·자의식적 또는 반성적 의지의 행위로 해석하여, 마치 행위자가 다양한 대안적 방안들을 선택하여 비약을 일으키는 것처럼 여겼다. 비약을 마치 우리가 여러 선택권을 평가한 후에 우리가 다리를 연결해야만 하는 어떤 것으로 본다. 그 결과 클리마쿠스를 의지론자로 해석해서, 비약은 결정의 범주라고 주장하게 된다. 비약을 이렇게 해석하는 급진적 불연속성과 심지어 독단성의 노선을 따르는 것이다. 불연속성과 독단성이란 표현은 신의 섭리와 주권과는 무관하게 인간의 의지가 자율적임을 강조한다는 뜻이다. 이런 방식으로 비약의 결단에만 집중하는 것은 비약을 결단적으로 볼 수 있는 다른 방안들에 주목하는 것을 흐트러뜨린다.[72]

클리마쿠스를 비의지론자로 해석한 페레이라의 견해는 《후서》에서 클리마쿠스가 "비약은 결단의 범주이다"라고 한 언급에 대한 해석에서 나온

것이다. 페레이라에 따르면, 클리마쿠스는 질적인 성취로서의 비약의 개념과 야만적 의지력에 의한 '뮌히하우젠'(Munchausen, 허풍쟁이, 거짓말쟁이-옮긴이 주)의 비약을 대조하여 진술한다. 순간 이동까지 한다는 독일 동화의 주인공인 남작 뮌히하우젠의 유명한 비약 이야기에는 "눈을 감고, 자신의 목을 위로 잡아올리니 자기 말과 함께 비약하여 개울 건너편에 서 있게 되었다"라는 말이 나온다.[73] 페레이라는 키르케고르의 비약과 뮌히하우젠의 비약을 대조하면서, 클리마쿠스는 "비약에 대한 심각한 오해를 배제시키려고 했던 것이다"라고 주장하였다. 페레이라는 클리마쿠스는 "점점 조금씩 움직여 앞으로 나가서 비약에 도달한다고 이야기하면서 비약을 쉬운 것으로 만들어 버리는 그런 비약의 풍자에도 반대하지만, 비약을 업적이나 노력의 성취로 보는 비약에 대한 오해에도 반대한다"고 주장한다.[74] 그것들과는 달리, 클리마쿠스가 바라보는 비약은 "'질적인' 성질의 이행이며 '내재성의 균열'(break in immanence)이다." 클리마쿠스는 종종 자유와 의지의 행위를 동격으로 사용하여 의지의 행위와 필연성을 대비시킨다. 그러나 페레이라는 자유이든 의지의 행위이든 "의지력이라는 야만적 행위"에 의해서 변화가 일어나는 것을 암시하는 것은 아니라고 주장한다.[75]

　　클리마쿠스의 의지 개념을 야만적인 의지력의 행위와 연관시키는 것은 잘못된 해석이다. 페레이라는 그와 반대되는 대안으로 '역치(threshold) 개념'을 제안한다. 역치 개념은 점진적 변화나 정도의 차이와는 달리 결정적이고 근본적인 변화를 보이는 하나의 실존적 조건이다. 이 역치 개념은 종종 클리마쿠스가 의지론자라는 주장을 강화할 때 쓰인 개념이었다.

　　페레이라는 '내재성의 급격한 균열'이라고 부르는 역치 개념을 지지하기 위해서 끓는 물의 예시를 제시한다. 물은 점차적으로 뜨거워지지만, 끓을 때는 점점 끓는 것이 아니라 갑자기 끓는다는 것이다. 물은 끓기 시작하는 '결정적 역치'에 도달하기 전까지는 끓지 않는다. 물이 점차로 열이 올라가는 지점과, 비록 그 과정은 점차적이지만 물이 갑자기 끓기 시작하는 그 지점 사이에 급격한 단절이 있다는 것이다. 페레이라에 따르면, 이 두 사이는 질적으로 서로 다른 현상이다.

　　두 번째로 점점 더 뜨거워지지만 점차적이지 않고 갑자기 폭발하는

73 ──── 위의 책, 215.

74 ──── 위의 책.

75 ──── 위의 책, 216.

폭약을 예로 든다. 폭약은 일정한 역치에 도달할 때만 폭발한다. 페레이라는 이것을 변화 속에 있는 '극한 불균형과 지향성'이라고 부른다.[76] "결정적 역치에서 질적 변화는 결정적이다." 그럼에도 불구하고, 그런 변화는 "그것을 선행하는 것의 작용이다." 다시 말해서, 비록 폭약에서 일어난 변화 '그 자체'는 누적된 성질의 것은 아닐지라도 "그 전에 진행된 것과 완전히 연관되었다." 페레이라는 다음과 같이 주장한다.

> 변화로 진행되는 과정에 무엇인가 감지된다. 끓는 물이나 폭약의 경우 열이 계속해서 감지된다. 비록 질적 이행은 단지 결정적 역치에 도달했을 때에만 일어날지라도 열과 같은 증거는 과정 동안에 계속 감지될 수 있다.[77]

나아가 페레이라는 말하기를, 끓는 물이나 폭약의 폭발의 경우에서 형태 변이에서 발생하는 질적 변화는 물리적으로나 이성적으로 강제되지 않는다는 의미에서 자유롭다. 그와 동시에 끓는 물과 폭약의 경우에서 일어나는 이행은 "자기 의식적으로 의도하지도" 않았고, 여러 선택과 관련된 것도 아니다. 그는 다음과 같이 주장한다.

> 질적 변화는 독자적이지 않으면서도 자유로울 수 있다. 왜냐하면 자유라고 해서 속박이 완전히 없는 것을 의미하지는 않기 때문이다. 그럼에도 불구하고 자발적 활동은 어떤 속박을 겪을 수도 있다. 무언가에 대한 '반응'일 때조차도, 그 반응은 자유로울 수 있다. 원칙적으로 의도적 결단이나 독단적 결단에 의존하지 않고서도 클리마쿠스가 필연성의 범주를 강하게 배격하는 것은 유지될 수 있다. 그리고 클리마쿠스가 보기에 위기에 처해 있는 개념인 질적이며 자유로운 이행은 원칙적으로 다른 활동들과 대비할 때 신중하고 직접적 의지 행위로서의 활력이 빠진 결단 모델과는 무관한 방식으로 이루어질 수 있다.[78]

따라서 페레이라는 "자유를 필연적 또는 강요된 반응과 대조적인 것

---

76 ──── 위의 책, 217.
77 ──── 위의 책, 217-218.
78 ──── 위의 책, 219.

으로 이해한다면, 의지의 사용은 수용성의 자유를 강조하는 것으로 볼 수 있다"고 주장한다.[79]

　　더구나 클리마쿠스는 개인적으로 신앙을 순종으로 보고 성서의 입장을 따르기 때문에, 인간은 좀 더 강한 자유 감각을 취해야 한다고 믿었다. 이 자유는 "좀 더 불연속적이고, 효과적으로 좀 더 독단적인 것"과 연관된다. 그러나 목적이나 의도가 없는 무관심의 자유를 요청하는 것은 아니다. 페레이라에 따르면, 클리마쿠스에게 인간의 자유는 "신적 통치와 전능과 조화를 이룬다." 페레이라는 이런 이유로 클리마쿠스가 "속박(constraint)은 자유와 양립한다"고 진술했다고 말한다. 예를 들어서, 클리마쿠스 안에서 보장되는 자유로운 선택의 행위는 "벌거벗은 알몸의" 또는 "내용이 없는", "완벽하게 무관심한 의지"에 의해 성취되는 "선택의 추상적 자유"가 아니다. 오히려 클리마쿠스가 이해하는 자유는 "언제나 (의도와 목적에) 관심이 있는, 맥락 속에 있는 자유"이다. 게다가 클리마쿠스는 '선택의 자유'와 '참 자유'를 구분한다. 페레이라에 따르면, 참 자유는 뜻깊은 의미에서 '무선택'이 되는 것과 양립한다.

　　페레이라가 말하기를, 클리마쿠스 사상에서 발견되는 인간의 일반 자유와 선택의 특별 자유에 대한 복잡한 이해는 신앙을 순종으로 보는 신앙의 성경적 이해를 받아들여야만 하며, 질적 이행에 필수적 조건이 되는 신앙의 길에 대하여 열려 있어야만 한다.[80]

　　페레이라의 주장에 따르면, 클리마쿠스는 "기독교 신앙으로의 비약을 명백하게 '질적'이며 '내재성의 균열'로 보기 때문에, 비약이 일어나는 데 필요한 것은 "그 이행이 단순한 연속성의 경험이어서는 안 된다는 것이다. 그 경험이 필연적 전개의 경험이든지 그렇지 않으면 단순히 누적된 결과의 경험이든" 클리마쿠스가 볼 때 궁극적으로 문제가 되는 것은 "질적 이행을 자유로운 행위"로 본다는 것이다. 다시 말해서, 기독교 신앙으로의 비약을 선택한 것, 또는 종교성 A(내면의 종교성)에서 종교성 B(계시의 종교성)의 질적 이행은 개인이 의도하거나 의지적 행위를 수반하는 선택이 되어서는 안 된다는 것이다. 종교성 A는 역사적 종교의식을 말하며, 종교성 B는 영원한 참 종교의식을 말한다. 페레이라는 다음과 같이 적고 있다.

---

79 ────── 위의 책.
80 ────── 위의 책, 219-220.

질적 변화, 소위 게슈탈트 이동(Gestalt shift)의 분명한 예를 살펴보자. 오리-토끼 그림(오리로 보이기도 하고 토끼로 보이기도 하는 환상을 일으키는 그림-옮긴이 주)이 이행(transition)의 간단한 모델이기는 하지만, 생각보다 훨씬 복잡하고 미묘한 것일 수 있다. 오리-토끼 그림을 묵상해 보면, 질적이며 자유로운 이행은 어떤 고의적·자기 반성적 의지력의 행위가 아님을 알 수 있다. 오리-토끼 그림을 보면서 게슈탈트 이동 일어나는 상황에서, 처음에 우리는 오직 한 가지 가능성만을 보다가 어느 시점에서 집중해서 보거나 몇 마디 조언을 들은 후에는 다른 모양이 눈에 들어오기 시작한다. 두 번째 모양을 보게 된 것은 어떤 결단이나 의지의 직접적이고 즉각적 결과가 아니다. 선택할 수 있는 어떤 감각 안에서의 선택도 아니다. 왜냐하면 시초부터 우리는 다른 어떤 동등하게 실제적인 가능성들을 인지하지 못했다. 그림 안에 오리와 토끼가 있다는 말을 듣고서 그 그림을 '찾으려고'(look for) 결단할 수는 있지만 여전히 볼 수는 없다. 그러나 그 그림을 보려고 하거나 알아차리는 것은 결단하는 문제가 아니다. 새롭고 질적으로 다른 그림을 알아차리는 것은 의지의 직접적 결과나 그 그림을 보겠다는 노력의 필연적 결과가 아니다.[81]

그래서 인간 의지와 신의 섭리 사이의 관계에 대한 페레이라의 주장을 다음과 같이 요약할 수 있다. 첫째, 질적 이행으로서 비약 개념은 신적인 주체와 연관되며, 신적인 주체가 개인으로 하여금 결단하도록 선택하게 하는 구속력의 원인이 된다. 둘째, 영적인 역치로부터의 신앙의 질적 솟아남은 질적 이행에 선행하는 것과 결정적 차이를 형성하기 때문에 이러한 질적 변화는 단지 인간적인 의지력을 발휘한 결과가 아니다.

비록 페레이라의 견해가 키르케고르 연구에서 많이 일반화되었지만, 모든 학자가 동의하는 것은 아니다. 예를 들어, 고인이 된 키르케고르 비평가인 루이스 포즈먼은 클리마쿠스는 엄격한 의지론자라고 주장한다. 그는 자신의 저서 《키르케고르의 종교철학(Kierkegaard's Philosophy of Religion)》에서 클리마쿠스는 기독교 신앙은 본질적으로 능동적이며 의지적으로 선택한 행동의 결과로 경험된다고 주장한다고 진술한다. 포즈먼에 따르면, 두 종류의 의지론인

---

81 ——— 위의 책, 217.

직접 의지론과 간접 의지론이 있다. 간접 의지론은 특정한 명제를 믿거나 안 믿거나를 의지로 선택하는 것이다. 간접 의지론에서 말하는 의지는, 마침내 개인이 특정 명제에 대한 믿음을 선택하도록 인도하는 분명한 영향력이 있어서 그것에 굴복하는 것이다.

포즈먼은 또한 규범적 의지론(간접 의지론)과 서술적 의지론(직접 의지론)을 구별하고 있다. 규범적 의지론은 특정 믿음을 가지는 것이 정당하다는, 일면에서는 강제적이며 규범적인 견해를 가지고 있다. 이와 달리, 서술적 의지론은 개인이 믿음을 획득하고자 하는 의지만 가지면 간단하게 믿음을 획득할 수 있다는 견해를 가진다.[82] 포즈먼은 클리마쿠스는 의지론자로서 규범적 의지론과 서술적 의지론의 요소들을 가지고 있다고 했다. 포즈먼에 따르면, 클리마쿠스는 인간 자신의 의향으로 특정 명제에 대한 믿음을 직접 획득할 수 있다고도 믿으며, 그리고 당연히 그렇게 믿어야만 한다고 믿기 때문에 특정 명제에 대한 믿음을 획득하는 것이 가능하다고 본다. 포즈먼이 볼 때, 클리마쿠스는 신앙을 의무로 보면서 개인이 믿기로 선택한 것을 직접 믿는 것이 가능하다고 보는 사람이다.[83] 포즈먼은 다음과 같이 기록한다.

> **비록 키르케고르(클리마쿠스)가 신앙/믿음(Tro) 논의에서 언제나 투명한 것은 아니었을지라도, 맥락상으로 볼 때 신앙의 개념은 꽤 분명한 편이다. 대부분 키르케고르의 말을 나는 통찰력 있고 그럴 듯한 것으로 받아들인다. 그러나 키르케고르의 '의지론' 교리는 특별히 면밀하게 검토할 필요가 있다. 의지론 교리란 믿음을 가지고자 하는 의지를 가짐으로써 믿음을 얻을 수 있다는 것, 그리고 이런 의지론적 방법으로 믿음을 '얻어야만 한다'는 것이다.[84]**

포즈먼이 클리마쿠스를 의지론자로 보는 견해는, 클리마쿠스가 의지를 적극적 능력으로 이해해서 신앙을 의지의 성취물이라고 주장하고 있다는 해석에 근거한다. 포즈먼은 클리마쿠스가 이 의지론적 입장을 철학 역사상 누구보다도 더 많이 전파했다고 주장한다.[85]

---

82 —— Pjoman, *Kierkegaard's Philosophy*, 187.
83 —— 위의 책, 199.
84 —— 위의 책, 184.

포즈먼에 따르면, 직접 의지론은 세 가지 특징이 있다. 첫째, 기본적으로 신앙의 성취는 의지 행위의 직접적 결과라는 것이다. 둘째, 신념의 획득은 충만한 의식 안에서 이루어져만 한다. 셋째, 증거 없이 믿음을 획득한다는 것이다. 이 세 가지 특성은 직접적 의지론이 "심리학적으로 일탈적이며, 개념적으로 일관성이 없으며, 비이성적이다"는 것을 가리킨다. 포즈먼이 말하기를, 그 이유는 전형적으로 믿음은 단지 의지의 행위만으로 획득되는 것이 아니라 특정한 판단을 하게 하는 원인이 되는 세계에 의해서 믿음이 획득되기 때문이다.[86] 인간은 직접 의지의 명령으로 믿음을 얻을 수는 없다. 의지의 엄명으로 직접 신념들을 획득할 수는 없다. 포즈먼에 따르며, 의지는 틀림없이 믿음을 형성하는 데 역할을 하지만 인간이 얻는 믿음의 종류가 무엇인지를 결정하는 범위에 한해서만 그렇다. 그는 다음과 같이 기록한다.

> **믿는다는 것은 행위가 아니지만, 행위들은 우리가 결국에 도달하게 될 믿음의 종류를 결정한다. 우리의 행위는 우리가 믿게 될 것에 영향을 미치기 때문에 우리는 그 행위에 책임을 져야 한다고 말한다. 비록 마치 행동을 책임지듯이 우리의 믿음을 직접 책임질 수는 없지만 우리는 믿음에 간접적으로 책임을 진다고 말할 수 있다.[87]**

포즈먼이은 클리마쿠스를 직접 의지론자로 보는데, 포즈먼 자신은 이런 클리마쿠스의 직접 의지론에 반대하여, 자유의지라는 종교적 교리에 관한 간접 의지론의 입장을 선호한다.

그러나 클리마쿠스를 직접 의지론자로 생각하는 것은 몇 가지 문제가 있다. 첫째, 클리마쿠스는 신앙을 개인에게 끼친 신의 간접적 영향력의 결과라고 믿기 때문에, 그를 직접 의지론로 볼 수는 없다. 신앙은 신이면서 동시에 인간인 영원성(성육신 역설)에 대한 직접적이고 역설적인 강렬한 체험을 통해서 인간의 의지가 믿도록 작동한 후에 비로소 도달하게 되는 것이다.

둘째, 성육신 역설을 수용함으로써 신존재를 믿도록 작동하게 하는 신앙의 범위의 문제에 관해서는, 앞에서도 말했듯이 성육신 역설의 내용과 그

---

85 ──── 위의 책.
86 ──── 위의 책, 190-191. 특히 저자는 190쪽에서 여러 다른 유형의 예시들을 제시한다.
87 ──── 위의 책, 193.

사건이 초역사적 근원을 가졌다고 하는 클리마쿠스의 입장에서 답을 찾을 수 있다는 결론을 내렸다. 클리마쿠스는 성육신 역설의 본질이 초역사적·영원한 성질을 가졌기 때문에 그 역설을 믿는 자는 그 신앙이 자신의 능력이나 의지력을 통해서 성취한 업적이라고 결코 주장할 수 없다고 믿는다. 참 신앙은 성육신 역설의 모순에 묵종한 결과이지, 인간의 역사적·자연적 실존 안에서 이성적으로 성취될 성질의 것은 아니다. 왜냐하면 이성과 성육신 역설 사이에 끊임없이 충돌이 발생하기 때문이다.

셋째, 《부스러기》를 주의 깊게 읽어보면 클리마쿠스는 인간 의지의 자율성을 옹호하지 않고 있음을 알 수 있다. 그 책 어디에도 인간이 자신의 의지로 종교적으로 참된 신앙에 직접 도달할 수 있다고 나와 있지 않다. 만일 그가 신앙에 관해 분명하게 주장했더라면, 영원성에 대한 신앙은 인간 스스로 성취할 수 있다는 주장을 강력하게 반대하는 내용이었을 것이다.

필자는 이런 이유로 포즈먼이 클리마쿠스를 의지론자로 보는 것과, 인간이 자신의 신앙에 직접적으로 책임을 진다고 하는 주장은 클리마쿠스의 사상과는 모순된다고 주장한다.[88] 클리마쿠스의 신앙 이해에 따르면, 신앙은 다름 아닌 신의 선행적 인과관계가 인간 의지로 하여금 믿도록 작용한 결과이기 때문이다. 이런 활동 속에서 개인 의지는 좀 더 고차원적인 영원한 원인, 곧 신의 섭리 아래에서 이 과정에 참여하는 것이다.

그러므로 클리마쿠스의 의지 개념에 대하여, 어떻게 인간이 역설, 즉 신에 대한 신앙을 성취하는지에 대하여 포즈먼보다 페레이라가 더 설득력 있는 주장을 하였다. 그러나 페레이라의 관점 역시 약간의 수정이 필요하다.

첫째, 오리-토끼 그림에서 게슈탈트 이동의 개념을 이야기하면서, 페레이라는 "고의적이고 자기 반성적인 의지력의 행위를 수반하지 않고서 질적이며 자유로운 이행을 설명할 수 있다"고 주장했다. 그런데 어떻게 질적이고 종교적인 자유로운 이행이 자의적이고 고의적인 선택과는 별도로 이루어질 수 있다고 보는가? 그렇게 보기는 어렵다. 결국 이렇게 결단하기로 한 선택은 인간의 도덕적 삶과 운명을 위해서 선택했음을 뜻한다. 그런데 어떻게 무의식적으로, 의도성이나 반성도 없이 이런 선택을 한단 말인가? 만일 인간은 윤리적 존재이며, 인생에서 인간의 행동은 도덕적 진리의 원천인 신으로부터 유래했다는 클리마쿠스의 주장이 사실이라면, 페레이라의 주장에 동의하기가 어렵다. 도덕적 진리의 원천인 신으로부터 우리의 이해를 도출한다는 관념은 신적 근원이 이미 한 개인에게 영향력을 미쳐서 그 사람의 행동이 도덕적으로 영향을 받았음을 의미한다.《부스러기》에서 보듯, 모든 인간은 비진리이며, 따라서 인간에게 진리를 수여하고 또 수여할 능력이 있는 '교사'인 신의 도움이 필요하다.

둘째, 페레이라는 또 다른 형태 변화의 두 가지 예, 끓는 물과 폭약의 예에서 일어나는 질적 이행은 "'자기 의식적으로 의도적이거나' 여러 선택과 관련된 것"이 아니라고 진술했다. 그러나《부스러기》에서 클리마쿠스는 자유는 "의지의 표현"이라고 했으며, 이 자유는 수많은 의미의 가능성이 있기 때문에 다양한 선택을 수반한다고 밝혔다. 예를 들어, 그는《부스러기》의 4장과 5장 사이의 '간주곡'에서, 생성하는 모든 것은 자유에 의해서 일어난다고 하였다. 다시 말해서 "이행은 자유에 의해서 일어난다."**89** 클리마쿠스는 이러한 일시적 이행의 의미를 다음과 같이 진술한다.

> **일어난 일은 그것이 일어난 것처럼 바로 그렇게 일어난 것이다. 그러므로 그것은 변경시킬 수 없다. 그러나 이 불가변성은 필연성의 불가변성일까? 과거의 것의 불가변성이란 그것이 현실로 '그렇게 있는 것'(So-sein)을 그것과는 다르게 할 수 없다고 하는 것이다. 하지만 그렇다고 해서 그것이 가능적으로 '어떻게 될 수 있는 것'(Wie-sein)마저 그렇게 밖에는 달리 될 수 없었다는 결론이 나올까?⁹⁰**

끓는 물과 폭약의 경우에서 일어난 이행은 의식적으로 의도한 것이 아니며, 여러 선택을 수반한 것도 아니라는 페레이라의 주장은 옳다. 그러나 끓는 물과 폭약의 경우와 같은 이행은 인간 안에서 일어나는 이행과 종류가 다르다. 왜냐하면 물과 폭약과 같은 물질의 경우를 인간의 특성에 적용할 수 없기 때문이다. 그럼에도 불구하고 클리마쿠스를 비의지론자로 규명한 것은 옳은 주장이다. 왜냐하면 비의지론자인 클리마쿠스는 인간 의지의 모든 한계에도 불구하고 통전성을 유지하는 근거인 영원성과 관계에서 인간 의지에는 신의

89 —— Kierkegaard, *Fragments*, 75.
90 —— 위의 책, 77.

섭리나 전능성을 수용하는 능력이 있다고 인정했기 때문이다.

　　따라서 클리마쿠스를 비의지론자로 해석하는 것이 클리마쿠스가 신앙 또는 영원성은 합리적임을 발견했다는 이 책의 핵심 주장과 꼭 들어맞는다. 클리마쿠스는 비의지론자이다. 왜냐하면 자유에 관한 클리마쿠스의 철학적 입장에 따르면, 영원한 존재인 신은 인간의 의지가 지향할 대상이며, 실존 안에서의 인간의 의지의 위치는 역사성 안에서 기껏해야 가능성에 불과한 영원성의 반성을 통하여 현실화시키는(인간이라면 그렇게 하려고 하는) 자리에 있다고 보기 때문이다.

6장

요약과 결론

마지막 장인 이번 장에서는 요약과 결론을 짧게 서술하고 《부스러기》의 주된 의도와 주장을 서술할 것이다. 이 책의 핵심은 신앙과 이성의 관계를 논의하고 연구하는 것이다.

《부스러기》의 가명 저자 요하네스 클리마쿠스는 영원한 존재인 신에게는 객관적 측면이 있어서 인간의 이성으로 이해할 수 있다고 주장한다. 필자는 키르케고르의 저서 《부스러기》가 이성을 거부하려는 의도로 쓰였다고 하는 일반적인 견해에 반대하여, 클리마쿠스는 이성을 배격하려는 의도가 아니라 이성에 동조적인 입장이었다고 주장했다. 또한 《부스러기》에서 클리마쿠스는 영원성의 객관적 측면이 있다고 주장했고, 영원성과 인간의 앎 사이에는 상관관계가 있어서 신의 계시를 통하여 인간은 신을 상대적으로, 역사적으로, 관념적으로 알 수 있다고 주장했다. 또한 클리마쿠스는 영원성을 역사적 앎의 대상으로 제시했으며, 이성은 영원성을 지성적 또는 관념적으로 전유할 수 있다고 주장하였다.

이 책은 6장으로 구성되었다. 서론인 1장에서는 책의 전반적 구조와 책에서 논의될 주제와 그 주제 아래 논의될 세부 주제들을 제시하였다.

2장에서는 두 가지 주제를 다루었다. 먼저, 스피노자와 범신론 철학에 관하여 논의했고, 다음으로 클리마쿠스와 후설의 주체성을 논의했다. 두 가지 논의를 통하여 인간이 영원성을 사유하는 것이 가능하다고 주장했으며, 그 근거는 영원성에는 객관적 측면이 있어서 인간이 그 영원성의 객관적 측면을 사유할 수 있다고 클리마쿠스가 믿고 있기 때문이라고 주장했다.

3장에서는 절대적 역설과 신의 성육신을 논의하였다. 필자는 시간 내의 초월적 사건은 영원한 신-역사적 인간의 결합(그래서 '불합리'임)의 역설적 본성에도 불구하고, 그 사건이 이성의 관념적 전유(appropriation)가 가능한 하나의 역사적 발생이라고 주장하였다. 클리마쿠스에 따르면, 성육신 사건의 역설을 인간이 믿지 않는 이유는 그 역설을 이해할 수 있는 객관적 측면이 없어서가 아니라 인간의 죄 때문이다. 다시 말해서, 성육신 역설을 주의 깊게 사유한다면 인간은 그 성육신 역설의 진리를 전유할 수 있을 것이다.

4장에서도 역시 영원성의 객관성에 대한 주장을 제시하였다. 그리고 헤겔 철학을 논의하였다. 클리마쿠스가 헤겔 철학을 거부한 이유는 헤겔 철학의 형식 자체가 문제였기 때문이 아니라 영원한 존재인 신과 역사적인 세계 사이의 관계를 헤겔 철학이 잘못 해석하고 있기 때문이었다. 클리마쿠스가 헤겔 철학을 비판한 의도는 영원성과 역사성의 관계를 자연적 시너지(synergy)로 구성해 버린 헤겔의 방법론을 거부하려는 것이지, 그 체계를 합리적으로 공식화하는 이성의 능력을 배격하려는 의도는 아니었다.

5장에서는 클리마쿠스가 《부스러기》에서 사용한 '생성', '순간', '조건' 등과 같은 여러 이론적 개념을 논의했다. 필자의 의도는 클리마쿠스는 영원성의 객관성을 논증하려고 이 개념들을 사용하고 있음을 보여주려는 것이었다. 《부스러기》의 본문에서 이러한 개념들을 사용한 것은 신앙과 이성의 필연적 차이를 강조하려 했던 것도 맞지만, 필자가 해석하는 바는 클리마쿠스가 이런 개념들을 사용한 목적은 영원성이 객관적 측면을 가지고 있음을 보여주려는 것이었다.

6장에서는 이 책을 요약하였다. 키르케고르는 칸트 이후의 시대에서 신앙과 이성의 적절한 정체성과 둘 사이의 균형성을 논의한 가장 탁월한 철학자였다. 키르케고르는 《부스러기》에서 가명 저자 요하네스 클리마쿠스를 통하여 신앙과 이성 사이의 관계를 논했다. 그는 신앙과 이성의 상호의존성과 상호관계성을 제거하지 않은 채, 신앙과 이성의 각자의 통전성을 유지하는 방식으로 논의를 전개했다.

클리마쿠스는 절대적 차원에서 종교적 신앙과 역사적 이성을 분리하여서 신앙에 대한 이성이나 철학의 모든 해명을 제거하려 한 동시에, 신앙과 이성을 서로 완전히 소외시키거나 배제시키지 않았다. 비록 클리마쿠스는 기독교 역사 전반에 걸쳐서 인간 이성이 기독교 진리를 훼손했다고 보는 것이 사실이지만, 인간의 삶에서 이성이 차지하는 자리를 전면 부인하지는 않았다. 하비 스미스는 《키르케고르의 인간 순례: 자아정위와 자아포기의 길(Kierkegaard's Pilgrimage of Man: The Road of Self-Positing and Self-Abdication)》에서 정당한 주장을 하고 있다. (기독교 사상에서 이성의 자리를 구원하기 위해서) 클리마쿠스가 필요하다고 느낀 것은 이성의 역할이 수정되어야 한다는 것이다. 즉 이성은 그 한계를 인정하고 더 높은 차원인 신앙의 주장을 받아들여야만 하는데, 왜냐하면 이성이 제자리를 찾는 길은, 특히 신앙과의 관계에서 이성이 제자리를 찾는 길은 이성의 한계 안에서 가능하기 때문이다.[1]

그것은 신이 역사 속에 인간으로 오신 성육신이라는 신학의 특별 계시를 종교적·이론적으로 접근할 수 있을 뿐만 아니라 철학적으로도 접근할 수 있다는 뜻이기도 하다. 따라서 본 연구에서 종교적 신앙과 인간 이성의 관계를 철학과 신학의 접근을 통하여 연구 분석함으로써 클리마쿠스가 《부스러기》에서 신앙과 이성이라는 각각의 이론적-실존적 범주에 부여한 적절한 의미를 찾고자 하였다. 이 책에서는 《부스러기》에서 나타난 종교적 신앙과 철학적 이성이라는 서로 다른 두 분야에 대한 이론적-비교 연구를 통하여 절대적 의미에서 신앙과 이성이 서로 상쇄하면서도, 또한 이성이 영원성을 관념적으로 전유할 수 있으며, 영원성과 객관적으로 관계를 맺을 수 있음을 논의했다. 그 결과 비록 신앙과 이성이 서로 다른 경험의 범주이기에 인간적 수단으로는 절대로 화해가 불가능하지만, 인간은 여전히 영원성에 대한 객관적 경험과 영원성에 대한 지성적·관념적 전유에 근거하여 영원성에 대한 합리적인 근거를 입증할 수 있다고 보았다. 초월론적 분석은 영원성의 존재를 증명하지는 못하지만 인간 의식은 영원성의 개념을 전제한다는 것을 보여주었다. 그 영원성은 신의 실존이다. 이로부터 나오는 자연스런 결론은 인간은 영원한 것을 심각하게 고려해야만 한다는 것이다. 왜냐하면 그러한 경험은 일상적인 주체-객체 관계가 아니며, 그러한 경험은 존재의 '어떻게'라는 물음(how-question)을 지속적으로 품고 있는 인간 실존의 심연에서 체험되는 것이며, 보통의 이성의 기능이나 학문적 연구의 방법을 가지고 체험되는 것이 아니기 때문이다. 그러한 경험들을 심각하게 고려해야만 하는 이유는 그러한 경험들이 실존의 진리, 즉 클리마쿠스가 말하는 영원성을 계시해 주기 때문이다. 이 책에서 '이성적'(rational)이란 표

현보다 '합리적'(reasonable)이란 표현을 쓴 이유는 영원성에 대한 가능성이나 현실성은 합리적이라는 필자의 입장 때문이다. 이성적 신앙이라고 표현하는 것은 키르케고르가 의도한 바가 아니다. 키르케고르가 말하는 신앙은 비이성적이며 이성과 화해할 수 없다. 그럼에도 불구하고 신앙과 이성이 서로 교차하는 얇은 선이 있기에 이성적인 앎이 가능하다. 그 얇은 선을 어떤 이는 '계시', 다른 이는 '신비'라고 부른다.

철학에서 사용하는 영원 개념과는 근본적으로 달리 클리마쿠스는 영원 개념을 종교적인 용법으로 사용했다. 왜냐하면 철학에서 사용하는 영원 개념은 신앙이 말하는 질적 요소를 결여하고 있기 때문이다. 철학에서 말하는 영원 개념은 내용이 없지만, 신앙에서 말하는 영원 개념은 내용이 있다. 다시 말해서 신앙은 영원한 신이 실제로 존재한다는 것을 말한다. 바로 이 점을 조명하고자 《부스러기》에 나오는 신, 신앙, 역설, 주체성, 순간, 조건, 비약 그리고 의지와 같은 중요 개념들을 다뤘다. 이 개념들은 기독교 용어들이긴 하지만, 신앙과 이성 사이에 객관적 관계가 있음을 보여주기 때문에 철학적으로도 중요한 개념들이다. 그리하여 본 연구에서 도출한 결론은 두 가지이다. 첫째, 신앙과 이성은 절대적인 차이가 있다는 것과 둘째, 신앙과 이성 사이에는 상대적 관계성이 있다는 것이다.

첫 번째 주장을 먼저 살펴보자. 인간 이성 자체로는 신의 실재(진리)를 알 수 없다. 이것이 신앙과 이성의 차이를 주장하는 클리마쿠스의 간결한 결론이다. 신의 실재는 이성 자체가 증명할 수 있는 것이 아니다. 기독교적 관점에서 보면, 신의 실재는 이성의 범위 너머에 존재하며 신의 실재에 도달하기 위해서는 인간에게 영적인 회심이 필요하다. 클리마쿠스에 의하면, 신앙은 교리에 대한 지적인 동의 그 이상을 필요로 한다. 신앙은 불신앙에서 믿음으로의 급격한 전향을 필요로 한다. 신의 실재에 대한 어떤 철학적 논증이 아무리 건설적이고 설득력이 있을지라도 신의 실재를 보여줄 수는 없다. 어떠한 철학적 논증도 그 자체로 사람을 불신앙에서 믿음으로 전향시킬 수 있을 만큼 강력하지는 못하다. 어떠한 이론적 변증도 신의 실재를 믿도록 사람을 설득할 만큼 충분하지 못하다. 클리마쿠스는 신의 실재에 대한 모든 이성적 주장은 역사적인 특성상 영원한 신의 존재를 절대적으로 인정하는 데 한계가 있다고 주장한다. 따라서 신의 실재에 대한 신앙은 신으로부터의 '선물'이다. 이성적·실존적 공로로 획득할 수 있는 것이 아니라 은혜로 거저 받는 것이다. 은혜는 이성에 근거하지 않는다. 왜냐하면 클리마쿠스는 종교적 신앙과 역사적 이성은 서로 절대적으로 모순되는 범주이며, 서로 다른 인간 사유의 범주이기에 조화를 이룰 수 없고, 절대적 방식으로 서로를 무효화시키는 무한한 격차를 가지고 있다고 주장하기 때문이다.

클리마쿠스에 따르면, 인간의 역사적 이성은 역사적 차원 안에 있는 내재적 범주이다. 그러므로 이성의 과제는 단순히 자연세계와 영원한 타자에 대한 역사적 관점만을 제공할 뿐이다. 기껏해야 이성은 오직 신앙으로만 찾을 수 있는 신의 실재(진리)를 발견하기 위해서 사변적인 추구를 할 뿐이다.

2장에서는 후설 사상 분석과 후설 학파의 타자 개념을 분석하면서 위와 같은 주장을 증명한 바가 있다. 클리마쿠스의 관점에서 보자면, 후설과 후설 학파의 철학은 타자에 대한 진정한 실재를 드러내는 데 실패했다. 왜냐하면 타자에 대한 내면적 경험이라는 주체성을 무전제적 지향성에 기반을 두고 설정했기 때문이다. 따라서 후설과 후설 철학에서 말하는 타자는 구체적인 내용이 없는 존재로 환원되었으며, 타자성을 상실하고 말았다.

3장에서는 역설에 대하여 적의에 찬 인간 오성의 태도를 검토했다. 역설과 충돌하여 그 진리에 접근하는 것을 이성 스스로가 용납하지 못한다고 주장했다. 클리마쿠스는 성육신 역설의 의미에 접근하기 위해서는 이론적으로 그 역설을 평가할 것이 아니라 신앙이라는 종교적 관점에서 그 성육신 역설 사건을 지각해야만 한다고 주장했다. 왜냐하면 그 역설의 의미는 이성이나 개념적 정의를 통하여 인간이 알 수 있는 이성적 측면에 부합하지 않기 때문이다. 간단히 말해서, 성육신 역설의 진리는 어떠한 역사적이거나 지성적인 시도로 전유할 수 없는데, 왜냐하면 진정으로 그것을 전유할 수 있는 방법은 신앙뿐이기 때문이다.

4장에서 우리는 헤겔에 대한 클리마쿠스의 비판을 분석함으로써 같은 주장을 했다. 클리마쿠스는 헤겔이나 헤겔 철학을 하나의 철학적 설계로 보았다. 헤겔의 철학적 설계는 진리를 이성의 지배 밑에 부당하게 위치시키는 방식으로 진리를 체계화함으로써, 이성을 진리보다 더 큰 범주에 두었다. 이성의 주권을 지나치게 주장한 것이다. 클리마쿠스에 따르면, 기독교의 초월 구조는 헤겔의 절대 관념론에서는 위험에 처하게 되었다. 헤겔의 절대 관념론은 신적인 것과 세계를 구별되지 않는 통일체로 동일화시켰다. 신적인 것과 세계를 절대 관념론이라는 이론 체계 안에서 종합하는 헤겔의 부정적 변증법과 달리, 클리마쿠스는 신적 초월과 인간 실존의 유일성을 적절하게 보전하는 방식으로 영원성과 세계를 긍정적으로 동일시하는 하나의 대안을 제시했다. 그 대안은 참 신앙이라는 것이다.

    헤겔 철학을 비롯한 모든 이성주의자 전통과 대조적으로, 클리마쿠스는 신앙이라는 새로운 추구를 시작한다. 신앙은 인간으로 하여금 역사성 너머 영원성의 실존이라는 사실적 진리를 믿는 것을 가능하도록 만든다. 인간이 불신앙에서 믿음으로 질적 변화를 일으키는 종교적 조건을 성취하는 길은 세상에 오신 신의 성육신의 역설을 믿는 것이다. 클리마쿠스에 따르면 기독교에서 가장 핵심이 되는 믿음은 신의 성육신을 믿는 것이다. 성육신의 계시를 진심으로 수용하는 것을 가능하게 하는 것은 오직 믿음뿐이다. 세상에 오신 신의 성육신은 "오직 신앙의 조건(신앙)을 신으로부터 개인적으로 받은 사람만, 오직 그 사람만이 믿을 수 있다."[2]

    클리마쿠스는 인간 이성보다 신앙이 더 우위의 본성을 지니고 있음을 《부스러기》의 '3장 절대적 역설'에서 면밀하게 충분히 검토했다. 그는 신앙이란 인간 오성의 모든 합리적인 범주들을 초월한다고 보았다. 신앙은 하나의 철학적 개념이 될 수 없는데, 왜냐하면 신앙은 본질상 인간 오성의 자연적 구조와 일치하지 않기 때문이고, 또한 신앙은 모든 철학적 목적과 상상력을 초월하며 결코 합리성을 강조하는 이성으로부터 어떤 작은 힘도 빌려오지 않기 때문이다. 신앙은 세계 안에 있는 역사적인 모든 것을 초월한다. 신앙은 역사성 안에 그 기원을 가지고 있지 않으며, 오히려 영원성 안에 그 기원을 가지고 있다.

    따라서 클리마쿠스가 《부스러기》에서 신앙과 이성의 절대 차이성을 주장한 것은 그가 신앙주의자임을 입증하는 유력한 증거로 볼 수 있다. 클리마쿠스는 종교적 신앙과 인간 이성 사이에 타협할 수 없는 차이가 있다고 강력하게 주장한다. 에반스가 올바르게 진술하듯, 신앙이 계시하는 바는 신앙은 인간의 역사적 오성의 힘과 한계를 넘어서 그 위에 존재하는 독립적이며 초월적 특징을 가졌다는 사실이다.[3] 클리마쿠스는 주장하길, 신-인의 합일체라는 역설의 역사적 사건은 인간이 그 주장을 알아차릴 수 있는 어떤 것도 제공하지 않고 있다. 그 성육신 역설을 알아차리는 것은 오직 신앙을 통해서만 가능하다. 어떤 이성적인 시도도 신앙이라는 비-역사적 조건이 결여된 인간에게는 소용

---

2 ——— Kierkegaard, *Fragments*, 103.

이 없다. 신앙의 조건은 역사적으로나 이성적으로 접근하기에 적절한 것이 아니다. 따라서 성육신 사건을 합리화하려는 어떤 역사적·이성적 시도도 결국에는 신앙의 신적 본질에 대한 자신감의 결여를 드러낼 뿐이다.

이제 두 번째 주장을 살펴보자. 《부스러기》에서 얼핏 보기에 신앙주의로 보이는 주장을 제시한 것에 덧붙여, 클리마쿠스는 이성을 전부 거부하지 않았음을 주장하였다. 클리마쿠스는 명백하게 신앙주의의 입장임에도 불구하고, 그는 여전히 영원성은 객관적인 측면이 있으며, 따라서 신존재의 실재성을 객관적으로 알 수 있다고 말했음을 필자는 이 책의 각 장을 마무리할 때마다 반복해서 주장하였다. 믿는 자들에게는 사유의 한계에도 불구하고 신존재에 대한 지식이 생기게 되며 영원성을 믿는 쪽으로 추동된다.

비록 신앙이 이성에 대하여 우위적 힘이 있음을 규명하기 위해 인간 실존에서 이성이 절대적 지위를 차지하는 것은 반대했을라도, 클리마쿠스는 이성은 영원한 존재인 신과 관계를 맺게 하고 인간으로 하여금 한계 저편으로 건너가도록 다리를 놓는 역할을 한다고 보았다. 다시 말해서, 클리마쿠스는 이성의 긍정적 측면을 제시함으로써 기독교가 합리적이라고 할 수 있는 근거로 삼고자 하였다. 클리마쿠스는 신앙의 객관적 측면을 보여주었다. 그러나 만일 누군가가 "신 앞에 홀로 설 때까지 실존의 길을 걸어간다면" 그 사람은 "기독교인이 될 것"이라고 클리마쿠스가 생각했다고 주장하는 학자들이 있는데,[4] 클리마쿠스가 신앙의 객관적 측면이 있다고 말한 것은 그런 뜻이 아니다. 대신에 믿지 않는 자에게 기독교는 영원성의 실존 안에 있는 자신의 절대적 불확실성으로부터 해방될 수도 있고 안 될 수도 있는 '합리적인 도박'이다.

인간 실존 안에 있는 신앙과 이성의 관계는 시간과 영원의 두 세계를

---

3 ──── 예를 들어, 스티븐 에반스는 《부스러기》가 비-기초론자의 변증과 불일치해야만 하는 것이 아니라고 주장했다. 비록 클리마쿠스가 에반스 견해를 예견 못했고 받아들이지 않는다 할지라도, 에반스는 클리마쿠스가 모든 전통적인 변증학을 거부할 만한 적절한 근거를 가지고 있지 않다고 주장한다. See C. Stephen Evans, *Kierkegaard on Faith and the Self: Collected Essays* (Waco: Baylor University Press, 2006), 148–49. 필자는 에반스의 견해에 동의한다. 왜냐하면 비록 이러한 경험에도 불구하고 절대적인 증거가 없는 상태에서 인간은 언제나 신앙의 비약을 할 것인가 의심한 채로 남을 것인가를 선택함에도 불구하고, 신존재라고 하는 불확실한 대상을 관념적 전유나 지적인 경험을 바탕으로 믿을 수 있다고 보기 때문이다.

4 ──── 예를 들어, 하비 스미스는 《키르케고르의 인간 순례: 자아정위와 자아포기의 길》에서 이런 주장을 한다. 스미스는 "인간은 실존의 극단적 상황에서 홀로 서게 되는 처지가 되었을 때 신 앞에 무릎 꿇어 경배하게 되기 때문에, 키르케고르가 가정하기에 모든 인간은 이와 동일한 방식으로 반응하리라고 보았다"라고 주장하였다. Smith, *Kierkegaard's Pilgrimage*, 193.

동시에 경험하는 인간의 변증법적 구조를 표현해 주고 있다. 클리마쿠스 사상에서는 신앙과 이성의 두 세계가 영원성과 역사성의 틈새를 붕괴시키지 않은 채 이성이 기독교 진리로 비약을 이루는 지적 유익을 주는 방식으로 서로 얽혀 있다. 이성은 실존의 한계를 건너 영원성의 세계로 가는 역사적·합리적 다리를 만들어 준다. 비록 전통적인 '신앙−이성 이분법'이라는 양립할 수 없는 입장을 긍정한다 할지라도 클리마쿠스는 기독교에 대한 일반적 지식의 빛 아래에서 기독교를 믿을 수 있다고 주장한다.[5]

　　　　궁극적으로 이성은 신존재를 증명할 수 없지만, 신앙은 증명할 수 있다. 신존재에 대한 증명을 가지게 된 결과, 기독교 진리로의 비약이 일어난다. 이러한 비약의 개념은 이 땅에서의 삶과 불연속성을 암시한다. 그러한 비약은 새로운 현실의 진리, 즉 공포와 불안이 아닌 삶의 의미를 찾게 해준다. 이러한 비약은 인간은 이 세계를 떠나서 개인 간의 사랑과 진정한 유대감을 강조하는 다른 실존계에 입문해야만 한다는 것을 증명한다. 이러한 건너감, 수고로움의 세계에서 안식의 세계로 건너가는 것은 성육신이라는 역설을 믿는 순간에 일어나는 것이다.

　　　　결론적으로, 두 가지를 제언하고자 한다. 첫째, 《부스러기》에 관한 본 연구를 통해 신앙과 이성에 대한 폭넓은 철학적 논의가 이루어지는 학계에서 클리마쿠스/키르케고르를 이성에 무관심한 사상가로 바라보는 것을 다시 고찰해 주기를 희망한다. 클리마쿠스/키르케고르는 종종 종교적 사상가나 세속의 사상가에 의해 똑같이 공격의 대상이 되었다. 종교 사상가와 세속 사상가들은 클리마쿠스/키르케고르가 객관적인 것으로부터 주체적인 것으로의 급진적인 선회를 했다고 보기 때문에 적개심을 품기 시작했다. 많은 사상가들은 키르케고르가 인간의 지식을 포기했다고 보았기 때문에, 그의 사상을 "잔인하게 혹평했다."

　　　　그러나 필자는 견해를 달리한다. 위에서 제시한 이유 때문에 비평가들이 클리마쿠스를 '해체주의자'로 보거나 '본질론자'로 투사하는 것에 반대하

---

5 ──── 키르케고르는 1845년 일기에 다음과 같이 기록했다. "메모: 《부스러기》를 회고하면서, 나는 신이 (영원하게) 존재한다는 것을 믿지는 않지만, 그 사실을 안다고 말했다. 한편 나는 신이 (역사적으로) 존재한다고 믿는다. 그때 나는 두 공식을 함께 두어서 명백한 대조를 만들었으며, 영원한 진리는 헬라적 관점에서조차도 인간에게 신앙의 대상이며 역설이 된다. 그러나 그것은 내가 지금 제시하고 있는 것 같은 기독교 신앙, 그런 신앙은 결코 아니다."

여, 클리마쿠스의 유명한 인간 주체성 개념은 이성이 인간 생활의 중요한 위치를 차지한다는 사실을 완전히 부정하지는 않았음을 피력한다. 리처드 쿨리지와 다른 학자들과 같이, 필자도 클리마쿠스의 주체성의 개념에는 쿨리지가 말한 '암묵적 주체적 존재론'이 내포되어 있다고 강하게 주장하는 바이다.

암묵적 주체적 존재론이란 관념은 한 사람의 내적 존재(예, 영혼, 정신, 등)는 정열적인 관심으로 가득 차 있다는 것이다. 정열적 관심은 그 사람으로 하여금 강화되고 집중된 종교적 신앙의 거룩한 역치(threshold)로 이끄는 하나의 도구이다. 신앙은 객관성을 포기하라는 뜻이 아니라 인간 실존과 자유를 폐기시키는 모든 시도에 대항하여 세상에서 인간 실존과 자유를 수호하는 강력한 방법인 '주체성을 복권하라'는 요청을 하고 있는 것이다. 클리마쿠스는 모든 대가를 치르고서라도 영원성-역사성의 차이점을 순수하게 보존함으로써, 참된 의미의 기독교를 수호하고자 열망했다. 그래서 당시 덴마크를 비롯한 유럽에 만연한 사변철학의 강력한 영향이 문화적·교회적으로 폭발적 운동으로 번져서 변질되고 퇴색되어 버린 거짓 기독교로부터 참된 기독교를 수호하고자 '주체성'을 강조한 것이다.

둘째, 《부스러기》에 대한 본 연구는 윤리적으로 울림을 준다. 키르케고르의 많은 저술이 윤리적 가치를 강하게 요청하듯이, 《부스러기》 역시 윤리적으로 매우 성숙한 작품이다. 왜냐하면 이 탁월한 작품은 모든 이론적이고 형이상학적인 요소를 가지고 있으면서, 신앙과 기독교가 이성의 힘에 의해서 무너졌을 때 가져올 불행에 대하여 치밀하게 설명하면서, 인간 행복의 길을 제시하고 있기 때문이다. 클리마쿠스의 독특한 관점에서 보자면, 영원성(하나님)과 역사성(세계)의 관계의 문제는 사실상 다음의 질문으로 수렴된다. 죄와 부패로 타락한 세상에서 자유와 희망의 자리로 가는 길을 어떻게 발견할 수 있는가? 클리마쿠스는 오직 신앙으로만 자유와 희망의 길로 갈 수 있다고 대답한다. 이성은 이 작업을 수행할 수 없다. 왜냐하면 이성은 이 유한한 세계의 한계를 뚫고 나갈 수 없기 때문이다.

이런 의미에서 《기독교 왕국 공격》, 《현대》, 《공포와 전율》, 《불안의 개념》과 같은 키르케고르의 다른 작품들에도 나타나는 것과 같이, 《부스러기》에 나타난 모든 인식론적 견해들도 윤리적 관심의 빛으로 살펴볼 수 있다. 도덕성의 문제는 의심의 여지없이 인식론적 구조, 세계관(Weltanschauung)과 연결된다. 소크라테스, 플라톤, 칸트, 헤겔, 후설 등과 같은 철학의 이성적 유산에서 보듯이, 엄격한 이론 철학의 관점과 자기의 세계관에서 바라본 영원성 관념은 추상적이며 내용이 없는 것이다. 이와 대조적으로, 기독교의 관점과 자기의 세계관에서 바라 본 영원성 관념은 신성한 어떤 것이다. 영원성 관념은 인간 영혼 바깥에 '신성한 것이 있다'는 확신으로부터 생겨난다.[6] 그런 인생은 '이 영원성과 잇대어 살아가는 삶'이다.[7]

---

6 ——— Westphal, *Kierkegaard's Critique*, 45–46.
7 ——— 위의 책, 46.

참고문헌

키르케고르 저술들 또는 관련 자료들

Cavell, Stanley. "Kierkegaard's 'On Authority and Revelation':
Must We Mean What We Say?" In *Søren Kierkegaard:
Critical Assessment of Leading Philosophers*, edited by
Daniel Conway with K.E. Gover. Vol.1. 163–179. London:
Routledge, 2002.

Collins, James. *The Mind of Kierkegaard*. Princeton: Princeton
University Press, 1983.

Come, Arnold B. *Kierkegaard as Theologian*. Montreal: McGill–
Queen's University Press, 1997.

Coolidge, Richard. "Kierkegaard's Subjective Ontology: A
Metaphysics of the Existing Individual." *International
Philosophical Quarterly* 44, no. 1(2004): 5–22.

Cruysberghs, Paul. "Must Reflection Be Stopped? Can It Be
Stopped?" In *Immediacy and Reflection in Kierkegaard's
Thought*, edited by Paul Cruysberghs, J. Taels, and K.
Verstrynge, 11–23. Leuven: Leuven University Press, 2003.

Deuser, Hermann. "Religious Dialectics and Christology." In
The Cambridge Companion to Kierkegaard, edited
by Alastair Hannay and Gordon D. Marino, 376–396.
Cambridge: Cambridge University Press, 1997.

Diem, Hermann. *Kierkegaard's Dialectic of Existence*. Translated
by Harold Knight. Edinburgh: Oliver and Boyd, 1959.

Elrod, John W. *Being and Existence in Kierkegaard's
Pseudonymous Authorship*. Princeton: Princeton

University Press, 1975.

Evans, C. Stephen. "Can God Be Hidden And Evident At The Same Time? Some Kierkegaardian Reflections." *Faith and Philosophy: Journal of The Society of Christian Philosophers* 23, no. 3(2006): 241–252.

_____. *Kierkegaard on Faith and the Self: Collected Essays.* Waco: Baylor University Press, 2006.

_____. *Kierkegaard's Fragments and Postscript: The Religious Philosophy of Johannes Climacus.* Atlantic Highlands: Humanities Press International INC., 1983.

_____. *Passionate Reason: Making Sense of Kierkegaard's Philosophical Fragments.* Bloomington: Indiana University Press, 1992.

Ferreira, M. Jamie. "Faith and the Kierkegaardian Leap." In *The Cambridge Companion to Kierkegaard,* edited by Alastair Hannay and Gordon Marino, 207–232. Cambridge: Cambridge University Press, 1998.

Green, Ronald M. *Kierkegaard and Kant: The Hidden Debt.* Albany: State University of New York Press, 1992.

Hannay, Alastair. *Kierkegaard.* London: Routledge & Kegan Paul, 1982.

Heywood, Thomas J. *Subjectivity and Paradox: A Study of Kierkegaard.* Oxford: Blackwell, 1957.

Howland, Jacob. *Kierkegaard and Socrates: A Study in Philosophy and Faith.* Cambridge: Cambridge University Press, 2006.

Kierkegaard, Søren. *Concluding Unscientific Postscript to Philosophical Fragments*. Edited and translated by Howard V. Hong and Edna H. Hong. Princeton: Princeton University Press, 1992.

_____. *Fear and Trembling: A Kierkegaard Anthology*. Edited by Robert Bretall. Princeton: Princeton University Press, 1946.

_____. *Journals and Papers*. Edited and translated by Howard V. Hong and Edna H. Hong. Vol.1. Princeton: Princeton University Press, 1967.

_____. *Philosophical Fragments*. Edited and translated by Howard V. Hong and Edna H. Hong. Princeton: Princeton University Press, 1985.

_____. *The Sickness Unto Death: A Christian Psychological Exposition for Upbuilding And Awakening*. Edited and translated by Howard V. Hong and Edna H. Hong. Princeton: Princeton University Press, 1980.

_____. *Training in Christianity*. Edited and translated by Howard V. Hong and Edna H. Hong. Princeton: Princeton University Press, 1991.

Klemke, E. D. *Studies in Philosophy of Kierkegaard*. The Hague: Martinus Nijhoff, 1976.

Levinas, Emmanuel. "A Propose of Kierkegaard Vivant." In *Authority and Authenticity: Kierkegaard and His Pseudonyms*. Vol. 1 of *Søren Kierkegaard: Critical Assessments of Leading Philosophers*, edited by Daniel

W. Conway with K. E. Glover. London and New York: Routledge, 2002.

Malantschuk, Gregor. *Kierkegaard's Concept of Existence*. Edited and translated by Howard V. Hong and Edna H. Hong. Milwaukee: Marquette University Press, 2003.

Habib C. Malik. *Receiving Søren Kierkegaard: The Early Impact and Transmission of His Thought*. Washington, D.C. : The Catholic University of America Press, 1997.

Michau. Michael R. "Suspension." http://www.sorenkierkegaard. nl/artikelen/Engles/104.Kierkegaard-and-Husserl.pdf (accessed March 15, 2010).

Miller, Caleb. "Faith and Reason." *Reason for the Hope Within*. Edited by Michael Murray. Grand Rapids: William B. Eerdman Publishing Company, 1999.

Morrison, John. "Christ, Faith, and the Problem of History in the Thought of Søren Kierkegaard." *Philosophia Christi: Journal of Evangelical Philosophical Society* 18, no. 2(1995): 15-41.

Murphy, Arthur E. "On Kierkegaard's Claim That 'Truth is Subjectivity'": *Essays on Kierkegaard*. Edited by Jerry H. Gill. Minneapolis: Burgess Publishing Company, 1969.

Nielson, H. A. *Where the Passion Is: A Reading of Kierkegaard's Philosophical Fragments*. Tallahassee: University Press of Florida, 1983.

Pattison, George. *The Philosophy of Søren Kierkegaard*. Montreal: McGill-Queen's University Press, 2005.

Perkins, Robert. *Søren Kierkegaard*. Atlanta: John Knox Press, 1976.

Pojman, Louis. *Kierkegaard's Philosophy of Religion*. San Francisco: International Scholars Publications, 1999.

Pons, Jolita. *Stealing a Gift: Kierkegaard's Pseudonyms and the Bible*. New York: Fordham University Press, 2004.

Rudd, Anthony. "The Moment and the Teacher: Problems in Kierkegaard's *Philosophical Fragments*." In *Søren Kierkegaard: Critical Assessments of Leading Philosophers*, edited by Daniel W. Conway with K. E. Gover. Vol. 2. London: Routledge, 2002.

Smith, Harvey A. *Kierkegaard's Pilgrimage of Man: The Road of Self-Positing and Self-Abdication*. Amsterdam: Vrije Universiteit Te Amsterdam, 1965.

Walsh, Sylvia. "Echoes of Absurdity: The Offended Consciousness and the Absolute Paradox in Kierkegaard's 'Philosophical Fragments.'" In *International Kierkegaard Commentary: Philosophical Fragments and Johannes Climacus*, edited by Robert L. Perkins. Macon: Mercer University Press, 1994.

Westphal, Merold. *Kierkegaard's Critique of Reason and Society*. University Park, PA: The Pennsylvania State University Press, 1991.

Zuidema, Sytse U. *Kierkegaard*. Translated by David H. Freeman. Philadelphia: Presbyterian and Reformed Publishing Co., 1960.

기타 저술들

Audi, Robert. *The Cambridge Dictionary of Philosophy*. New York: Cambridge University Press, 1995.

Augustine. "Freedom of Will." *The Experience of Philosophy*. Edited by Daniel Kolak and Raymond Martine. New York: Oxford University Press, 2006.

Bavinck, Herman. *Our Reasonable Faith: A Survey of Christian Doctrines*. Translated by Henry Zylstra. Grand Rapids: Baker House Books, 1980.

Berkhof, Louis. *Systematic Theology*. Grand Rapids: William B. Eerdman Publishing Company, 1999.

Bernet, Rudolf, Kern, Iso, Marbach, Eduard. *An Introduction to Husserlian Phenomenology*. Evanston: Northwestern University Press, 1993.

Cannon, Betty. *Sartre and Psychoanalysis: An Existential Challenge to Clinical Metatheory*. Lawrence: University Press of Kansas, 1991.

Clark, Gordon H. *The Philosophy of Science and Belief in God*. Jefferson: The Trinity Foundation, 1996.

Da Boer, Karin. "The Dissolving Force of the Concept: Hegel's Ontological Logic." *The Review of Metaphysics* 57 (2004): 787-822.

Descartes, Rene. *Meditations on First Philosophy*. Translated by Laurence J. Lafleur. New York: Macmillan Publishing Company, 1985.

Desmond, William. *Being and the Between*. Albany: State
　　University of New York Press, 1995.

_____. *Hegel's God: A Counterfeit Double?* Hampshire: Ashgate
　　Publishing Limited Gower House, 2003.

_____. "Hegel's God, Transcendence, and the Counterfeit
　　Double: A Figure of Dialectical Equivocity." *The Owl of
　　Minerva: The Journal of the Hegel Society of America*
　　36, no. 2 (2005): 92.

Dupré, Louis. "Religion as Representation." *The Legacy of
　　Hegel: Proceedings of the Marquette Hegel Symposium
　　1970*, edited by J. J. O. Malley, K. W. Algozin et al. The
　　Hague: Martinus Nijhoff, 1970.

Fackenheim, Emil L. *The Religious Dimensions in Hegel's
　　Thought*. Bloomington: Indiana University Press, 1967.

Faulconer, James E. "Thinking Transcendence." In *Transcendence
　　in Philosophy and Religion*. Bloomington and Indianapolis:
　　Indiana University Press, 2003.

Forster, Michael N. *Hegel's Idea of a Phenomenology of Spirit*.
　　Chicago: The University of Chicago Press, 1998.

Hegel, G. W. F. *Philosophy of Right*. Translated by T. M. Knox.
　　Oxford: Oxford University Press, 1967.

Hodgson, Peter C. *Hegel and Christian Theology: A Reading
　　of the Lectures on the Philosophy of Religion*. Oxford:
　　Oxford University Press, 2005.

Husserl, Edmund. *The Crisis of European Sciences and
　　Transcendental Phenomenology: An Introduction to*

Transcendental Phenomenology. Translated by David Carr. Evanston, IL: Northwestern University Press, 1970.

_____. *Analysis Concerning Passive and Active Synthesis: Lectures of Transcendental Logic*. Translated by Anthony J. Steinbock. Edited by Rudolf Bernet. Collected Works. Dordrecht: Kluwer Academic Publishers, 2001.

Jahae, Raymond. *Finality in Nature According to Kant and Blondel*. Frankfurt: Peter Lang, 2004.

Kant, Immanuel. *Critique of Pure Reason*. Translated by Werner S. Pluhar. Indianapolis: Hackett Publishing Company Inc., 1996.

Kroner, Richard. "A New Critique of Theoretical Thought." In *The Review of Metaphysics* VIII, no. 2 (1954): 321–324.

_____. *Culture and Faith*. Chicago: The University of Chicago Press, 1951.

Macquarrie, John. *Studies in Christian Existentialism: Lectures and Essays* by John Macquarrie. Philadelphia: The Westminster Press, 1965.

Mcguinn, Colin. *The Making of a Philosopher*. New York: Perennial, 2003.

Natanson, Maurice. *Edmund Husserl: Philosopher of Infinite Task*. Evanston, IL: Northwestern University Press, 1973.

Plato. *Phaedo*. Translated by F. J. Church. Indianapolis: Bobbs–Merrill Educational Publishing, 1983.

_____. *Republic and Other Works*. Trans. B. Jowett. New York: Anchor
Books, 1989.

Niebuhr, Reinhold. *The Nature and Destiny of Man: Human Destiny*, Vol. II. Louisville, KY: Westminster John Knox Press, 1964.

Pinkard, Terry. *German Philosophy 1760–1860*. Cambridge, UK: Cambridge University Press, 2002.

Pippin, Robert B. *Hegel's Idealism: The Satisfaction of Self-Consciousness*. New York: Cambridge University Press, 1998.

Schlitte, Dale. *Hegel's Trinitarian Claim: A Critical Reflection*. Leiden: E. J. Brill, 1984.

Husserl, Edmund. *The Crisis of European Sciences and Transcen-dental Phenomenology: An Introduction to Phenomeno-logical Philosophy*. Translated by David Carr. Evanston, IL: Northwestern University Press, 1970.

Vroom, Hendrik M. *Religions and the Truth: Philosophical Reflections and Perspectives*. Grand Rapids: WM. B. Eerdman Publishing Co., 1989.

Westphal, Merold. "Hegel, Pannenberg, and Hermeneutics." *Man and the World* 4, no. 3 (1971): 276–291.

색인

키르케고르: 신앙의 합리성
Reasonableness of Faith:
A Study of Kierkegaard's
"Philosophical Fragments"

2018. 4. 10. 초판 1쇄 인쇄
2018. 4. 17. 초판 1쇄 발행

지은이 토니 킴
옮긴이 윤덕영
펴낸이 정애주
국효숙 김기민 김의연 김준표 김진원 박세정 송승호 오민택 오형탁
윤진숙 임승철 임진아 정성혜 차길환 최선경 한미영 허은
펴낸곳 주식회사 홍성사
등록번호 제1-499호 1977. 8. 1.
주소 (04084) 서울시 마포구 양화진4길 3
전화 02) 333-5161
팩스 02) 333-5165
홈페이지 www.hsbooks.com
이메일 hsbooks@hsbooks.com
페이스북 facebook.com/hongsungsa
양화진책방 02) 333-5163

Originally published in English under the title
*Reasonableness of Faith: A Study of Kierkegaard's
"Philosophical Fragments"* / Author: Kim, Tony.
Copyright ⓒ 2012 Peter Lang Publishing, Inc., New York
This Korean edition copyright ⓒ 2018 by Hong Sung Sa. Ltd, Seoul, Korea
Published by arrangement with Peter Lang Publishing, Inc.

- 잘못된 책은 바꿔 드립니다.
- 책값은 뒤표지에 있습니다.
- 이 도서의 국립중앙도서관 출판예정도서목록(CIP)은
  서지정보유통지원시스템 홈페이지(http://seoji.nl.go.kr)와
  국가자료공동목록시스템(http://www.nl.go.kr/kolisnet)에서
  이용하실 수 있습니다.(CIP제어번호: CIP2018010809)

ISBN 978-89-365-0352-9 (03230)